考公人成长手记

KAOGONGREN
CHENGZHANG
SHOUJI

老夏 著

清华大学出版社
北京

内容简介

这是一部关于公务员考试心理的作品集，这些文章是作者从过去 7 年间撰写的 1000 多篇文章中精选出来的。全书分为 4 个部分，围绕考公心理这一中心主题，向前拓展出备考、面试阶段的心态调整，向后延伸至工作、生活阶段的心理调适，全链条为有志成为公务员的年轻人解疑释惑。作者以 15 年工作、生活、写作的经历现身说法，谈经验、说教训、教方法，引导考公人安心备考、专心工作、静心生活、耐心成长。本书是考公人的一本心灵宁静书、枕边书。

图书在版编目（CIP）数据

考公人成长手记 / 老夏著. — 北京：清华大学出版社，2024.1
ISBN 978-7-302-64888-8

Ⅰ.①考… Ⅱ.①老… Ⅲ.①公务员－招聘－考试－中国－自学参考资料 Ⅳ.①D630.3

中国国家版本馆CIP数据核字（2023）第204096号

责任编辑：张尚国
封面设计：秦　丽
版式设计：文森时代
责任校对：马军令
责任印制：曹婉颖

出版发行：清华大学出版社
　　　　　网　　　址：https://www.tup.com.cn，https://www.wqxuetang.com
　　　　　地　　　址：北京清华大学学研大厦A座　　邮　　编：100084
　　　　　社 总 机：010-83470000　　　　　　邮　　购：010-62786544
　　　　　投稿与读者服务：010-62776969，c-service@tup.tsinghua.edu.cn
　　　　　质 量 反 馈：010-62772015，zhiliang@tup.tsinghua.edu.cn
印 装 者：涿州汇美亿浓印刷有限公司
经　　销：全国新华书店
开　　本：165mm×235mm　　印　　张：20.5　　字　　数：233千字
版　　次：2024年1月第1版　　　　　　　印　　次：2024年1月第1次印刷
定　　价：69.80元

产品编号：104250-01

几天前，我刚过四十岁生日。

在人的一生中，这是个重要的时间节点，在我却是波澜不惊，母亲打了个电话，爱人煮了个鸡蛋，孩子说了句祝福，自己下了碗面条，仅此而已。唯一不一样的地方，大概是我与清华大学出版社说定要出版这本书，这也是我的第三本书。我想，这可以算作生日礼物。

年轻时，我想做的事情很多，想说的话很多，想要的东西很多，每天精力充沛，停不下来，忙忙碌碌却又空空落落。

心如不系之舟，身如雨打之萍，折腾来折腾去，不知何去何从。后来，机缘巧合之下，我进入了体制，开始了写作，一晃眼，一晃神，已经四十岁了。

十几年来，多少风风雨雨，多少摧折打磨，多少雄心凋落，多少野望成空。但是，我也收获许多，养成了安静坚韧的性格，成了单位业务骨干，成了畅销书作家，成了自媒体大 V，更重要的是我成家立业，成了父母妻儿的依靠，成了家庭的顶梁柱。

一路走来，年少的梦想大部分没有实现，但我问心无愧、心平气和。在四十年的人生中，挫折多过成功，教训多过经验，我心里积攒了些话，悟出来些道理。这些道理帮助我走过了最艰难的岁月，洗尽铅华后显得简单、质朴而又管用，希望能够帮助你们少走些弯路，少受些煎熬。

七年来，我一直在公众号"老夏说公务员面试"等自媒体上写作，慢慢思考、慢慢总结，那些体会、经验、教训沉淀成一千余篇文章。其中的精华篇章组成了你们眼前的这本书。我最大的愿望是，读了这本书，你们会更加平和宁静，有信心、有策略、有定力面对考公、生活和工作中的种种问题。

能在四十岁出版这本书，我深深地感到幸运，感谢无数关注和支持我的朋友，这么多年我努力向前，很大的原因是不想辜负你们。这本书也是一份礼物，送给当年那个莽撞焦虑的自己。虽然无论多么用力，我都无法隔着冰冷的时空改变你们的人生轨迹，但是希望看这本书的你们，能有所触动、有所改变。你们的现在，正是我的当年。

这是个充满焦虑的时代，二十多岁正是焦虑的年纪，考公更是让人焦虑的事情。我希望这本书犹如湿热沉闷夏日里的一根冰棒，吃下去，会使你们心里有丝丝的凉意，不再那么焦虑压抑，缓慢坚韧地走下去，一往无前、誓不回头。

老夏

2023 年 12 月 1 日

目录

第一部分

命由我造——普通人的成长史诗

第二部分

答疑解惑——谁的人生不曾迷茫

第三部分

面试之道——一切都是积累

第四部分

用心生活——流光溢彩的平凡岁月

第一部分

命由我造——普通人的成长史诗

公考不只是一场考试，更是一次可贵的成长。成长是贯穿我们人生的主题，公考只是成长的载体，上岸只是一个重要里程碑。用出世的心做入世的事，把注意力聚焦到个人成长上，心态会更平和、视野会更开阔、格局会更宏大，反而更容易取得公考的成功。而最关键的是，你终将成为更好的自己。

第一章　成长是一种美丽的疼痛

我与我周旋久

早些年看《世说新语》，书中有这样一句话："我与我周旋久，宁作我。"前半句让人印象深刻，一望而生同感，算是千古名句。后半句，看后触动不大，可能是当时功夫不到、场景不同，理解不是很透彻。

"我与我"这三个字挺有意思，会让人意识到自己身上有两个我。大概类似于一半是天使一半是魔鬼，一半是烈火一半是寒冰。我三十多岁，开始尝试学习抽离出来看自己。当情绪激动要与别人争吵时，仿佛突然灵魂离体，站在半空中旁观，看到一个面红耳赤、表情狰狞的自己。犹如大夏天头上浇了一盆冰水，瞬间怒气消散大半。当然，大多数时候，我是做不到的。

我意识到有两个自己，一个是理性的，一个是感性的，一般情况下二者混在一起，感性在做主，理性若隐若现。有些事情，理性的我是不想做的，感性的我却乐此不疲。往往，我控制不住自己，被感性带着往前走。年近四十，在两个"我"的长期周旋中，理性的我是失败居多的，只在两个方面暂时占到了上风。

一方面是养成毅力。借助自媒体写作，我终于摆脱了"缺乏毅力"这个标签。我在中学时，就发现自己嘴上说的许多事情，实际上是做不到的，仅有三分钟热度，总也坚持不下去。我强烈想要改掉这个毛病，渴望成为一个言出必践、做就做到底的人。但是，很多年我都做不到。这极大打击了我的自信心。屡战屡败，人慢慢就会疲了，不再有什么精气神。后来，我开始写作，感谢七年前的自己，在无数次想要放弃时坚持了下来。直到今天，我终于吐出一口气，可以说：我在写作上是有毅力的。但也仅此而已，只是暂时的，说不定哪天我就故态复萌。毅力也是有局限性的，在更多事情上我还是老样子，没什么恒心。这让我挺尴尬，但还好，二十几年的周旋，我有了一点小小的成就。

另一方面是克制自以为是。我在体制内工作了十几年，学到了最重要的世界观和方法论，可以归结为几个简单的词：把握好度，实事求是，不要走极端，具体情况具体分析。我想这么长时间的耳濡目染，这几个词已经深度融入我的意识世界。我挺庆幸的。平常讲面试，这几句话也是我的口头禅，是我分析社会现象、处理棘手难题的常用方法。经常听我讲题的同学是知道这一点的。年轻时的我可不是这样的，那时，我自以为是、以偏概全，好发惊人之论，动辄言论极端、行事偏激。为此，我受到了不少教训。可怕的是，当时我并没有意识到这一点。好在，机缘巧合下，我学会了上面那几条最基本的法则。慢慢地，我开始能够克制自以为是，不再那么愤世嫉俗，不再那么偏激极端。我有了更大的宽容心，宽容自己，也宽容别人，容得下不同意见，容得下看不顺眼的人和事。

如今，我回头去看自己走过的路，真不容易。年近四十，我在克服两个巨大缺点方面有了点滴的收获，但也仅此而已。在我与我的周旋中，大多时候我还是处于下风，一次次迎接挑战，一次次失败。

许多我不想说的话，就是控制不住，虽然说了以后就会后悔，但下次还是要说。什么时候我学会了闭嘴，那一定是个不小的进步。可惜，我信心没那么足，大概要学一辈子。许多我不想浪费的时间，就是白白浪费了，刷视频、尬聊天、无所事事，我一直抱怨时间不够，却并不那么珍惜时间。许多不该生气的时候，我克制不住，明明知道不该那么愤怒，但就是任由怒气掌控自己。还有许多我不想做的事情就是做了，许多我该做的事情至今却无动于衷。

我还会与我继续周旋下去。曾经，我以为山海繁华皆在远方，现在才明白无边美景尽在心底。这将是一场持续到生命终点的战争，我会与自己和解，我会与自己斗争，直到地老天荒。

普通人的成长史诗

到目前为止，我的自媒体都是一个人在运营，写作、音频、视频、剪辑等都是我自己在做。我一直相信，现场才有神灵，只有一直在一线，一直在最前沿，才能感知考生的喜怒哀乐，才能在一次次实操中磨炼自己，提升技能。

这其中，有一项工作特别占用时间，就是查看、回复留言消息。每天我在各个平台收到的留言、消息都有数百条，高峰的时候能达到上千条。我始终坚持自己看、自己回，这会占用至少一个小时的时间。说实话，做下来并不容易，但我还是这样做了，应该会一直做下去。即便做不到每条都回复，也会竭尽所能去看，挑选重要的回复。

每次看留言，我都会收获许多情绪，有感动，有欣喜，有自豪，等等，这也是支撑我做下去的原因。每过一段时间，我都会看到一些特殊的留言，那些普通的文字给了我莫大的勇气和力量。图1-1所示的留言就很有代表性。

图 1-1 考生留言

无声处有惊雷，平凡人的奋斗也是史诗。这世界上有许多大人物，他们的一举一动牵动时势，他们的一言一行令万众瞩目，他们的行为会改变世界，他们的经历会写进史书。看这些人的事情，我会感动，会伤悲，会为之击节赞叹，会为之扼腕叹息。但是，也仅此而已。

我一直认为，那些大人物也是普通人，与你我这样凡人的区别并没有想象中那么大。反而是我们这些芸芸众生，我们这些红尘中打滚的普通人，我们平凡琐碎的生活，我们看着不起眼的奋斗，更值得关注。

"苔花如米小，也学牡丹开。"苔花的盛放，同样惊心动魄，不比牡丹逊色。就好像这两位同学，高中毕业最后考到市直机关，他们经历的磨难挫折，他们取得的进步成长，他们战胜的问题障碍，他们一路走来的大事小事，也是英雄成长的史诗。即便这史诗没有那么耀眼，我依然要道一声："壮哉，勇哉！"

人生的路很长：有的觉醒早，有的觉醒晚；有的年少成名，有的大器晚成；有的投胎在璀璨都市，有的被抛洒在穷乡僻壤；有的家财万贯，有的家贫如洗；有的颜值惊人，有的其貌不扬；有的天赋异禀，有的先天不足。各种各样的条件，不是我们能够选择的，我们就像一粒粒从天而降的种子，可能落在肥沃的农田，也可能落在贫瘠的戈壁。我们能做的，就是生根、发芽、成长，竭尽所能、一步一步长成更好的样子。如此，方不辜负这青春年华，不辜负来世上这一遭。

有个长辈曾给我分享经验，提到量变引起质变，他说："当你感到深陷谷底、不得腾飞时，当你感到锁链缠身、不得伸张时，千万别停下，继续向前走，这是黎明前最黑暗的时候，熬过去，熬过去，眼下看似是沉沦的终点，其实是腾飞的起点。"这是他半辈子的经验总结，以前从未对别人讲过，可我当时听起来就好像他说出的是我自己的心里话一样。

这世上千千万万的普通人，在他们前进的路上，没有鲜花掌声，但是他们耐住了寂寞，坚持了下来，走上了自己的英雄之旅，书写了自己的成长史诗。吾辈共勉，继续加油！

我是没有那种命的

我是没有那种命的。这不是在抱怨，而是认识到生命真相后的释然和坚定。

我没有那种命，没有那种走捷径的命，没有那种不劳而获的命，没有那种一分耕耘、一分收获的命，没有那种一学就会、一考就上岸的命。我就是兜些圈子的命，十分耕耘才有一分收获的命，学了也不会、背也背不熟的命，踏踏实实的命，一步一步往前走的命，经历坎坷才能接近目标、也不一定能达到目标的命。

很早以前，我也有过妄念，有过不切实际的想法，想着我也许运气好，也许不用怎么费力事情就变好了，也许突然间青云直上，也许转眼间一夜暴富，也许我就是那个被选中的人。后来，我发现不是这样的。我不单不是那个被选中的人，我几乎是那个没有被选中的人。这令人痛苦，也令人清醒。

好呀，真好，原来如此。这打破了我的想当然。这时的我是彷徨的，失落的，不知如何是好。我不是主角，甚至连配角都算不上。有人努力了半生也到不了罗马，有的人出生就在罗马，就在紫禁城。说实在的，这确实挺打击人。我该怎么办呢？很久，很久，我不知道该怎么办，那大概就是迷茫的青春。我不是个有天分的人，干什么都一般：长得一般，说话一般，家境一般，上进心一般，写作一般，各种各样的一般。

我没有顿悟过，没有说哪个时间突然懂了些什么，然后就怎么样了。我继续浪费着自己的时间，找不到路，也找不到用力的方向。后来，我看到一句话，叫作"恨天无把、恨地无环"。满身的力气，却使不上劲。真是郁闷呀。一直到三十多岁，我成家了，女儿也出生了，我才在偶然的机会找到了一个发力的地方，那就是在网上写文章。我就这样突然找到了命运女神的一个衣角，我慢慢地攥紧了，再也不松手了。

有人问我：会停止在网上写文章吗？如果你是在三十多岁，折腾半生，才找到这么一个东西——一个你发力的东西，你怎么会松开？你永远也不会松开的，反而会越攥越紧，攥一辈子，永远不松开。我是个性格平和的人，但是在这一点上，我却有着坚硬如铁的意志。

写文章就是我的磨刀石，在写文章的过程中，我领悟了不少的道理。这句话是个秘诀。就是说，你想真正领悟道理，并从道理中受益，你得真的做，真的受折磨，真的千磨万击才会有所得。否则，仅仅是口头上说说，那是最没有意思的。你不懂，而且你以为你懂，这真是悲剧。你永远也不能懂了。

放弃一切脱离实际的想法，放弃一切贪快求速的想法，放弃一切赌赌运气的想法，清醒地认识到你我这样的大多数人没有那种好命，你能依靠的就是踏踏实实、一步一个脚印地往前走，不回头。可以慢，可以停，但还是要往前走，往前走。

我知道，许多人面对面试也是使不上力，找不到面试的"衣角"，那么你听我一句劝，去背题吧，这就是天的把、地的环，拽紧了，别松手，一道一道掌握。不要去想什么捷径，这就是你我的命，这就是你我的捷径。找到了，就上路吧，不要回头。

你有没有那种命？

来自未来的信号

我听过这样一句话：每当心里升起努力的念头，都是未来的你，隔着遥远的时空，在向你发送求救信号。

人是容易被打动的。即便是鸡汤，灌下去也会使人有几分动容，进而做出些改变。在各种记录中，有的人甚至会被一句话改变一生。记不大清楚，我是怎么念叨起：量变引起质变，一切都是积累。也许，最开始说的时候，这句话还没有什么力量，但是说得多了、做得多了，这句话自然而然就有了价值和力量。这种价值值得人去追寻、追求一生，这种力量大到可以改变命运、扭转人生。

人生是要有些追求、有个目标的。有了目标，我们做的事情才有了主次。当人生有了方向，日常就有了靶心，有了重点，人就能明白做的事情到底有没有价值。这个挺重要的。许多人每天盲目地做事情，迷茫地生活，事情来了就接住，不去想到底该不该做，不去思考这件事情对未来有什么用，更很少有目的地做些事情。这样的生活是凌乱的，缺乏一条贯穿起来的链子，缺乏重心，东倒西歪。很可能干了许多事情，支撑了许多日子，到最后一盘点却没剩下什么。不亦悲夫？

生活不能被忙碌填充，更不能对这种挤压性的填充习以为常，不去思考对错，不去谋求改变。我们的人生需要些留白，我们的生活需要些发呆时间，想想未来，琢磨当下，判断下轻重，分出个缓急，再不急不躁有选择性地去做。这样，我们做的才是对未来的自己有用的、有利的。而思考的第一件事，就是你要成为什么样的人。这是个根本问题。考公、考研、找工作、写文章、创业、结婚等，都是手段，不是目的本身。

当你思考清楚自己想成为什么样的人，最起码找到一两年内对你最重要的事情，你就有了判断是非对错、分清轻重缓急的标准。

接着，通过一件又一件的事情，慢慢地给人生增加重点，给事情增加筹码，这就是建设性的人生，这就是有章法的人生。万万不可东一榔头、西一棒子，看似做了许多，却没有什么收获。

当然，要想清楚自己想成为什么样的人，不是件容易的事情。但是，还是得想，给思考留下时间和空间。夜深人静，抛开大多数的杂念欲望，慢慢地问自己：我到底想干什么？我眼下最重要的是什么？想着想着，你睡着了，那也没什么，明天接着想。很长时间都想不通，那就一点一点积累所得，终有云开雾散的一天。

王阳明是在龙场石头棺材里顿悟的，各种文章都有描述，犹如霞举飞升，似乎真是一夜悟透人生。对阳明先生我不敢妄加揣测，但想来圣人也不是一悟就成的。他在顿悟前，也是思考多年，受尽了坎坷磨难。没有前面那九十九步，怎么会有最后的第一百步？

我们都是普通人，会收到未来的自己发来的求救信号，隔着遥远的时空，难以准确体察其中的真意。不管怎样，做些事情不会错，做些重要的事情不会错。就好像我在写这篇文章前，也是感到有人从内心深处，跨越浩渺幽深的心灵时空，催促我：你现在有些时间，做些事情吧，做些事情吧。这种声音不大，我却切切实实听到了，于是我就写下了这一篇。

我想，哪一天真的遇见未来的自己，我总算对他有个交代：老兄，我可照你说的做了，好赖你都别怨我。你知道的，兄弟我也不容易。

克服完美主义

完美主义是病，得治。越早治疗效果越好，如果拖得太晚，病入膏肓，人生浪费了大半，也就没有了治的必要。

完美主义是什么呢？有三个特征。第一个特征是凡事走极端，做事情要么不做，要做就要做得完美。想做完美当然是完美主义，因为做得不够完美而不去做，也是完美主义。第二个特征是不想做小事，只想做大事。小事是身边的事，是能做的事。大事是脑子中的事，是想象中的事。小事能做，大事不能做，至少眼下做不了。对完美主义者来讲，大事做不了，小事不想做，因为小事没做，大事当然也轮不到做。第三个特征是想法太多。每个人年轻时都有许多想法，随着年龄增长，我们要认识到，想法多从来都不是优点，只有行动才是一个人的立身之本。二十岁时想法多值得肯定，三十岁、四十岁还被外界评价为想法多，恰恰是不务实、过于务虚的表现，他们中了完美主义的毒。

完美主义会摧毁一个人的自信。自信的养成不是凭空来的，而是借由一件件小事，在一次次成功中逐步养成的，这就是积小胜为大胜、积跬步至千里。完美主义者总是在脑海中征战四方，对于现实生活不够关注，他们看似样样精通，实则很少取得现实生活中的一次次成功，自然而然难以养成自信，难以养成气势。一个人如果中了完美主义的病毒，往往对自己求全责备，在心中设想一个完美的自己。但是他永远也无法达到，这是他们难以容忍的，慢慢地会陷入怀疑否定，甚至痛恨自己的境地。人如果不依靠自己，是无法前进一步的。因为完美主义而否定自己，就走上了自我消解、自我放逐的路，谁也救不了。

克服完美主义，先要认清完美主义。对照一下自身，如果你总是想法很多，总是在幻想大事，总是要么不做，做就想做得无敌，那么你就是个完美主义者。当你洞察这一点，开始认真耐心地观察，观察自己的所思所想、所作所为，就有了改变的机会。改变，就从认清完美主义是病，世上没有真正的完美主义开始。接着，你要找到一个载体，找到一把钥匙，去克服完美主义。这把钥匙一定是现实生活中的一件事、一项工作、一种事业、一门技术。只有在行动中，你才能克服完美主义。

在学习面试中，我经常建议同学们，一旦开始答题，哪怕答得恶心也要答完。不能停下来，重新思考重新答，妄想完美。一旦你有了这种想法，就套上了沉重的枷锁，背上了包袱，久而久之甚至再也开不了口。或者，要思考很长很长时间，才能说上几句，有一点儿差错，就又重新再来。这是一种内耗，只能自己卷死自己。这是一种伪忙碌、伪勤奋，看似做了许多，却不会有任何收获。你只是造了一座城，一座永远也走不出去的完美主义的城。这种行为也可以称为面试的形式主义，感动的只是自己，欺骗不了考官。

所有伟大的事业，分解到每一天都是枯燥而又琐碎的。不要轻视那些烦琐的小事，不要看不起基本功。对于一个写作者来说，他的基本功是什么呢？很简单，就是每天写的能力。每天写，从不懈怠，哪怕写得不好，依然不管不顾地写下去。这与完美主义者想象中的一写成名有很大的不同，但这恰恰是写作者的成长之路。不管刮风下雨，不管喜怒哀乐，不管疲惫还是厌烦，不管简单还是复杂，每天写，这最不起眼的、重复枯燥的、难见价值的写，恰恰是一个写作者的基本功。

想练成这种基本功，就要投入海量的时间、精力、心血、意志。简单说，这件事很难。因为难，所以定有所得。这世上从来没有完美，只有完成，在一次次完成中，你才会趋近完美。

最不该混日子的两个阶段

每个人都该认真地活过一生，每个阶段都不该混日子。但有两个阶段，在别人口中是可以混日子的，对当事人来讲却是最不该混日子的：一个是大学学习阶段，一个是体制内工作阶段。

我们最常听到的谬论，大概是上大学就轻松了，混混就毕业了，还有什么混个毕业证之类的说法。同样，体制内也被许多人视为绝佳的混日子场所，躺平、摆烂，应付、敷衍，混个什么级别，混个退休之类。说这两个阶段可以混，无非是在这两个阶段混日子，一般问题不大。大学也好，体制也罢，如果不犯什么原则性的错误，不会有人揪住不放，把你清理出去。再加上，进入大学、体制，都是在付出较长时间的辛苦后得来的，人容易滋生歇一歇的思想，奖励下自己，周围人普遍也是理解的。

人的成长是个逐渐为自己负责的过程。想着混日子，甚至因为混日子不被发现而沾沾自喜的人，本质上是还没有理解这一点。工作中，他们浪费一天的时间，摸了一天的鱼，会觉得占了一点点便宜，似乎浪费的不是自己的生命、不是自己的时间。他们还不是自己的主人，还没有完全为自己负责。同样，把学习当作完成老师、家长、社会安排的任务，以应付差事的思维处理，也是这个问题。我们都知道"滥竽充数"的成语故事，很多时候自己却不知不觉成为故事里的人。

大学期间，一个人没有那么多杂事，任务比较单一，再加上精力充沛、思维活跃，时间也是大把大把的。身边有随时可以请教的老师，有可以一同探讨问题的同学，有各种各样的研讨讲座，还有看不完的书，不受打扰的学习时间，这些大学生习以为常的东西，实际上是极为难得的，甚至一个人一辈子只有一次。如果用来增长本事，那真是绝好的机会。同样，体制内也是这样，单位提供了平台资源、学习培训、晋升渠道，哪怕犯了不小的错，只要不是原则性的，单位也往往替你兜住，这都是极为难得的条件。

学习和工作，到最后长的都是自己的本事。这是问题的关键。不讲那么多大道理，人首先必须认清楚这一点。"种瓜得瓜，种豆得豆"，这个最朴素的道理，在现今这个时代也是管用的，甚至越来越管用。

如果你是个在校生，我建议你好好学习，多备考、多考证、多参加学习类比赛、多实习，多做对你将来有益的事情。如果你想进体制，那更得提前动手，在完成学业的同时，笔试、面试一起学习，该刷的题要刷，该背的题要背。不要觉得一点儿都不自由，一点儿都不青春，人生就是这样的，如果你有足够的资源，当然有资格自由张扬，但是对于大多数普通人来说，提前动手、笨鸟先飞才是正确的战略。我在大学时代不是个好学生，浪费了太多时间。前几年，我还经常做梦，后悔自己太肆意张扬了，在人生最好的年华没有为自己做些什么。

如果你刚刚进入体制，我建议你多观察、多请教、不多嘴，踏踏实实工作，积极主动工作，趁着年轻多做些事情。在最开始要当个态度达人，展现出年轻人的工作热情，最好的标签是积极上进、有分寸，尤其是你与多个新人一起进单位，如果你在态度上更积极，就极容易脱颖而出。接着，要努力成为能力达人，打磨锤炼自身业务，培养核心竞争力，夯实在单位立足的基础，逐步成长为领导和同事靠得住、信得过的行家里手。最后，既有态度又有能力，那就要更进一步，成为关系达人，会统筹、会协调、有胸怀，能调动资源、带领团队解决困难，这就是在慢慢转变为领导者。注意，关系达人是一种概括，不是让你不择手段搞关系、拉圈子。

时间几乎是所有事情的慢变量，看着不起眼，一秒秒流动，最后却显现出惊心动魄的力量。"花有重开日，人无再少年"，希望年轻的同学们，在最该成长的日子珍惜当下，努力进取，不辜负窗外的时光和当下的自己。

当理想隐退时

现代人讳言理想，即便谈，也多在某些特定的场合说些冠冕堂皇的话。故此处我也就不说所谓的宏大叙事了，只想讲讲一个人工作、生活的目标，这个小小的理想。

我意识到理想的重要性，恰恰是在理想将要隐退之时。年少时，每个人都有强烈的、直白的、真诚的理想，比如想当科学家、文学家，想周游世界，想做许许多多有意思的事儿。人生是个经受锤炼的过程，生活一直在给我们上课，让我们认清现实，告诉我们：你不是那块料。当有一天我们接受这一点，放弃那些看着天真的想法，就是理想隐退时。

在这个人生青黄不接的时候，人往往会感到巨大的迷茫和空虚。理想是灯塔，这话一点儿都不错。有了理想，生活便与远方的目标有了联系，琐碎也就有了意义。但是，人往往意识不到理想的价值，再加上现实与理想间的巨大鸿沟，理想便会渐行渐远，直到消失不见。走出半生，归来的一般都不是少年，而是油腻乏味、伤痕累累的中年人。

理想隐退后，人有三种选择。

第一种是直接放弃。不再谈理想，只说现实的利益与算计。从某种意义上说，这挺好的，算不得坏事。人要逐渐务实，实实在在做些事情、受些委屈，才能接住地气，在现世红尘中立住脚，成为家人的依靠。也许，在某个梦醒的午夜，他们会想起曾经的梦想，不知道心里是否后悔：是认为当时自己不知道天高地厚，还是会为那时的异想天开湿润眼眶。

第二种是走向反面。以前崇拜的，现在弃如敝屣；以前珍视的，现在不屑一顾。他们受了生活的教训，迅速被生活驯化，选择了背弃理想，成为当年自己讨厌的人。他们自以为洞察了生活的真相，明白了底层的逻辑，为此沾沾自喜，自诩为觉悟者。他们以为自己不再相信理想，其实他们只是有了新的崇拜偶像。人各有志，只要他们不突破底线，也不算太坏。

第三种是默默坚守。还有一种人，他们看清了生活的真相，依然热爱生活。理想离开了他们的嘴，住进了他们的心，他们是默默的坚守者，他们是暗暗的蓄力者。潜伏爪牙忍受，是为了咆哮山林。他们会把眼下事、手中事干好，这是他们必须承担的责任，也是磨砺自身的机会。眼前的付出是实现理想的代价。这让我想起了容闳，为了践行教育救国的理想，他服务过多位上位者，每次都尽心竭力，却一刻也不忘自己的理想。在繁重事务的历练中，他积蓄了实现理想的视野、格局、能力、关系、资金。这样的人是真正的理想者，他们知道为了理想，要学会暂时妥协，但是妥协也是为了实现理想。

啰唆了半天，也是心有所感，跟同学们聊聊天。你们现在的压力很大，生活、备考、婚恋、住房、赡养、养育等，这无数的事情纷至沓来，根本没有喘息的机会。我知道这种感受，连睡觉都是焦虑的，喝醉都是苦闷的，喜悦都是犹疑的。

这个时候，暂时忘记理想，先解决生计问题，才是务实的态度。但是，我依然建议你在心灵深处给理想留下一个小小的角落，这是你今后漫长人生路上重要的东西。

不管怎样，做个顶天立地的人。顶天就是有个念想，立地就是做些实事。立地不忘顶天，顶天还要立地。愿与诸君共勉。

做事情悠着点儿

做事情自有章法，有一点儿需要注意，就是不要用力过猛，要保持节奏，悠着点儿。人容易三分钟热度，某天打了鸡血、喝了鸡汤，就开始爆发。从早到晚，忙个不停，把时间安排得满满的。殊不知，这样的结果往往是过早放弃。

我不止一次规划过每天的时间，具体到小时这个层面，从起床到睡前，从工作间隙到开车通勤，满满当当、不留余地。无一例外，我坚持不下去，搞个几天就放弃了、躺平了，开始阶段性看不起自己。直到修复一段时间，又开始重新规划，陷入一个成长怪圈，看着折腾来折腾去，后来还是停在原地。

人的天性是懒惰的，也是需要留白的，过度压榨自己只会快速耗尽激情，最后沦为平庸。要有节制，克制住过度的成长欲望。记得看过一本书，人的意志力不是意识层面的东西，反而是种用一点儿少一点儿的物质，类似于人体内的能量。一旦用尽，就得想办法恢复，否则就会控制不住自己，犯下许多可笑的错误。人在晚上容易出错，主要是因为经过一天的消耗，意志力基本耗尽了。

做事情讲究在远期目标与近期行动之间寻找平衡。对远期目标的实现要充满信心，相信努力自有回报，自己不比别人差，只要付出足够的时间和努力，一定能够达成目标。这个目标甚至不需要一清二楚，模模糊糊的也行。我也说不清楚自己有什么目标，但是它就藏在我心中，时而隐隐约约，时而清清楚楚。我这辈子可能都要朝着那里努力，在生命的终点才会知道到底是个什么。与此同时，我知道近期工作、成长中，一定会遭遇种种困难、挫折、痛苦、煎熬、失败，这些都在预料中，没有什么意外。我可以战胜它们，我对此深信不疑。原因就在于，遥远的目标鼓舞着我，我要去的地方远在千里之外，我有足够的时间去处理好眼前的问题。

这是种巨大的力量，支撑着我一步步走到这里。一日上午，爱人突然问我：你的公众号阅读量超过×××没有？她问的这个人，是个名气不小的作家。几年前，我曾买过他好几本书，向爱人感叹：什么时候，我才能有这么高的关注量呢？我也有些好奇，搜索了一下他的公众号，发现我的公众号的阅读量已经远远超过他。坐在樱花凋落的大道，阳光稀稀落落，透过漫天的绿色枝丫，我恍惚在时光交错中看到了几年前的自己，那个羡慕、畏惧，又带着点儿自信的年轻人。那年，我一无所有，却已决定风雨兼程。我仍然尊敬这名作家，只不过看他的文章的次数少了些。

再一个体会，做事情要聚焦。有个故事，说是比尔·盖茨的老父亲，曾让盖茨和巴菲特写出成功所需的最重要的特质，两人写出来的都是"聚焦"。估计这个故事认不得真，太像赤壁之战前的诸葛亮和周瑜心有灵犀写了个"火"字。不过我倒觉得，聚焦确实十分重要。人的精力是有限的。许多人即便看到这句话，也不明白这到底意味着什么。就是，你能做的事情是有限的，你能做好的事情更是有限的。越是想做得多，最后的结果越是什么都做不好。

有人会说，我再努力下、克服下，也是可以同时做好几件事情的。这我是同意的，但这是种勉强，是不可持久的。而长期的坚持，恰恰是成功的重要原因。这中间是有不可调和的矛盾的。正因为成功需要长期坚持，所以才要尽可能聚焦到一个点上，防止过大的工作量拖垮自己，导致过早放弃。说实话，我这几年兼顾工作和成长，已经十分艰难，我无数次想二选一，但因为特殊的家庭原因总是做不到。

所以，我一直在放缓自媒体的脚步，一直忍住扩大文章范围、扩大媒体渠道的冲动，以保证自己有足够的精力坚持下去，不会因为太难而放弃。说实话，这并不容易。我一直只讲面试，其他方面涉及的极少，就是为了聚焦，保障自己的精力。我放缓出版的节奏，拒绝申论的出书邀请，也是让自己慢下来，别着急，悠着点儿。

我得承认，有时候会克制不住，心急火燎地做一阵，但是我一直在努力让自己慢下来，不要用力过猛，因为我的目标远在千里之外，我得走好长好长时间，走好远好远的路，这是一场持久战，得慢慢来，才会比较快。

管理自己

米尔顿·艾瑞克森是位伟大的心理学家。他患有色盲、音盲、阅读障碍，甚至说话也口齿不清。

十七岁的时候，他患上了严重的脊髓灰质炎（小儿麻痹），全身瘫痪。先后三个医生断言：他活不过明天。可是，第二天，他没死，反倒看起来更精神。

于是，医生们又说：即便他能够活下来，也没办法站起来了。在那些孤独、瘫痪的日子中，他独自躺在床上，谢绝他人打扰，全身放松，激励自己：我有一个想站起来的愿望，请告诉我，有什么方法可以做到这一点。

后来，他看到一个情景，是他幼年摘苹果的画面。于是，他开始想象踮起脚摘苹果的时候肌肉的运动、力量、变化等细节。这个画面被他分解成多个慢镜头，他不断地想象这个运动的过程，并去感受自己身体的变化。

几个星期后，这个摘苹果动作用到的肌肉部位，在他的身体上慢慢苏醒。他开始有了行动能力。

于是，奇迹就这么一点点发生了。几年之后，他不仅站了起来，还独自一个人，驾驶一艘独木舟，带着很少的干粮、钱和设备，穷游了密西西比河。

这个故事广为流传，感兴趣的同学可以去找他的传记看一看。

我很难形容第一次读到这个故事时的感受。我幼年时罹患大病，也曾在鬼门关外晃荡过几次，若不是运气好，也许这世上不会有现在的我，更不用说建立家庭，在网络上发出声音。

其实，我们大多数人的境况跟米尔顿·艾瑞克森类似。他是被困在床上，我们是被困在现实生活中；他连站起来都做不到，我们幻想的大部分事情也做不到，更为相似的一点是：他和我们一样，能依靠的只有自己。

这个故事给我的最大的启示是：管理自己，是一切之始。这里有两层含义：一是我们能够管理自己；二是管理好自己，才可能得到自己想要的。

早上起床，五点还是六点，甚至是赖床到九点？起床之后，读书、健身，还是刷手机？上班步行，还是坐车？路上想事情、听音乐，还是看看路边初绽的小花？

这每一个小小的选择都是一次对自己的管理。意识到这一点并不容易，有目的地管理自己更加困难。

尤其是，我们浸泡在各种世界观和方法论的鸡汤中，有时候会无所适从。就个人的经验来说，我也是最近才悟到这一点。我有些明白，最近两三年，我似乎做了不少事情，其实都只是表象，从本质上讲，我只是更好地管理自己，并因此改变一点点现状。

中国古代文人士大夫的事业发展都是从修身开始的。修身大致可以换成"管理自己"，以前我一直不懂，为什么修身在齐家、治国之前，现在有些粗浅的认知了。真不容易。

曾国藩有个管理自己的好方法，很简单：不为圣贤，即为禽兽。这句话不是口号，他极有可能用这句简单的二分法，衡量自己的一切行为。

比如，路遇淑女，心有妄念，这件事是对是错？曾国藩眉头一皱，这种想法很明显不够圣贤，那简单，这就是禽兽。这种简单的二分法，没有中间地带，带有一往无前、不成就死的决绝。试问，古往今来，几人待自己苛刻至此？

当然，曾国藩所作所为，我们是做不到的，但这种方法可以拿来借鉴。怎么借鉴，大家自己想，我就不多说了。因为，我也没有想好。

有些话，看着都明白，但可能我们并不懂。有些道理，似乎一说就通，却只有在历尽劫波之后，才能咂摸出一点点味道。

这世上有很多让人后悔的事情，最让人后悔的大概是"我本可以"。这句话充分表明你的无能、后悔和愚蠢。没人相信"你本可以"。所以，此时此刻，尽量做些可以做的事情，而不要过后说一句：我本可以。

重复是通往卓越之路

这世界上许多事情是反常识的，只有经过漫长历练，有了感知、疼痛、放弃、挣扎、挫败、收获，才能真正理解。我经常接到留言，不少人抱怨工作琐碎重复，缺乏新意激情，继而得过且过，"当一天和尚撞一天钟"。他们视重复为酷刑，但在我看来，重复恰恰是磨炼技能的机遇，是超越平庸抵达卓越的道路。

此刻，我坐在这里写文章。这七年来，我写了一千篇左右。每次写作都是一次重复，大多数时候是枯燥的，没有那么多乐趣，只有敲击键盘的噼里啪啦声，伴随我走过漫长而又短暂的七年。我尝试写过多种类型的文章，如散文、杂文、诗歌、时政、历史等，短的一篇几百字，长的一篇一两万字，我试了一个又一个，写作水平是否有提高，我不敢随意说，只能交由读者判断。但是，我的恐惧、犹豫、疑惑完全没有了。我相信，只要我用心写，就会有好的回应，就会遇见好的事情，就会有好的收获。

我还会写下去。生命不息，写作不止。这不是某个刹那间的顿悟，这是一次次重复后的觉悟。我现在写逐字稿，也会遇到难题，打不开思路，难以深入浅出讲清楚，心中滋生畏难情绪。每当这个时候，我都会看看过往，发自内心有种感动。我想，现在的我都会畏难，七年前的我踏出第一步，坚持一篇一篇写，又是多么不易。我能克服这个问题，是因为两千多个日日夜夜教会了我这一点。我有信心，且坚定不移。

　　任何伟大的事业，分解到每一天都是枯燥而又琐碎的。这世上的绝大多数工作是重复的，当个办事员每天重复沟通、写作、挨批，当个领导者每天重复统筹、部署、协调，他们的工作虽然不同，却都是在重复自己的工作。

　　重复有着巨大的力量。一个人开始学习面试，总也不得其法，恨不得找个地缝钻进去。他背题、模拟、总结，再背题、模拟、总结，慢慢地，他可以流畅、完整、出彩地答完题。这其中起作用的不是什么捷径，而是一次次重复。你刚进到单位，人生地不熟，这也不顺那也不顺，但是半年下来，你就驾轻就熟，一两年就成为业务能手，三五年下来就是单位骨干。为什么？因为你在一次次重复中成长了，重复让你变得更加强大。

　　为什么有人把重复工作当作总也走不出的梦魇？最主要的原因是他们在重复中没有成长。日复一日都是在重复昨天的自己，自然会产生厌烦、乏味、疲惫的情绪。而成长最需要的是总结经验、汲取教训，就是说每次重复都要有精进，哪怕只有一点点，日积月累也是十分可观的。重复精进的天敌是怀疑的情绪。人生没有进度条，我们很难看到自己是否进步。有人说，因为相信所以做到，确实有其道理。我把写一千篇文章作为四十岁的目标，这就是我为自己设置的进度条，数字的变化会让我意识到，我的积累又多了一点点。这在很大程度上宽慰了我，帮助我走过那段孤独的路。

领悟重复力量的人是宁静而又坚韧的，他们不折腾，没有什么豪言壮语，没有什么歇斯底里，没有什么三分钟热度，没有什么突然爆发，没有什么亢奋激情，他们就这么缓慢平和地往前走，坚定不移、一往无前。

生命在于重复，重复是通往卓越之路。哪怕你现在做的是微不足道的小事，也要珍惜它，在重复中打磨技能、优化流程、提升效果，直到你做起来自然而然、轻而易举、出神入化，你就会成为专家，你才有了改变的机会。

而改变，不过是另一次重复的开始。

第二章 终身学习

立大志，勤小务，敢长征

这三个词是好的，连在一起恰恰是一种人生方法论。近日，读王阳明，有了些许体会，借用前辈的词句，谈谈个人的感悟。

立志本来就难，更难得的是立下大志。人的思维飘忽，朝慕夕阳，夜待晨曦，自己的心也难以捉住、定住，往往是今天一个志向，明天一个志向，犹如不系之舟。在我看来，有志向就比没有志向强，发自内心想做一件事，就比随波逐流强。当然，一个人在少年、青年时代就找到为之奋斗一生的志向，那真是最令人愉快的事情。

不过，每个人在找志向上所耗费的时间长短不一：有的人早一些，有的人晚一些，甚至到了三四十岁才找到的也有。以考公为例，有人一毕业就上岸，年龄二十一二；有人有家有业才考公，三十二三还在苦熬。

王阳明讲人要在事上磨炼，我近年来体会更深。有再大的气魄，再大的志向，却不愿做眼前的小事，终究是上不了台面的。一屋不扫，最终却扫除天下的人，还是少数。把眼前能做的事情做好，在这些小事中一点点成长，日拱一卒，才会有所成就。学面试没有什么捷径，就是一道一道地掌握真题，那些看似不怎么高明的方法，却是最管用、最有效的。不能否认，有人天生就能举一反三、闻一知十，但大部分人还是凡人，学一知一已经极为不易。更多时候，反而是事倍功半。这些年，我研究了许多面试技巧，到最后反而越来越觉得，技巧其实不是基础，基础才是关键，只有依附于基础的技巧才会有放大的作用。

正像我教女儿做计算题，最开始我抄近道直接教她速算技巧，想着快人一步，结果却是她的技巧没学好，还总在各种各样的小地方出问题。最后我才明白，还是得下苦功，一道一道做题，做基本的题，用量变去夯实根基，然后适当加上技巧，才会有更好的效果。要不厌其烦，耐得住烦，愿意做那些琐碎的事情，从琐碎的事情中锤炼自己、打磨能力，慢慢变得晶莹剔透，成为不坏金刚。

人生是一次跨越千山万水的长征，打败你的不是那个眼前张牙舞爪的敌人，而是历经漫长时光，依然对你紧追不放的那个人。三国是个英雄辈出的时代，曹操说："老骥伏枥，志在千里；烈士暮年，壮心不已。"年龄越大越发觉得，曹操真是能人所不能。刘备也是这样，前半生颠沛流离，将近四十岁跑到荆州依附刘表，一次刘备与刘表商讨事务，上厕所时，发现大腿内侧虚肉重新生长出来，不禁泪流满面。回到席上，刘表问他怎么了，刘备答道："我长年骑马打仗，身不离鞍，现在长期不能骑马行军，大腿内侧的虚肉又重新长了出来。想着时间流逝，马上就要老去，而自己至今尚未建功立业，所以悲伤起来。"

这些历史上的真豪杰，都是百折不挠的长期主义者。他们选准目标就不再犹豫，而是一往无前。至今想起他们的故事，还让人感慨。我一直说自己是个真正的长期主义者，这其实是一种自我催眠，我希望自己成为那样的人，所以总是拿这样的话暗示自己。

选准一个目标，做好日复一日的小事，耐住寂寞坚持下去，总能做成些事情。

永远当一名学生

近日，我把反思日记的名字改成了"学生老夏的反思日记"。这是对自身的一种再认知。这几年，我借助公众号这个平台，持续更新文章，日复一日做一件事。我就这样铢积寸累，日将月就，慢慢地有了一点收获，完成了好几个人生目标。我解决了缺乏毅力的问题，找到了行之有效的坚持方法，这算是我人生的一大进步。

我要解决的第二个问题是什么？最近我一直在思考。人是难以认识自己的，想要清醒洞察身上的问题，更需要勇气和契机。恰恰在最近，我发现了自己的又一个问题，那就是傲慢。曾国藩讲过，人败皆因懒，事败皆因傲，家败皆因奢。不得不说，此老洞察人心。我养成毅力，就是因为克服了一个"懒"字。我意识到"傲慢"两个字时，才发现曾氏早已总结在前。

在最开始写公众号时，我找了几个对标账号，各个行业都有，各种类型都有，各种体量都有，作为追逐的目标。我缓慢学习他们的优点，一点一滴取长补短，逐渐完善公众号推送形式，慢慢地我的公众号脱颖而出，粉丝量越来越大，在这行站住了脚。不可否认，学习、比较、改进发挥了关键作用。但是，当我进入其他几个自媒体平台后，下意识地觉得自己是个人物了，在不知不觉中变得傲慢，不承认他人的长处，不愿意静下心来研究。这导致，我在进入其他的公众号自媒体平台时，其个人账号的发展速度往往落后于我的预期。最关键的是，我直到最近几天才意识到这点，想想真是可怕。

我还发现，工作中我习惯大而化之，很少下细功夫，没有一竿子插到底的劲头。我对了解许多事情的来龙去脉缺乏兴趣，一般都是模模糊糊问几句，其他就凭经验、凭直觉，自行补足细节、模拟因果。我对具体事情掌握得不到位，只喜欢在大的方面粗略了解，不深、不细、不透。我本想要再说细一些，但由于这就涉及我的具体工作，不方便透露，所以只好作罢。总之，我这方面问题的本质，是由傲慢导致的。习惯想当然，习惯自以为是，这都是因为把自己看得太重，把事情看得太轻，是傲慢的表现。

最近，我与一位公考老师交流时了解了他的成长经历。这个人有刻苦学习的劲头，一点一滴学习积累，逐步提高了面试、申论能力。令我印象深刻的是，他为了学习，做记录的笔记本竟装了一麻袋。我想，这是我要学习的。

人在世上，大的事情无非三件：学会当一个合格的人，学会处理人际是非，如果还有余力，那就干出一番事业，小则养家糊口，大则回报社会。这是贯穿一个人一辈子的主业主责，是比学校课业更加重要的。但是，我们很少有目的地学习、实践、测试、反馈，更不要提记笔记、请教老师之类的。这就是大部分人一事无成的原因所在吧。

近日，在写反思日记的过程中，有好几件事情恰巧碰在一起，反思原因，都有一个"傲"字，这才让我在机缘巧合下，了悟了这个道理。真的不容易。我想，一个人应该保持一辈子都是学生的心态，一辈子都是学生的行为，永远谦虚，永远保持认真学习、请教师友的劲头，才能有所成就吧。我的傲慢，也是来自我不想当学生，想当老师了吧？

想明白这点，我就把反思日记的名字改成"学生老夏的反思日记"。我有个体会，人在某个时间点会头脑清醒，以往疑惑不解的问题都在刹那间清楚明白，一颗久被尘劳关锁的心变得清凌凌、明晃晃、活泼泼。这是难得的顿悟时刻，来得突然莫名，但去得更快，过了这个时刻，你就会遗忘，又在红尘迷雾里打滚，陷进去出不来。

所以，我把这些记录下来，把反思日记改了名字，就是为了记住这个体会，让自己时刻牢记学生这个终生的身份。

生命的硬度

美国总统柯立芝曾说过："世界上没有一样东西可以取代毅力。才干也不可以——怀才不遇者比比皆是，一事无成的天才也到处可见；教育也不可以——世界上充斥着学而无用、学非所用的人；只有毅力和决心，才能无往而不胜。"

这种毅力和决心，是一种生命的硬度。我相信人与人是有差别的，但绝不是天壤之别。真正让那种差别化为鸿沟天堑的，是日复一日微小的累积。时光，唯有时光，才能把沧海变成桑田。而这其中，没有毅力是不行的，没有一点硬度是不行的，没有阳刚之气是不行的。

这些年来，我看过太多留言，深刻地感受到，那一点硬度对一个人的重要性。一位遭遇渣男的单亲妈妈原来在县城工作，总被同事指指点点，还与渣男一家人纠缠不清，自己身心疲惫，宝宝也深受其苦。后来，她下了狠功夫、大力气，备考笔试面试，最后在三十四五岁上岸上海某部门。当年，她告诉我她上岸的消息时，那种激动之情，隔着屏幕我都能感受到。

从这个同学身上，我感受到一种旺盛的生命力，我尊重这种人。一个人到底硬不硬，与其是男是女关系不大，只与其行为有关。瘦小柔弱温顺的女性也可以硬如金石。相反，那些遇到点儿事情就叫苦不迭，遭遇些困难就一蹶不振的人，实在是软如烂泥。

"天行健，君子以自强不息。"人生在世是要有些倔强之气的，遇到事情不要害怕，遇到困难不要退缩，就是要拼一拼、干一干、做一做。一次不成，那就再来一次，有什么大不了的。这世上，又有谁的人生是一帆风顺的？即便对方真的一帆风顺，羡慕又有什么用？你我又何必羡慕？最怕沦为空想者，怨天尤人，抱怨命运不公，感伤怀才不遇。我们改变不了世界，尤其是当我们还弱小的时候，做人做事要实事求是，立足于当下。走一步是一步，不要给自己太大的压力。做一点是一点，上一个台阶是一个台阶，关键是行动起来。

把平凡化为非凡依靠坚持，这是一股默默专注在同一件事上而从不感到厌烦的力量，是拼命过每一天的力量，以及一天天累积的持续力。如今是个理想衰亡的时代，理想成为装点门面的东西，有人从心里鄙视理想，在行动上完全摒弃理想，把现实当作安身立命的根本。但我依然认为，有理想与没有理想是不同的。至少，要对自己有些期许。年少时的梦想，还是要时不时做一做，万一实现了呢？即便实现不了，朝着梦想走几步，不也是进步吗？

生命是个连点成线的过程。所有的因并不是都有果，但是所有的果一定都有因。吃不到低垂的果实，那就踮起脚来，蹦一蹦去吃上面的果子。尤其是对考试来说，不要看得太重，考不上那就再来一次，总会考上的。先考上不一定好，后考上不一定坏。不要因为一次失败就要死要活的。你可以垂头丧气两天，但也只能是两天，接着就要重整旗鼓、从头再来。如果不想考了，那就找个工作好好干，同样能够养家糊口，同样能吃一碗饭，没有什么大不了的。也许，过两年你又想考了，那就再考，吃吃回头草，也没有什么大不了的。

我们就是在这样的纠结反复中前进的。也许，与其他人相比，我们已经落后许多，但是仍然要昂首阔步向前走，可以回头，可以留恋，但依然要向前走。这是你我的宿命，是你摆脱枷锁的唯一的路。

最后，我想起一句关汉卿的话："我是个蒸不烂、煮不熟、捶不匾、炒不爆、响珰珰一粒铜豌豆。"送给大家共勉。

学习的秘诀

学习是枯燥的，这是个算不得残酷的真相。公考学习尤其如此，触手可及的岗位，也许很长时间难以企及；激烈的竞争，一场面试定输赢，一个天上一个地上，让人产生巨大的压力。更不用说，对未来的惶恐，对结果的患得患失，家人朋友的信任、渴望、期盼，自己间歇性踌躇满志、时不时躺平摆烂，凡此种种造成的压力之下，一个人的崩溃是可以理解的。烦躁几乎是必然的。

我写文章这么多年，只有个别时候会乐在其中。一般我会把写文章当作要完成的任务，虽然算不得苦役，但也不是什么提起来兴奋、干起来舒爽的事情。学习、写作可以改变大脑，在原本毫无关系的神经元间建立种种千丝万缕的联系，在平坦的大脑皮层上刻下沟沟坎坎，当然不会舒舒服服。

不管是阅读、学习、背诵、写作，我很少沉浸其中，都是理性大脑在驱动。有些人会讲，要爱上学习、创造，享受这个过程，一学习就停不下来。到目前为止，我尚未达到这个境界，甚至也基本没有感受到。看来，我终究是个俗人。

说这么多，是为了告诉你，学习需要不厌其烦。克制烦躁情绪，在看不到前路、猜不到结果、想不透难点时，安静下来。用理性与本能、情绪做巧妙的斗争，不厌其烦做让你烦的事情。这几乎就是学习进步的秘诀。我是不信那些鸡汤的，什么你不想做，证明那不适合你，那不是你该做的，只要找到自己的赛道，你就会欣喜若狂，不用任何人催促，就会停不下来。也许吧，但是我的经验告诉我，那些让你沉浸其中的事情大概率不是什么好事，只是甩锅罢了。

我是个"骨灰级"的网络小说爱好者，在起点中文网当过编辑。从 2003 年迷上《诛仙》开始，我有长达二十年的网络小说阅读经历，当今中文互联网上有些名气的网络小说，我基本都读过。正是因为拥有海量的阅读量，我才有机会应聘到知名的文学网站，要知道我的专业与这项工作根本不搭边。那时，我对着电脑看小说，能看到颈椎病，看到脖子出痱子。还有更加夸张的细节，我这里就不讲了，都是年轻时的执念。看网络小说我是真的沉浸其中的。不过，这基本没有正面影响，顶多知道些杂七杂八的知识，大部分还是错的。

我这么喜欢看小说的人，后来到起点中文当编辑。本来觉得到了天堂，我每天的工作就是阅读小说——大量的小说。你觉得我会有怎样的感受？跟想象中的不一样，我很快在阅读中失去了快乐，一切都是为了完成工作，变得烦躁起来。我的经历不具有代表性，但是也给了些启发，那些产生正向作用，会带来收获、成长、财富的事情，一般都是令人痛苦的。靠想当然的喜欢支撑起来的信念，没有那么坚定，更不具有持续的力量。我们需要的是更加恒久坚韧的力量，这种力量只能来自对真相的洞察，来自清醒之后的坚持。

学习是痛苦的，但这对我是有益的，我要坚持。要认识到这一点。不要妄想什么简单、愉快、舒服的事情，那些不会成就一个人，只会毁掉一个人。

不厌其烦，重复做那些让你烦却有益的事，这就是学习的秘诀。

聚焦的力量

战略的核心在于聚焦。把一件事做到极致的效果，胜过做一万件平庸的事。聚焦的反面是发散，发散思维、发散精力、发散时间、发散事业、发散情感，每当我有发散的念头，我都要重新默念"聚焦是战略的核心"。这是一条难以坚持又必须坚持的成长之路，值得我们刻骨铭心、终生不渝。

太阳光聚焦成一点，可以用来熔金冶铁；水流在强大压力下从小孔喷出，可以用来切割钢板。任正非在《力出一孔，利出一孔》中曾说：如果我们能坚持力出一孔、利出一孔，下一个倒下的就不会是华为；如果我们发散了力出一孔、利出一孔的原则，下一个倒下的可能就是华为。

我年轻时想法挺多，思维十分活跃，东一榔头西一棒槌，办过网站、开过服装店、卖过化妆品、搞过烧饼店，这些都真干过，也真失败过。那些没有干过、想想就算了的主意，聊聊就放下的想法，更是不知道有多少。那些年，我极不满意自己：我是个只会说大话的人，行动力不强，毅力也拉胯。后来，我开始在网上讲课写作，中间也犹豫摇摆过，但是终于坚持下来了，现在已经将近七年。

我曾与一位宾馆经理聊天。他向我讲述了自己的经历。他没什么学历、关系，二十多年前应聘到宾馆，干过保洁、客房服务员、前台、餐厅服务员，现在是分公司的经理，负责全面工作。听完后，我十分钦佩，这种长达二十年的持续进步，是不输于任何绚丽光鲜、一路掌声的成功的。"白日不到处，青春恰自来。苔花如米小，也学牡丹开。"这位经理有如今的发展，关键就在于聚焦，在立足之地深挖下去，等来了清泉涌出。

现代社会，每个人都有无数的选择，看似为成功大开方便之门，其实每个选择都有代价，损耗的都是一个人的精气神，一个人就在选来选去中，慢慢地丧失了斗志，枯萎了雄心，老去了人生。

本质上，一个人的资源是有限的，在这个内卷的时代，各条赛道上的竞争都十分激烈。七年前，我在网络上免费分享面试音频文章时，全国也没有几个人做这一行，免费分享的更是少之又少。说句公道话，公众号的发展与知识稀缺的背景是分不开的。但是，现在你去看看，做公考面试、笔试分享的，遍地都是。在这样的氛围下，想要脱颖而出，那是难上加难的。而一个人的注意力、意志力、精力、体力都是有限的，想要做许多事情，是不现实的。

我们小时候都听过《小猫钓鱼》这个故事，它告诉我们做事情不能三心二意，而要一心一意。其实，这不单是做某件具体事情的方法论，也是人生的方法论。武侠小说有个"闭关"的概念，即为了武学突破自囚于荒山古洞，不考虑别的事情，将全部的精神投注于修炼自身，最后使自己的武学打开新天地，更上一层楼。

这是个十分有意思的隐喻。许多同学复习好多年，成绩不见有进步。也有些同学集中精力复习，较短时间就成功上岸。这中间当然有许多复杂的原因，但本人是否专注，是否在短时间内集中全力，抱着强烈的愿望，不惜代价投入心血、精力，确实是能否上岸的决定性因素。同样，在漫长的人生远征中，聚焦仍然是成长的捷径。

有同学问我时间管理的方法：你那么忙，为什么还能一直输出？其实在这方面，我也探索过不少时间管理的方法，试过不少工具，大部分折腾到最后，只是了解了概念、熟悉了方法，却草草放弃了。现在，我的方法很简单，就是确定一件最重要的事情、两三件较为重要的事情，一有时间我就干重要的事情。没机会干重要的事，我才去处理手边的事情；一旦有机会，我就再回到重要的事情上。这是一种彻底聚焦的方法，重要的事情永远优先，一切时间都为这几件事情服务，其他时间都用来放松，随时随地准备重新回到重要的事情上。

这是我几年下来总结的核心经验，不知道是否说清楚了。而且，有时候我也会发散，会忘记聚焦，所以我需要时不时念叨，提醒自己不要忘了聚焦。天才我见过的不多，想来他们不用走寻常路，其成功不可复制。像我这样的普通人，聚焦是我可以依靠的人生外挂，希望能对你有所启发。

这类聪明人最难搞

《史记》中，司马迁写到纣王时，用过两句极妙的话：智足以拒谏，言足以饰非。大概意思是，小聪明足以拒绝他人的规劝，会说话足以掩饰自己的过错。尤其是第一句，我第一次读到时十分震撼，心道：果然是司马迁，一句就道破千古不变的人性。

现实生活中，每个人几乎都有这样的朋友，当然也可能我们自己就是这样的人。某个日子，你好心好意提出中肯的意见，结果对方先肯定你，接着就开始替自己辩解，找到你话中的漏洞，证明不接受你的建议是正确的。当然，也有可能我们就是那个拒绝建议、文过饰非的人。

这类人几乎是最难相处的，他们骨子里是傲慢的。纣王作为王者，自然有傲慢的本钱，当然最后他付出了代价。几乎每个人都明白要善于接受意见，这是成长的资粮、改进的契机。

但是，回想过往，我们到底真的接受过他人的意见吗？我觉得应该很少。大部分人是执拗的，我行我素。也许，迫于外力自己会有一点儿改变，但这种改变与天性冲突，每时每刻似乎都被约束着、折磨着，痛不欲生。

有些小孩子犯了错误，当家长提出批评时，他们会用漂亮话替自己辩解。有些家长会无原则地原谅，甚至对孩子"会说话"这一优点欣喜不已。这就是在培养孩子拒谏、饰非的能力，一旦孩子从中获利，得到正面反馈，就会发展这方面的能力，到最后也许油嘴滑舌、油盐不进，那时才是真的难搞。退一步讲，孩子是弱者，他们的行为是可以被理解接受的，他们还有改正的机会。

但是，一个成人一旦养成这种习惯，那几乎就是悲剧。我是个不喜欢运动的人，在这方面我就是个偏执的人。而且，我能说会道，有些小聪明，这就导致对这方面的建议，我是概不接受的。我不单不接受，还有自己的一套歪理，有观点，有事例，有细节，足以让好心给我提意见的人碰个不软不硬的钉子。

不管我说得有多好，其实我知道自己的观点是站不住脚的。我能认识到这一点，是因为近年来经常写文章，写反思日记，分析自己的心理，对自己的认识不断加深，也就是说，元认知能力有了提高，才让我有机会一窥内心，否则我也意识不到。

某一天我看到"智足以拒谏"，我就知道自己就是这样的人。当我认识到这一点后，这几年确实进步了一些，对别人的意见愿意听，甚至愿意做了，这是不小的进步。

有时候，我会回答一些同学的问题。对方问我意见，我就会认真思考、给出意见，出于答面试的习惯，往往会一条一条说，一般都是三四条。个别情况下，我会遇到特别会拒谏的同学，我说一条意见，他给我回复一大段，详细论证我的意见是不行的；我再提出一条意见，他又是一大段话。极端情况下，会把我气得跳脚，大为火光。心平气和后，我就问自己：难道我也是这样的？

后来，在提出意见前，我会说："你想听听我的意见吗？真诚的、认真的、不想反驳的、想接受的，如果是，我就说几句。"对方往往会说："好的。"

嗯，这样做的确会让我好一些，只是这些"拒谏小能手"会被搞得自闭、憋屈。因为每当他们想反驳我时，我就截图说："你自己答应的，不想反驳的。"

关注眼前，按部就班做好你的事情

很多同学在面试前，会陷入巨大的焦虑、烦躁、郁闷、痛苦中，这是一种正常的情绪反应，是面试前的必经过程，面试结束后情绪就会好转很多。面试前，你越想恢复平静，反而越会心浮气躁。

你以前其实也有过类似的经历，比如：高考、恋爱、写毕业论文、求职、考研。只不过，这次的压力更为巨大，短短十来分钟决定未来几年、甚至几十年的生活和工作，没有重来的机会，对手更是强大少有无能之辈。实事求是地说，这种巨大压力在人的一生中是极少的。曾经有同学接连几次面试失败后产生了恐惧，不敢走上考场，到了考场也开不了口，大脑一片空白。在一次南方某省面试中，有个人笔试领先 5 分左右，只要正常发挥就会成功。但是，越是临近考试，他越是紧张焦虑，甚至到了需要看心理医生的程度。最后，他早上赶到考场，徘徊半晌，竟然直接回家，放弃了面试。当然，这只是极端案例，一般人的畏考心理到不了这样的程度。

这时，最好的办法就是按部就班做好自己的事情，该模拟就模拟，该背诵就背诵，该总结就总结。一道一道，一天一天，把所有的精力、注意力都放在当前的事情上，不关注其他的。这是对抗坏情绪的好办法。有人问佛陀：如何才能心灵平静？佛陀说，当你吃橘子时就吃橘子。关注当下的事情，两耳不闻窗外事，做一件事情，完结一件事情，不想其他的，就会安静许多。

如同置身于不容转身的狭长通道中，调整呼吸、放缓步伐，毅然决然地前行，走一步是一步。前行中，不考虑是否可以到达目的地，只把当下的每一步走稳，自然而然就会慢慢累积一段又一段距离。有些人走路就是这样，他们享受每一步，惬意、轻松、满足、宁静，这中间有着恒久的力量，以这样的状态，他们足以用脚步丈量世界。曾有马拉松运动员总结自己的制胜秘诀：不去想整个路程有多么漫长，只是盯着一个又一个标识物，完成一个又一个小目标，直至刷新世界纪录。

《大学》中有这样几句话："知止而后有定；定而后能静；静而后能安；安而后能虑；虑而后能得。"我从中学到的最重要的一点是：知止有定。知道停止，克制自己，就会心有定性，找到该做的事情。接下来，就能安静下来，一步一步往前走，深入思考，避开陷阱，抵达终点。这其中，知道停下来是第一步。有的人想做的事情太多，东一榔头西一棒槌，杂念重生，永远心猿意马，什么事情都做不好，什么事情都想不透，最后只得到一地鸡毛和杂乱不堪的人生。

我以前也是这样，什么事情都想做，最后什么事情都做不成。鱼和熊掌不可兼得，两全其美只是妄念，选准一条路，沿着这条路往前走，才能有虑有得。这种方法论，其实就是现在常常讲到的"专注、聚焦"。古往今来，能做成事儿的人几乎都有这种特质。处于人生的十字路口，往左还是往右，只能选一个，想左右都去，最后只能待在原地。

要知道，"我想做"和"我能做"是两件截然不同的事情。"我想做"是主观的，"我能做"是客观的；"我想做"是自己控制不了的，"我能做"是在自己能力范围之内的。我们要把注意力放到"我能做"上，竭尽全力做好它，哪怕是简单、微小的一件事，也要做好。做得越多，能力越强，掌握的资源越多，"我想做"才有可能变成现实。

备考期间确实辛苦，而辛苦是一种权利。电视剧《功勋》中，申纪兰面对记者讲出这么一句话：劳动就是解放，斗争才有地位。在她看来，以前的妇女没有劳动的权利，大门不出二门不迈，解放使妇女能走出家门，与男子同等地参与劳动，得到同等的报酬。从这里说，劳动是一种权利。对于备考的同学来说，学习也是一种权利，辛苦也是一种权利。这种权利并不是人人都有，一旦失去可能再也无法找回。

珍惜辛苦的权利，把握当下的事情，这能决定你的命运。

多听少说

我平常说话时，喜欢说自己的事情，把话题牢牢固定在自己身上，好像用 502 胶水粘上去一样。我明白这是恶习，但就是不想听，只想说。每当与别人聊天时，我都会想方设法吸引对方注意，说得最多的都是自己的事情。这样的人真讨厌，但我恰恰是这样的人。

只想说，不想听，只想获得肯定、赞许、理解，不想给出肯定、赞许、理解，这样的人看似自尊心很强，其实是一个虚荣的人。他们就像渴望获得父母夸奖的孩子，尚未长大。

他们的自尊不是来自内心，而是来自外界的评价。他们被世俗中的一切所绑架，难以听从自己的内心，做出独立的、不流俗的行动。他们渴望融入团体，却因为恶劣的性格、令人讨厌的表现，难以被团体接纳。他们希望成为众人的中心，众人却对他们避而远之。根子都在于，他们只想索取，不想付出，时时刻刻都想获得关注、肯定、理解、赞许，把别人的脑子看成一口枯井，总想扔进去点儿什么，哪怕是垃圾，有些响声就是好的。他们欲壑难填，他们慌不择路，他们是可怜人。

"我也有这种经历"，"我也是这样的"，这类话一出口，就暴露出你的自以为是，以自我为中心。聊天是交流感情的形式，绝不是为了表现自己。想成为一个会聊天的人，就要学会倾听，但有些人总是在寻找机会，见缝插针地表现自己。别人说起一件事，本来是想获得安慰、肯定、赞叹，结果他马上说一件类似的、甚至更夸张的事情。这种以自我为中心的行为实在过分且令人讨厌，一个人如果始终这样，就交不到朋友。

这几年，我稍微好一些，慢慢懂得了换位思考。特别是，面试题要求必须换位思考，否则有些题就解决不了，出不了彩，这对我帮助很大。

实事求是地说，换位思考是很难做到的。体会对方的想法，理解对方的立场，这只是第一步。绝大多数人是以自己为中心的，考虑的都是自己的立场，在意的也只有自己的利益。特别是当感到自己被冒犯时，情绪和本能会左右自己，理性会退缩到看不到的地方，完全考虑自己，不顾他人。但是，我们每个人又是无知的，掌握的信息也是不全面的，我们只知道自己知道的，但我们不想知道自己不知道的。所以，了解对方的立场、观点，是做出明智决策的必要条件。也就是说，换位思考是一种需要，不是一种恩赐，首先受益的是自己，其次才是对方。总站在自己的立场，学不会换位思考的人，是傲慢而又愚蠢的。

要学会把注意力从自己身上抽离出来，站在旁观者的角度观察对方，通过语言、神态、语气、动作，感受对方的情绪与立场，这样就会形成一种情感共鸣，体会对方的喜怒哀乐。这时，你可以听对方说，也可以克制地、真诚地表达自己的态度，长此以往，你会发现你的朋友会多起来，与人交流的压力也会小很多。

拒绝是一项技能

拒绝是一项技能，掌握这项技能需要时间，根据我的经验，一般三年左右就可以较为熟练地掌握了。

这是我的切身体会。我意识到这一点比较晚，练习"拒绝"的次数比较少，年近四十也只是刚刚摸着点儿门道，距离熟练掌握还有较大差距，需要继续有意识地训练。

众所周知，技能是需要投入时间学习的，在学习的过程中还要遭受各种打击，如学不会、考核不合格、方法没找准、老师水平不高等。这是漫长的学习经历教会我们的常识。比如在面试这件事上，大家就比较容易接受一点，成为面试高手需要时间反复练习。因为大家默认面试是一种技能，而掌握技能是需要学习的，既然是学习，那么就需要时间，需要反复练习。这里面的逻辑链条很清晰，一般人都是买账的。如果既不想学习，又想掌握技能，那么他不是妄人，就是蠢人。

但有意思的是，许多人会认为自己天生就该掌握"拒绝"这项技能，或者哪怕以前不会，只要一动心起念，立即就会拒绝。拒绝，哪能算技能？不就是张张嘴就能办到的事儿，哪有那么难？这不是谁都会的吗？其实不然，"拒绝"就是一项技能，而且可以算作人生的进阶技能，是高情商者的标配，掌握它是需要时间反复练习的。

理解这一点，会让暂时不会"拒绝"的人，心平气和许多。既然"拒绝"是一项技能，那么它就符合技能的一般特点，而且是可以习得的。这是个重要的领悟，知道这一点，许多人就知道怎么学会拒绝了。学会拒绝的重要性不需要赘言。我们说的会拒绝，一般情况下是在不过度损害双方关系的前提下，回绝自己不想干的事情。正因为有前提，拒绝才会显得有点儿难。如果不顾及他人的感受，遇到任何事情都生硬拒绝，那其实不是真的懂拒绝，也不是我们想要的效果。

正因为"拒绝"是一项高端技能，所以拒绝是可以学会的，但是又不可能不学就会、一学就会。也就是说，我们要把自己当作暂时不会拒绝的新人，在心里重视拒绝这项技能，尝试通过练习、观察、学习，逐渐掌握拒绝的方法、语言、措施。我们这么做，就是承认拒绝是项技能，并把拒绝当作面试一样的东西学习。

同时，我们要意识到，学会拒绝没有那么容易。那些话看似简单，有时候我们就是说不出口，或者一说就不是那个味道，让场面更加尴尬。这是学习拒绝的路上，必然会遭遇的小挫折，就像学数学做错了一道题一样，是正常的。我们不能因为犯了错，以后就再也不研究拒绝，不学习拒绝。那就像做错一道题就再也不学数学一样幼稚。

我们要总结拒绝失败的经验，再找机会重新尝试，慢慢地会拒绝得越来越好，直到炉火纯青——拒绝了别人，你不会往心里去，对方也不会太过难堪，甚至因此跟你结了仇。这里有个关键，我们要认识到，人的时间、资源是有限的，有时候为了更重要的事和人，我们是需要拒绝一些次要的事和人的。哪怕为此得罪了谁，也是你该付出的代价。

拒绝，是高能量者的武器。给自己三年时间，聚焦于个人成长，长成更强大的自己。到时候，你就不怕拒绝了，而这，其实是掌握一项技能的重要条件。

量化的努力让你更有力量

下雨了，很大，连绵不绝。我坐在窗户下面，听着雨声，在孩子的呢喃梦语中，跟大家聊聊天。

很多同学，越到面试前，越会变得焦虑。这种焦虑的来源有很多，但主要是以下两个：一个是担心面试失败，自己长时间的心血投入付之东流；另一个是看不到自己的进步，甚至越复习越觉得自己退步。

"壁立千仞，无欲则刚。"面试成败与我们的人生命运直接相关，大多数人难以做到云淡风轻、无动于衷。别看我经常录制视频音频，但是一旦哪一天"矫情"起来，想要录制个完美的视频音频，就会关注自己的表现：说得流畅不流畅，表情做作不做作，普通话标准不标准，模拟能不能更好些？我越是关注这些东西，就会越焦虑，进而开不了口。这是人之常情，只要那件事与我们的切身利益相关，人总是无法淡然。

至于看不到进步，也是正常的。十多年前，我还在上大学，那年冬天下大雪，我陪两个同学散步看雪景。一位同学说："现在的雪怎么都不大，小时候的雪能埋住我的腿。"我并不是个有捷才的人，当时却说了一句现在想来还颇有道理的话："不是雪小了，而是我们长大了，腿变长了。"

同样，大部分同学觉得自己没有进步甚至退步了，主要原因也是：判断答题好坏的能力提升得快了，答题水平的提升速度却跟不上，相对而言就没有进步，甚至退步了。本来觉得自己答得还不错，见识的好答案多了，眼界打开了，就接受不了自己了。这种对自己的苛刻要求，会进一步加剧焦虑情绪，进而导致越学越丧失信心。

在多数人的印象中，跳芭蕾舞的女孩身材都非常好，腿很细很长，这可以让她们翩翩起舞。其实不然，大部分跳芭蕾舞的女孩都有双粗腿，很有力量，脚也很大。这体现了建筑学的逻辑：力量才是根本，唯有建立在力量上的万事万物，才可能有和谐之美、均衡之美。同样，想要解决面试前的焦虑问题，还是要靠实力说话，有了真实不虚的实力，才能稳坐钓鱼台。

这就涉及另一个问题：努力难以量化，而无法量化的努力很难带给人自信和安宁，更不要提力量。所以我认为，一定要想方设法把努力量化，给自己的学习加个进度条。当努力被量化之后，学习被可视化之后，我们学习一天、努力一天，进度就会提升一点儿，我们就会距离目标更近一点儿。最关键的是，我们心里不再轻飘飘，也不再空落落。数量增加一点儿，我们就增加了一点儿力量，就好像玩电脑游戏打通关一样。

这种可量化的努力的最大价值是带给我们安宁与自信，并由此积累巨大的力量。我的每篇公众号更文都会加上数量统计，即每写一篇，数量就增加一篇，这会让我清晰地感到自己在进步。最开始，我想着先写一千篇，那时我想：到我写够一千篇，一定可以拥有一万粉丝。结果，还不到五百篇的时候，粉丝就达到十万。如果没有这种量化方法，我想自己绝对坚持不到现在。

我建议把面试复习量化，比如计划掌握三十道真题、三十个例子、三十句名言，然后一道一道、一个一个、一句一句掌握，最好找一个专门的笔记本，一道题占据一页，一个例子占据一页，一句名言占据一页，这样九十页记录下来，你一定会获得巨大的力量。量化让努力变得可视化，努力的价值在数量中显现出来。而在这个过程中，我们看到自己在一点一点地进步，会变得安静而有力量。

几年前，有个同事领着孩子让我指点面试。我指着那孩子的笔记本说："如果这个薄薄的笔记本，你到考前能写满，那么考试失败与你无关。如果你写不满，那么考试失败就是你的责任。"最后，这个孩子写满了那个笔记本，他也成功上岸。

量化让你的学习有了进度条，看着进度条一点点前进，蜕变会在不知不觉中发生，焦虑也会极大缓解。最后，量变会引起质变，数量能堆积质量。

第三章　当自己的造物主

命由我造，福自己求

　　几年前，我写过一篇文章，大意是说：每个人都是自己的造物主，做好当下就可以影响甚至决定未来的命运。这是我的人生体验，是我近些年来的经验总结。有这样的体会并不容易，里面浸透了努力、挫败、汗水、泪水、成长、收获。这些年，我也正因为有了这样的观念，才一点一滴做了不少事情。这些事情确实改变了我的命运。

　　最近，我读《了凡四训》，看到这样一句话："命由我造，福自己求。"心里不禁生出大感慨。这八个字概括得真好，比我的理解更准确、更精练。在看到的瞬间，我有种被击中灵魂的感觉。"福自己求"中的"自己"不是一个词，"自"是"依靠、来自"的意思。再一个，我觉得找到了知音，多年来心底最深的感受，被几百年前的一个古人精准地说了出来，不得不说是一种大幸运、大幸福。同时，我产生了羞愧、后悔等情绪：我的见识太少了，这样的书为什么不能在年轻时读到呢？不过略一想，我就明白过来，如果我年轻时看到这八个字，估计不会有这么大的反应，也不会有深刻的理解，顶多当作有意思的一句话。四十岁读到这句话，刚刚好。

　　《了凡四训》这本书比较容易读。虽然是古文，但因为是明代读书人写的家训，语言平实简单，近似于现代的白话文，理解起来并没有什么难度。再加上这本书正文只有一万多字，许多专门讲解的书看着厚，其实大部分是延伸故事之类，看与不看都不受影响。因此，我建议同学们读一读，一本书十来块钱，读完也就几个小时，如果能有一分理解感悟，也是值得的。我准备下功夫好好研究，读个几十遍，对好的章节还要背下来，想方设法在生活和工作中践行，我相信这会在很大程度上再次改变我的命运。

这篇文章，我早就想写，但因为我有个拖延的毛病，再加上那几天确实有许多其他事情，耽误了不少工夫。那天晚上下雨了，深夜两点莫名醒来，给孩子盖了被子，顺便打开窗户，听听淅淅沥沥、哗哗啦啦的雨声。我开始胡思乱想，心里总是盘着"命由我造、福自己求"这八个字。自我造命确是难事，我明明想写篇文章，但还是拖了好几天，虽然有许多借口，但其实都不是真正的原因。我就是懒惰，就是拖延。就这样想来想去，一会儿又迷迷糊糊睡着了。

五点多，我又醒了，就想起来写，但是一起床就开始刷手机，一直刷到六点多才停下来，克制住继续刷下去的欲望，坐下来写文章。我一般六点四十五分推送文章。我看看表，时间快要到了，想着要不算了，明天再写吧。但幸好，还是坐了下来。

我写文章已经将近七年，但还会时不时受各种因素影响，产生拖延、畏难、烦躁的情绪。人就是在与自己周旋，在这种寂静无声的斗争中，时间流逝、生命消耗。真正的长期主义者，必将改变命运，必将塑造自己的命运。但这并不容易做到。此时此刻，即便你我知道"命由我造、福自己求"，如果不做，不去与自己周旋斗争，又有什么用呢？

锁链

　　小象出生在马戏团中，它的父母也都是马戏团中的老演员。小象很淘气，总想到处跑动。工作人员在它的腿上拴上一条细铁链，另一头系在栏杆上。小象对这根铁链很不习惯，它用力去挣，却怎么也挣不脱，无奈只好在铁链范围内活动。过了几天，小象又试着挣脱铁链，可还是没成功，它只好闷闷不乐地老实下来。

　　人这一生就是冲破锁链的一生。我们常常提到命运，进而认为命运是外在力量强加给我们的。其实不然，"命运不是发生在我们身上的事，而是我们自身的一个组成部分，命运是我们如何运用洞悉力和爱的规律对事件做出反应"（德国哲学家席勒语）。简而言之，命运是我们的选择，是我们面对事情做出的反应。这一个个连续不断的选择与反应，就是我们的命运。

　　一次又一次，小象总也挣不脱铁链，慢慢地，它不再去试了，它习惯铁链了。再看看父母也是一样，好像本来就应该是这个样子。小象一天天长大了，以它此时的力气，挣断那根小铁链简直不费吹灰之力，可是它从来也想不到这样做。那根链子牢不可破，已深深植入它的信念。一代又一代，马戏团中的大象们被一根有形的小铁链和一根无形的大铁链拴着，只能在一个固定的小范围中活动。

　　有形的锁链好扯断，无形的锁链大概率会缠绕终生。我们每个人都是一头大象，被很多条牢固的锁链困在原地。有的是有形的，看得清清楚楚；有的是无形的，束缚着却又难以察觉。经常性的，我们明白要去做一件事，但就是不去做，拖延了几月、几年，甚至半生就这么一晃而过，没有留下什么痕迹。这背后的原因有许多许多，而"恐惧"毫无疑问是重要的一条。

觉得做不成所以不敢去做，觉得做成也没用所以不愿去做，这些奇怪的信念隐藏在潜意识中，是牢不可破的无形锁链。大多数时间，我们习惯这些锁链，觉得它们与我们本是一体，并找出种种理由解释自己的行为。似乎，不做该做的事是理所当然的。有时候，我们感到不舒服，怨恨这锁链，却又感到隐约的轻松和惬意。看，这不是我想要的，但锁链束缚着，我又能怎样呢？我们永远站在正确、无辜的制高点上。

然而，那些锁链不在外界，而在我们的内心。《水浒传》中的鲁智深在圆寂前留下几句偈语："平生不修善果，只爱杀人放火。忽地顿开金枷，这里扯断玉锁。咦！钱塘江上潮信来，今日方知我是我。"大意是在外部环境强烈的刺激下，人的内在发生翻天覆地的变化，终于扯断无形的锁链。

但事实上，大部分人很难遇到足以改变内在的外部刺激。扯断锁链只能靠我们自己。在无数个平凡的日子中，在无数个选择的刹那间，我们塑造自己的命运，无声却有惊雷，在那方寸之间。说到底，你的人生是你自己决定的，对自己负责是扯断锁链的第一步。

长夜漫漫无人知，正是默默努力时

这几年，熟悉我的人都知道，我是经常熬夜的。我写公众号文章、录制真题音频，很多时候是在加班结束、家人都休息后匆匆忙忙开始的。我也不考虑状态如何，就开始疲惫地敲击键盘，就开始声音沙哑地讲题。但是，睡得太晚确实不好。有一段时间，我调整了一下：每天早上五点起床，写两个小时，七点推送公众号。当时不觉得，现在想想挺不容易的。我就是这么一步步走过来的。

这一两年，我锻炼得少，折腾得多，已经不敢熬夜，但是早起的习惯一直没有丢，只要睡得不是太晚，一般都是六点左右醒来。如果哪天睡到七八点，我会很高兴，觉得自己赚到了。最近，我的工作很忙，忙到写文章都没什么时间。我的疼痛已经持续半年，一直没有完全好，幸好也没再加重，反而有些减轻的趋势。估计是神经性的，想要根除十分困难。不过，我并不害怕，只要不是让我现在躺在地上起不来，就这么隐隐作痛，我会习惯的，也会学会与疼痛相处。我有这个信心。

读高中时，有同学说自己头痛，吃喝玩乐时挺正常，一看书学习就头痛。我那时觉得这就是装的，怎么会有这样的痛。现在我知道了，确实有。我现在坐在电脑前，看着屏幕，就会觉得头不舒服；想要录制音频，就会觉得心情烦躁。所以，我还在调整，大家且再等等。

我会后悔吗？后悔这几年，不该把自己耗得太厉害。可能会，也可能不会，我也不知道。不过我明白，有时候看起来有千万条路，其实自古华山只有一条道。不想走，不愿走，吃不得苦，受不了罪，熬不了，顶不住，也就只能如浮萍一般，四海飘零。这是很多人的宿命。有人出生在山巅，嘴里说着各种各样的"鸡汤"。他们让你离开这庸常的生活，去爬爬山、滑滑雪、旅旅游，做做自己喜欢的事情。这在他们是寻常事，对很多人来说却是遥不可及的梦想。

所以，我怎么会后悔？上了山，你有闲工夫指指点点，反思该走一条更轻松的路；在山下的时候，你心心念念的，不过是爬得高一点儿，再高一点儿。你该选什么路，不是由你想干什么决定的，而是由你所处的位置决定的，由你手中所掌握的资源决定的。有时候我想，人要不时回头，看看自己是否下过狠心，是否拼过命，是否在此时此刻尽最大的努力，付出不亚于别人的努力。如果没有，还真是有点儿遗憾。我以前没有过，但是从 2016 年以来，我确实已经竭尽全力，这点我问心无愧。

我知道，无数经历各异的孤独灵魂在折腾着、耗损着自己，披星戴月，竭尽全力，只为求一个不确定的未来。

我不止一次看见过他们，就好像看到这几年的我。有些人觉醒得早些，有些人觉醒得晚些。不管早晚，有一日，你会意识到自己的孤独，开始扎根，开始挣扎，开始一个人的战斗，走上孤独的英雄之旅，不是为了证明自己了不起，而是想要告诉世界，我曾为自己的未来打拼过。

图 3-1 所示是两名考生的留言和消息，看到这些，"于我心有戚戚焉"，我说不出什么冠冕堂皇的言语，只能道一句：保重，加油。

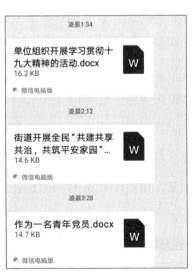

图 3-1　考生留言

如何掌握人生的权力？

有一对双胞胎兄弟，成长环境虽相同，却走上截然不同的人生道路：哥哥成为臭名昭著的杀人犯，弟弟成为功成名就的律师。他们出身贫穷，父母酗酒争吵，动辄打骂，二人童年时期十分不幸。

记者问哥哥："你怎么变成这样？"哥哥说："出生在这样的家庭，我还能怎么样？"问弟弟时，弟弟也说："出生在这样的家庭，我还能怎么样？"

这可能是真实的新闻事件，也可能是一个寓言故事，不同的理解，在某种程度上，决定了一个人的命运。在我看来，兄弟二人最大的区别是：弟弟对自己负责，哥哥对自己不负责任。一个人生活在世上，首先要承担自己的责任。承担责任不是要对所有发生的事负责，而是要对自己的行为负责。

走在野外，我们被一条毒蛇咬伤，这可能是无法控制的，我们不需要承担责任。但是，接下来做何反应，采取何种行动，以及由此产生的结果，理当由我们承担，由我们负责。到底是马上采取解毒的措施，还是愤怒地追杀毒蛇，与其同归于尽？不同的结果，源于不同的选择。而我们在做出决定的同时，也要承担责任和后果。

这就是生活的真相。我们无法选择生活，却要对自己的反应和行动负责。责任终有一天会从天而降，也许就在当下，也许在遥远的未来。但是，不管怎样，你无处可逃。当尘埃落定时，你要明白，前因结后果，"种瓜得瓜，种豆得豆"，你理当承担责任，接受后果，没有什么可委屈的。

你观察过牛是如何走路的吗？牛走路时，会随着地势起伏，寻找最容易的路，前面有山，牛不会硬上。相反，它会挑选最好走的路，哪怕要多走很多，甚至绕过一座山。牛走的是一条最小阻力之路，某些时候是最佳选择。人不是牛，如果总是选择最小阻力之路，那么很可能永远无法达到目标，与改变命运的机会失之交臂，最后只能接受生活最坏的样子。

选择最小阻力之路，甚至形成路径依赖，遇到问题不是破解问题，而是绕路而走，这是极不负责任的做法。你对自己不负责任，其实就等于交出了把握命运的权力。没有责任，就没有权力，只有承担责任，才有权力。

歌德说过这样一句话："你的职责是什么？就是完成每天摆放在你面前的各种事务。"对于我们来讲也是如此，做好每天的事情，该学习时学习，该工作时工作，该照顾家庭时照顾家庭，不绕不躲，不怕不推，日积月累下来，生活自然会变得更好。

当你负担起对人生的责任，你也就掌握了自己的人生。图3-2中的这位二孩妈妈，就是个对自己负责的英雄。

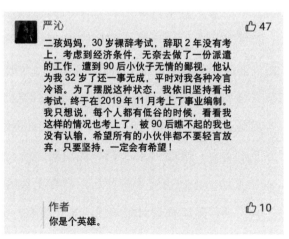

图 3-2　一个二孩妈妈的留言

当你陷入烦躁，不知如何是好时，你可以默念这几句话：愿我有宁静，接受我不可改变之事；愿我有勇气，改变我可改变之事；愿我有智慧，能够区别这两类事。

大道至简，人生的方法，不过如此。

给"后浪"的几点建议

最近，收到几则消息、留言，都提到一个词：褪黑素。我专门查了查，这东西有两种功能：一个是延缓衰老，一个是辅助睡眠。这些人都刚刚毕业，花儿一样的年龄，男人身体壮得像牛犊，女人也绽放得如鲜花，生命力旺盛，怎么刚毕业一年半载，就需要靠褪黑素才能入眠？

这些"后浪"们遇到的问题，大致是：大学毕业，考研失败，考公失败。父母一直逼迫回老家，或者找个临时工作，或者全职备考。朋友疏远，恋人分居，父母唠叨，工作太累，经常加班，气氛沉闷，交不到知心朋友。备考效率低下，前途渺茫，看不到一点儿光。想挣扎，挣扎不出去；想妥协，心有不甘。二十多岁就开始掉头发，就开始失眠，好像与世界为敌，孤零零、惨兮兮的，好可怜。

就如同一只雏鸟，刚刚离开舒适的巢穴，自己觅食，自己扑腾翅膀飞翔，当然各种不顺。大学时光多好，他们就如同小说中的主角，家长、亲朋、老师、社会都呵护着、体谅着，他们肆无忌惮，无拘无束，犯错无妨，失败也算不得什么，自有无数的理由开脱。但是，这种主角待遇，随着他们跨出校门，再也没有。他们从主角沦为路人甲，任何人都可以呵斥、嘲讽他们，社会也变得苛刻，不能容忍失败和错误。刹那间，天翻地覆。

其实，大可不必如此。这是正常的，每个人几乎都有这么一段日子。在这种情况下，你该坚强，不要因为别人也这么痛苦，所以你选择麻木。要记住，不管男女，都要自强，要有一股倔强之气，打落牙齿和血吞，熬下去，熬出来，熬他个水落石出，熬他个云破月来。我有几句话送给你：

第一，你要相信，你能改变这一切，至少活成普普通通的样子。很多人适应不了剧烈变化，对自己评价变得极低。这是认知错位，你虽然没有那么好，但是也绝对不差。很多人之所以比你强，只不过是年龄到了，时间累积的财富、地位、阅历，让他们能够装腔作势。但是，他们本身也是普通人，没什么了不起。就像我，也经常扮演老师，看着有模有样，但又算得了什么，也只是个普通人罢了。

我年轻时，经常对爱人说：不要怕，我不比那些人差，我只要好好干，到他们的年龄，不会比他们差。你也要相信这一点，至少你不会低到尘埃。再差也能活成普通人，有这个打底，也就不那么自怨自艾。也许，前行过程中，你超出普通人，也说不定。

第二，你得接受当下，即便不视为享受，也要看淡，竭力获取成长的资粮。《幸福的方法》把人分为四类：现在幸福，认为未来不幸的及时行乐型；现在不幸，认为未来也不幸的无助型；现在不幸，认为未来会幸福的忍辱负重型；现在幸福，认为未来也幸福的幸福型。过去，你再也无法拥有；未来，还没有到米。你能把握的只有当下，即便不能成为幸福型的人，也要成为忍辱负重型的人。

像一颗被随机抛下的种子，遇到土地，就扎下根，吸收够得着的水分和养料，不浪费机会，不虚度光阴，日积月累，蜕皮、换骨，长成一棵郁郁葱葱的树。在现在所从事的工作中，找到意义，找到价值，耕耘自己的心田，提升自己的实力，这才是人该有的态度。

第三，你要学会细分目标、量化任务，找到一把梯子，一步步登高。很多人有目标，却没有实现目标的方法，找不到路径。经过多年的摸索，我觉得，尽可能细化目标、量化任务，是战胜拖延、提高效率、达成目标的诀窍。曾国藩有一个习惯：每一事来，必须剖成两片，由两片而剖成四片，由四片而剖成八片，愈剖愈悬绝，愈剖愈细密。

用这种方法，天大的事情也能落地，变成可执行的小任务。这是顶级的方法论。以我为例，前一段时间更新作品放缓，精神疲惫，分析原因，是想要的太多，时间又太少，有从速从快的心思。深刻反省后，借鉴曾国藩的方法，我把目标细分、任务量化，每天具体做什么事情一清二楚。这样，日拱一卒，进步肉眼可见，胡思乱想大为减少。不要一直盯着目标，要把目标拆分成可执行的任务。

比如，你想要考到部委编制，不要拆分成先考上公务员，再遴选到部委，因为这样依然无法执行。可以拆分为：每个星期，一三五做一百道行测题，二四六写一道申论题，周日休息。这才是细分目标、量化任务的正确方法。曾国藩也讲过，不问收获，但问耕耘。我觉得，如果不配合他的细分目标、量化任务之法，这句话就只是鸡汤。但是，一旦把目标细分，任务量化可见，那么就是精进之道，虽然不问收获，收获却变成自然而然的结果。每天做好可控、可量化的事情，想要的未来自会到来。

第四，想要脱困而出，最好的办法是能养活自己，最后成为自己。我知道，你现在不知道如何选择，也不知道谁对谁错，老师、父母、亲朋、同事，各有一套说辞。这是正常的，想要弄明白自己的想法，有时候需要好几年时间，不是一朝一夕的事情。你也许有理想，有追求，但要先解决饿肚子问题。能养活自己，你说话才有力度，才有人肯听你说话。你经济不独立，当然要受制于人，父母的想法与你冲突时，你甚至要委曲求全，所以产生各种纠结、内耗。当你能养活自己，甚至活得比父母期望的好时，父母大概率会支持你。

养活自己，不一定要成为公务员，任何流自己的汗、吃自己的饭的工作，都会让你的声音大一些，独立一些。当然，父母不支持也正常，但你不是为了他人的认同而活，你只要成为你自己。你成为你自己，也就不需要他人的认同，而他人的认同，在那时才会降临。很奇怪，你越想成为自己，别人越认同你。这是个悖论，在漫漫人生旅途中，终有一日，你会明白这点。当然，有些人一辈子也不明白。

有只蜗牛，身处幽暗的井底，离地面10米，每个白天，它爬上2米，几天能爬出井？如果这是道数学题，那么很简单，5天就能爬出来。但是，每到晚上，蜗牛还要掉下去1米，结果是，它第9天才能爬出来。你说，它会因为晚上掉下1米，白天就不爬吗？人生莫不是这样。

希望你做一只蜗牛，爬出黑暗的井，早日远离褪黑素，活得淡然一点，轻松一点，自信一点，快乐一点，幸福一点。

我的成长模型

最近，我一直在思考：我的成长模型是什么？弄清楚这个模型，会让我进一步厘清成长的思路，进而对成长产生推动作用。想来想去，我的成长模型可以简化为"目标—战略—战术"模型。目标是终点的那座城，战略是选定的那条路，战术是如何赶路、每天赶多少路。

目标是你要赶往的那个地方。人是需要目标的。理想是比目标更高的东西，目标不是理想，是比理想更为具体、世俗的东西，与我们的生活、工作、家庭、人生息息相关。目标是对未来想象的总和，是人生要抵达的终点。目标是一座城，是你风尘仆仆、颠沛流离、心心念念的目的地。在这座城，你吃着什么样的饭，穿着什么样的衣，做着什么样的工作，交着什么样的朋友，爱人、孩子是什么样子，你又是什么样的状态，都是清清楚楚的。

目标不能多，最好只有一个。因为在人生的终点，你只能身处一座城。太多的目标不是目标，只是你难以克制的贪婪欲望。想得到太多，会蒙蔽你的心灵，使你始终处在纠结、反复中。没有人能经得起这样的内耗，人生的质量会受到拖累，进而难以达成任何目标，到不了任何目的地。

目标有主次之分，主目标实现，次目标会同步实现。有些人觉得自己目标多，实质是没有分清主次。就好像，你驾车出发，在抵达目的地之前，会经过多个城市，这些城市就是次目标，只有最终那座城市才是主目标。盯着最终的目的地，精心规划路线，你会自然而然抵达一座座城。这些城市会成为你的补给点，不仅不会浪费时间，反而会帮助到你。但是，如果你把主次目标同等看待，那么就会浪费太多时间，往返于路途之中，折腾来折腾去，还是在原地踏步。最后只是打卡了一座座城，却永远无法抵达最终的目的地。所以，要学会区分主次目标，找到那个最终的主目标。

当你前往最终的目的地时，会错过一些城市，那些城市也有很多美景，但是往返一次会花费太多时间，甚至导致无法抵达最终的目的地。那么，这些城市既不是主目标也不是次目标，而是假目标，是必须放弃的。我的心中也有自己的目标。那是我关于未来的想象，我在什么地方，身边有哪些人，我做成了什么事情，有什么收获，我错过了哪些地方，又在哪些地方停留过，这些虽然不能完全想清楚，但还是要有个大致模样的。我会朝着这个目标前进。

战略是通向目标的路。条条大道通罗马，目标在罗马，但是去往罗马的路不止一条。战略的核心在于聚焦。一个人的时间、精力是有限的、稀缺的，做好一件事已经很不容易。把所有精力（至少是大部分精力）专注投入一项事业，才有可能取得成就。如果想做成很多事，那么就会事事劳心劳力，像一座不断漏水的大坝，精力、时间都在慢慢耗损，最后疲惫不堪，样样稀松平常。

战略要有助于达成目标，就是顺着选择的路往前走，要逐渐靠近最终的目的地。这是理所当然、不言自明的，但是人往往会忘记这一点。我是个爱好广泛的人，所以经常犯这样的毛病。大学时，我自学过网站制作，对各种各样的相关知识、软件都会一点儿。上班以后，又开始自学编程。我没有一丁点儿编程基础，估计也没什么天分，更不知道学习的方法，所以效率低下、效果不好。时断时续几年，还是啥也不会。在英语学习上也是这样，每年总有那么几个月，我突然想重新学习英语，买书、买教程、打卡，各种各样的流程来一遍。到最后，却毫无成效，英语还是不死不活。

为什么始终学不好这些东西呢？因为我在学习这些东西时，或者是心血来潮，或者是出于虚荣，与我最终想去的地方、要达成的目标，没有什么关系。我在这些路上晃荡的时间越长，浪费的时间、精力就越多。所以，现在我不学这些了，我会干些别的，比如，学习如何育儿，背些面试素材，记记材料提纲，这些东西都与我要达成的目标是强关联的，一开始就会帮助到我，这些才是我该走的路，是正确的战略。

战术是赶路的方法。到底是坐车还是步行；坐车的话，到底是自己驾车，还是搭别人的车；步行的话，每天走多少公里，在哪里休息，带什么补给。这些都是非常具体的东西。战略中包含不同的战斗，每场战斗都是服务于当前战略的。也就是说，想要实现一个战略，需要很多场战斗做支撑。

多年以来，我学到的、实践过的，最管用的战术就是"拆解量化"，也就是把要做到的事情拆解成一定数量的任务。不要小看这种战术，很多看似特别困难的事情，一旦拆解量化，就会变得简单起来。

比如，学面试这件事，看似难度很大，但是可以拆解为：掌握三十道题（背会三十道题）。这样这件事就变得简单起来。拆解能让不具体的事情具体化，能让复杂的工作简单化；量化能让不可见的进度可视化，进而提高执行、完成的欲望。如果看不到，人就如同在黑暗森林里前行，是难以坚持到走出森林的。所以，量化还不够，还要数字化。

心里有目标，那是要达到的终点；选定要走的路，那是人生的战略；把漫长的路拆解成小段，一段一段量化，每天都能看到自己的进步。这就是我的成长模型。

给自己绑上自律的绳索

孔子说:"吾十有五而志于学,三十而立,四十而不惑,五十而知天命,六十而耳顺,七十而从心所欲,不逾矩。"

"七十而从心所欲,不逾矩"这种境界,我以前是无法想象的,现在也只能模模糊糊感受其伟大、光明、刚强。

人越老,骨头越松,身体趋向死亡,精神却得享最大的自由。这种自由不是为所欲为,不是随心所欲,不是我行我素,而是自我约束后的自由,是自律的最高境界。

康德墓碑上刻着这样一句话:"有两种东西,我对它们的思考越是深沉和持久,就越会使心灵充满日新月异、有增无减的景仰和敬畏:我头顶之上的璀璨星空和我内心深处的道德法则。"

康德认为,长久以来,人们遵循的都是上帝、欲望、情感、利益、权威,这都是他律。我们要做的是,自己为自己立法,自己制订准则又自己遵守。这就是自律。

唯有自律,人才得到自由。

自律,代表我们能够控制自己,不被各种外在的力量驱使。这是一种理想的境界,绝大多数人难以达到。身处红尘浮世,各种欲望纠缠,烦恼恐怖皆至,人不可能不受外界影响,不受其他力量驱使。这是现实,我们需要接受。

但是,我们可以将这些外在的力量内化于身,将他律转化为自律。

每每有人对我说:成为公务员以后,生活一成不变,被繁忙的工作淹没自身,被大大小小的领导呼来喝去,被同事之间的钩心斗角折磨不已，觉得痛不欲生，每天都想赶紧下班，盼着周六周日，好好休息休息。

这就是把工作妖魔化了，甚至把工作与休息对立起来。把日常工作当作枷锁，把领导安排当作压迫，把同事当作鬼蜮，那就会时时刻刻感到痛苦。

你凝视深渊，深渊也将凝视于你。你如何看待这个世界，这个世界也将如何对你。

你每月领着工资，就要干好自己的工作，负起自己的责任。你身处体制内，就要服从体制的规则，听从领导的指挥。在人世间，你不可能永远都是一个人，你要在人情冷暖中磨砺自身。

我爱人也经常加班，有时候会很生气、厌烦。我在温言软语劝说她的同时，也会告诉她：拿人家的钱，就要有基本的职业道德，这就是你的责任。你家里有事的时候，组织能够体谅你；组织有事的时候，你也要体谅组织。

我们之所以感到痛苦，其根源在于把一切都看成外界力量的胁迫，感受到的只能是罗网。我们需要真正投身其中，接受世界、社会、人与人之间的规则，把这些规则内化于心，转变为我们内心的法则。那时一切都会不一样。

人怎样才算自由？自由不是随心所欲，任由欲望纵横。那样的人算不得自由，顶多是欲望的奴隶。用浅显的语言来说，那时在心中的主人翁，不是自己，而是域外天魔。人相当于被"夺舍"，没有活成自己。

人要用理性战胜本能，自己给自己立法，自己遵守自己的规则，这样才能自由，也才能获得安宁。

面临考研、考公的压力，我们明明知道要复习，却就是沉不下心来，始终无法开始答第一道题。我们在纠结之中，开始刷朋友圈，刷抖音视频。我们随心所欲，想做什么就做什么，但是，我们并不自由，每当夜深人静，每当关照自身，我们都觉得痛苦不堪。

　　我们确实没有遵守任何规则，但我们并不自由，也并不喜悦。

　　我们很痛苦地复习，揪断几根头发，掉了几滴眼泪，只做了几道题，情绪就会有很大好转。为什么？不是说做题有收获，而是在这一刻，我们控制住了自己，遵守了内心的法则，所以，我们觉得自由，满心欢喜。

　　最开始，自律并不意味着做任何事情都心甘情愿。自律也是在约束之下行动，并不是说一旦开始自律，你做那些难事就会开心。自律的奥秘正在于，你为你做的事情感到痛苦，但你还是会选择去做那些事情。

　　至少，第一个阶段是如此的。后期，你也许会心甘情愿，做痛苦的事情也乐在其中。但是，最开始不是这样的，就是艰难驱使自己。

　　我初写文章也是这样的，刚过了前几个月，就开始驱使自己，也就是说进入自律。但是，这时候，我还是痛苦的，经常想放弃。我知道做这些事情是对的，但是我并不心甘情愿，甚至一拖再拖。我也想聊天、刷手机、看电影，也想花更多时间陪孩子。

　　但是，我要写，做这些事情已经成为我的内心法则之一。所以，我会想各种各样的方法克服。每当我更新一篇文章，我就发自内心地感到喜悦与安宁。

　　当然，时至今日，写文章已经不是负担，我很少感到痛苦，只是偶尔因为耗费过多时间，觉得有愧于家人。这种愧疚造成的阻力，远远大于不想做、拖延、烦躁造成的阻力。

那些认为该做的事就要做得快快乐乐的、顺顺利利的念头，都是妄念，都是不切实际的。做那些你不愿意做的事情，反对的是你的本能，支持的是你的理性，是你自己的意志。我们要让意志成为人生的主宰，而不要沦为欲望的奴隶。

传说中，西西里岛附近海域有一座塞壬岛，岛上的女妖们歌喉甜美，她们日日夜夜唱着动人的魔歌，引诱过往船只上的水手。凡是听到歌声的水手都会驾船调转航向寻着魔音驶去，最后在那片暗礁密布的大海中触礁而亡。

不久，大英雄尤利西斯的船只即将驶入塞壬岛海域。水手们都非常惊恐，因为据传说从未有人活着离开过塞壬岛。

尤利西斯命令水手们用蜂蜡塞住耳朵，这样就听不到塞壬女妖的美妙魔歌了。而尤利西斯想亲耳听听塞壬女妖的歌声，于是他让水手把自己的手脚捆住，用铁索绑在桅杆上，告诉他们千万不要在中途给他松绑，而且他越是央求，越要把他绑得更紧。

船只渐渐靠近塞壬岛，即便提前做好了准备，尤利西斯在隐隐约约地听到塞壬女妖那天籁般的歌声时，仍然把持不住自己，身体不停地颤抖，力图挣脱绳索，奔向那未知的诱惑。按照事先的约定，船员们把他绑得更加结实，并奋力划桨。

塞壬女妖的歌声越来越远，最后湮灭在广阔的天际。尤利西斯带领他的水手们躲过了诱惑背后的凶险，平安地驶过了那片不归之海。

自律给你自由，想要听到美妙的歌声，想要够到美味的果实，那就先给自己绑上绳索。

先为不可胜

《孙子兵法》中有这样一句话："昔之善战者，先为不可胜，以待敌之可胜。不可胜在己，可胜在敌。"

意思是：以前善于用兵作战的人，总是先让自己不可战胜，并等待可以战胜敌人的机会。不被战胜的主动权在自己，失败留给敌人。

这其中蕴含着人生的成功密码：你想赢，就得让自己不可被战胜。战场上两军对垒，一军统帅首先要做的不是寻找胜机、战胜对方，而是防守，扎下牢固的营寨，部署严密的防务，安排好饮水、粮草等保障，不被对方找到胜机。这就叫"先为不可胜"。

如果一上来就迫不及待地想要击败对方，导致根基不稳、防守不密，那最后的结果往往是大败亏输。曾国藩打仗的秘诀是"结硬寨，打呆仗"，这六个字就是对"先为不可胜"的具体运用。"结硬寨"就是力保不败，"打呆仗"就是徐图缓进。先自保，慢慢等待敌人犯错。

纵观曾国藩与太平军缠斗近十四年，经典战役实在乏善可陈，但是湘军占据长江中上游战略要地，又有强大的水师和后勤保障，靠着实用的战术，最终取得胜利。

具体到人生中，"先为不可胜"就是在胜机出现之前采取守势，竭尽所能夯实基础，缓慢地积累更多力量，让自己逐步成长，直到机会出现。

西方有句名言"机会只光顾有准备的头脑"，说的也是同样的道理。很多时候，机会来了，你却没有准备，于是你或者认不出来，或者把握不住。这不是悲剧吗？

对于普通人而言，正确的人生战术其实很简单，就是：先为不可胜。这是十分考验人性的。在等待与扎根的过程中，你要面对两方面的困难。

一方面，你要说服自己相信。在漫长的等待中，你一点一滴积累，这种积累缓慢而枯燥，甚至难以感受到丝毫的进步，这对人是一种极大的考验。犹如身处黑暗之中，你所做的一切没有回应、没有反馈，你不知道自己是在前进还是在后退，也不知道自己是否可以到达，你甚至会怀疑这一切的意义。如果，你无法让自己相信，你往往会选择放弃。

另一方面，你要坦然面对别人的不信任。家人、朋友、同事、亲戚、伙伴，举目似乎都是质疑，抬首好像皆是嘲笑，你很难得到鼓励，也很少有人给你温暖。你会被认为没有出息，会被认为不够安分，会被认为异想天开，会被认为痴心妄想，这些都像一座座山，压过来，压过来，没有几个人会真诚地祝福你，相信你。你变得另类，变得特立独行，被群体排斥，你如果后退，一切又会回到原状。

从始至终，你都是一个人。这世上的人都希望自己能少年得志，都讨厌慢慢变得富有、成功，都渴望急功近利。

我们看到的都是：这个人完成了一个亿的小目标，那个人二十六岁套现一个亿，还有一个人年纪轻轻功成名就。这些对普通人来讲，不是动力，而是负累。

对于普通人来讲，大器晚成才是正途，"先为不可胜"才是正途。时光不疾不徐，慢慢悠悠地过去。

人生大多数时候也是这样，没有波澜，没有曲折，慢慢地看时光流淌。直到，想看月色，月亮已经落山；想看晚照，太阳也已落山。

人生在世，有规律地、长期地、持续地、慢慢地做一些事情，总会有收获。

我们需要静下来，慢下来，做些防守的事情，做些"结硬寨"的事情，做些扎根的事情，慢慢地等风来，缓缓地飞上天。

这也是极好的。

这样，你早上可以给家人做份早餐，可以背诵一会儿诗词歌赋，可以漫步走在花园树林。你可以在野渡看燕子穿过雨天的杨柳，可以在草塘看小鱼嬉戏风吹的荷叶。你可以不急不躁地工作，获得认可，积累自信；你可以长期持续做一件事，打磨一项技能，成为最顶尖的万里挑一的专家。你可以陪孩子做作业，可以陪父母到河边散步，可以在雨夜陪爱人看灯光闪烁，可以到野外看新月如钩、繁星似海。

你可以慢慢做事，积累力量，等待风来。

当自己的造物主

前些日子，表弟请我吃饭，给我讲了他的一段故事。那天，在昏黄的街边，他泪如雨下，怎么劝都止不住。

那年他三十岁，刚刚参加完朋友的婚礼。并不像什么狗血剧，他并不认识新娘，他在婚礼上的表现也很得体。

他的朋友夫妻俩都在北京工作：一个是某大型国企的中层干部，日常在全球各地飞来飞去；一个是部委公务员，处室中的业务骨干。

两个人站在一起，犹如一双璧人。

他们并不是什么富二代、官二代，新郎家境跟表弟相仿，新娘家里条件也一般。婚礼上的幻灯片展示出小两口一路走来的辛酸和不易。

我问："你哭什么？"

他说："十年前，我们都一样。现在，人家发展得这么好，生活美满，前途光明，我却还一事无成，工作没有什么起色，爱情也是高不成低不就。"

我问："你嫉妒了？"

他说："没有！我就是难受，觉得自己真不争气，对不起家人，也对不起自己。到底怎么了？别人都飞起来了，我还留在原地。"

我能理解他的感受。我们就这么坐在那里，再斟满一杯酒，他就着苦涩的泪水，一饮而尽。

他絮絮叨叨、啰里啰唆，眼眶中偶尔泛起点点光，消散在街边烧烤的烟火中。

最后我对他说："每个人都是自己的造物主。你朋友的人生，是他这么多年创造的，他是自己的造物主。你如果想改变，那只能从现在开始，当自己的造物主，一点一滴创造更好的生活。"

曲终人散，杯盘狼藉，也不知我这小表弟，能否懂得我言中之意。我也不知能不能当好自己的造物主。

创造对你我来说本是稀松平常的。你决定吃什么不吃什么、运动不运动的时候，你就在创造自己。你决定做什么不做什么、选择一个人同时放弃另一个人的时候，你就在创造自己。

就如我，此时此刻，正在写一篇文章，我就在创造自己。只要这种行为长期持续下去，我就能创造另一个自己。

我有一位朋友，喜欢吃烧烤、喝啤酒，一上桌就抽烟不断。大家经常劝他，让他注意一些，不能太过。

这时，他总能举出反例来驳斥我们：×××既抽烟又喝酒，平平安安活九十九；×××不抽烟不喝酒，离开人世三十九。

面对他这副嘴脸，大家只能由着他。

前年，他突然尿血，到医院检查，医生说是肾癌，幸亏发现得早，没有扩散，还有挽救的余地。

医生说不用割肾，做个手术，切除一部分就好。但是，他经过反复考虑，还是求稳，决定割掉一个肾。

手术很成功。术后，他按照医生要求，轻而易举地戒烟戒酒了。她爱人说，如果不是身上添了道狰狞的伤疤，他可能永远都戒不了。

对他而言，一切都是自己创造的。不论是胡吃海塞，还是烟酒不忌，每一个选择都是他自己做出的，而也正是这一切，创造了他自己。

以前的他，创造了现在的他；现在的他，又将创造以后的他。

有些人习惯把过错归咎于他人。考不上好学校，那是因为老师水平低，自己也是受害者。工作不如意，那是因为领导有眼不识金镶玉，自己怀才不遇。婚姻不幸福，也都是对方的错。落户小城市，事业发展缓慢，那都是因为父母逼着自己回来，否则自己本可以在"北上广深"大展拳脚。

把一切的不幸推给别人，不仅懦弱猥琐，也无法改变现状。扪心自问，有多少次，你的反对只不过是装装样子，心中更多的是顺水推舟后松一口气。

按照别人的想法生活，如果成功的话，功劳是自己的，如果失败的话，过错是别人的。这不用担责的人生，是很多人潜意识下的最优选择。其实，没有人能左右你的一切。

我算过一笔账：从我更新公众号开始，截至目前共 930 天，按照平均一天投入 2 个小时左右计算，总计投入 1860 个小时。

我从 2015 年到现单位工作以后，没有休过公休，节假日加班也是家常便饭，一年估计有三分之二的时间晚上要加班，很少有一下班就可以回家的。

但是，即便如此，有人能控制我的一切时间吗？有人能规定我的所有行动吗？

没有任何人能完全左右我的一切，我依然有自主权，可以选择做一些自己喜欢的事，做一些有价值的事情。

1800 多个小时，看着不多，想想也不少。这都是我一点一滴挤出来的。这些时间没有白费，我从中有很多收获，认识了很多的人，掌握了很多的知识，也帮助了很多的人。

我变得更有价值，也有更多选择。这都是我自己争取来的，都是自己创造的。

说句老实话，大部分人自己能够做主，所得一切无论好坏，都是自己创造的。

命运之线纵横交错，由遥远的过去延伸而来，又延伸到无尽的未来。

改变总是在更长的时间维度中发生，真正的速度是看不见的，就像风起云涌、日升月落，就像你不知道树叶什么时候变黄，不知道婴儿什么时候长出第一颗牙，不知道你会在什么时候爱上一个人一样。

勇敢地成为一名造物主，此时此刻，伸出你的手，轻轻拨动命运之线，掌控自己的命运，向着更好的明天。

坏命的惯性

坏命的惯性就是说：每当改变命运的契机来临时，每当向上攀爬的关键时刻，我们就会拉扯自己，让自己回到原来的命运轨道。

我不止一次感受过这种拉扯力。对我而言，很多时候事情越重要，越需要抓紧时间做、认真做，我越不想做，非得拖到最后，或者急急忙忙应付，或者压根儿就不做。

在写书的过程中，我意识到这件事十分重要，也与出版社签了交稿合同，按道理应该挤出时间写，抓紧时间完成任务。但是，我就是找各种原因不做，甚至下意识地把这件最重要的事放到后面，拖呀拖，拖呀拖，直到交稿期到，又推后了两次才完成。

在单位，每当有重要稿件要写，一般情况这时手边已经有多项任务，按道理，我应该先把最重要的稿子写了，再处理其他工作，我心里也明白这点。但是，我就是抗拒这点，非得做做其他事情，发发呆，在交稿时间到来前写重要稿件。

每次体检以后，医生都会给我提建议，甚至开些药。这些药不那么紧急，但是从长期来看，是防患于未然，现在吃点药，以后不会出大问题。我明白这个很重要，但我就是不吃，哪怕药开出来，花了不少钱，我最后大概率还是没有按时吃。平常感冒发烧之类的小病，我都是按时吃药的，反而是越重要的药，我越不想吃。

用敞口的筐装一只螃蟹，那只螃蟹很容易就会爬出来；可多装几只后，就没有一只能爬出来了，原因是它们相互扯后腿。对于大多数人来说，根本不用其他人扯自己的后腿，他自己就把自己束缚住了，各种内耗、犹豫、拖延、折磨都是这种拉扯力。

经常有同学留言告诉我：本来复习得好好的，突然知道进面试了，反而复习不下去，或者越临近考试，越该好好复习时，越不想复习，浪费大量时间，放纵自己，最后导致面试失败。然后，面试一结束，心态平和了，倒是能平心静气复习了。

这真是一种非常奇怪的心理。我一直在思考这个问题，前段时间突然想到一个词：坏命的惯性。这个体会犹如一束光，照亮了我内心的黑暗角落。原来，拉扯我的是我自己。我不想让自己变得更好，这就是最大的问题。按道理，我是最想让自己变好的，但是在我的潜意识里，还有一种强大的意识和力量，在阻止我变好。它觉得我没有资格、没有能力变好，它恐惧改变、恐惧失败。

我和爱人聊天时，发现了一个有意思的事情。每次聊"八卦"时，她都兴致勃勃，但是一说起孩子的教育、家庭的发展、个人的健康这些重要的事情，她就开始打哈欠，真的是哈欠连天，越是重要的事情，她越是打哈欠。起先，我有些生气，慢慢觉得有意思，这简直是助眠的神器。只要想睡觉，就说些正事，一准儿快速入睡。后来，我知道了：这是她坏命的惯性，她与我一样，也被这个东西缠绕着。

明明最该做，却就是不做，这就是坏命的惯性。我们讨论坏命的惯性，观察这种命运的暗黑力量。这对我们有帮助，但还不能完全化解。不过，慢慢来吧，从认识开始，慢慢改变这一切。你们是否也感受过坏命的惯性？

掌控混乱的人生

最近看了一本书，书名叫《混乱》，副标题是"如何成为失控时代的掌控者"。书还没有看完，认识得也不深。这本书教人认清世界是混乱的、不可控的、不确定的，这种混乱对人是有益的。想要成为混乱的掌控者，要学习种种方法和技巧，甚至要主动创造混乱，从中获利。书中举了大量的案例来论证这个观点。对我来说，有启发的大概就是"混乱"这两个字。当然，可能是我看得还浅，接下来须好好读一读。

世界是不确定的。从新冠疫情的突然暴发，俄乌冲突的持续上演，世界正在变得越来越不确定和不安全。"秋风未动蝉先觉"，每个人都或多或少感知到了。凛冬将至，有的人提前还房贷，无数人扎堆考公，还有人增加储蓄、减少消费。生在稳定和平的时代，是人生最大的幸运。但我们无法预料世界将如何发展、变化，如果不愿意承认，甚至甘当把头埋到沙子里的鸵鸟，最后吃亏的还是自己。

我们的人生也是不确定的，甚至是不可控的。想要完全掌控人生的每一个环节，让它严丝合缝，按照头脑中的设想，不可逆转、不受干扰地向前发展，只是一种可笑的妄念罢了。

生活中，各种各样的事情会突然打破平静的生活，甚至把一个人击倒。重要的亲人突然离世，亲密的好友扎心背叛，人生的关键节点冲刺失败，都是不确定、不可控的，我们能做的其实不多。工作中，繁重的临时性任务、突然性加班，不知所起的人际矛盾，被领导否定、不被同事理解，不小心犯了大错，岗位发生了变动，这些事情也是不受我们控制的，它们会把我们井井有条的人生搞得一地鸡毛。

有些人遇到这些事情会暴跳如雷，自己把自己折腾疯，甚至连累其他人跟着受罪。其核心就在于，他们没有认识到人生不是设计好的剧本，周围的人不是不会犯错的机器，我们本质上是身处混乱中的。一个人，如果不能认清这一点，就会像一头愤怒的公牛，遇到一点点刺激，就开始无能狂怒、歇斯底里。非洲草原上有一种吸血蝙蝠，它们常叮在野马身上吸血，吸饱后便悄然离开。被吸血的野马开始暴怒狂奔，最后自己把自己搞死。其实吸血蝙蝠所吸的血量非常少，远远没有达到使一匹野马死亡的程度。发泄暴怒，继而狂奔，野马剧烈的情绪、身体反应，是造成其死亡的直接原因。遇到不受控制的事情就暴跳如雷，许多人折腾半生、一无所获，失败的原因很大部分就在于此。

认识、接受事情的不确定性，是我们走向成熟、平和生活的重要一步。接受，我是做不到的。我是个俗人，经常在文章里比画来比画去，落到自己身上却是做不到的。突然而来的打扰，也会让我愤怒、暴躁、痛苦。但是，我至少还能认识到这点，这让我的心态变得平和、宽容了一些。一样米养百样人，我不会奢望别人符合我的设想。是人就会犯错，犯错是生活的一部分，自己会犯，别人也会犯，仅此而已。

世界、人生、工作、生活都有不可控的混乱，这是事实。我们能做的是踏踏实实、老老实实、本本分分，一点一点往前走，做自己能做的，进一步有进一步的欢喜。但问耕耘，莫问收获，就是如此吧。一个人的胸怀是慢慢撑大的，一个人的心态是慢慢平和的，一个人的格局是慢慢拓展的，遇到不确定性，接受不确定性，在不确定中做好确定的事情，我们就会长成更好的样子。

花未全开月未圆

古语云：花未全开月未圆。这是一种极好的境界。花全开以后，就会慢慢凋谢；月圆以后，就会开始有缺。物极必反，这世上的万事万物，大都是此等模样。有人说，考公最快乐的日子，是面试通过后，没有上班前。多年夙愿一朝得偿，未来的风风雨雨还不曾经历，心中满是美好的想象，难得的放松休憩。真是无牵无挂、轻松快乐的日子。

我回忆起自己刚刚考上公务员的那段日子，虽有许多痛快，但迷茫也不少，实在算不得最好的状态。反而是备考中披星戴月的努力，每日每时都可以感受到自己的成长，让我难以忘怀。玉米在收获前，是长得最快的一段日子，用母亲的话说就是：一天蹿上去一节，半夜地里能听到生长的声音，吱吱呀呀，叽叽咕咕。

花未全开月未圆，好就好在事情正在向好的方向发展，一个人正处在越来越好的轨道上。当感受到这种状态时，你不妨预想，只要沿着当前的路继续往前走，即便经历千辛万苦，你仍然可以抵达彼岸，你是痛并快乐着的。因为希望在你这边，美好的想象在你这边。

当尘埃落定时，你确实可以休息一下了，但是停下来，你就开始患得患失，担忧未来的风风雨雨，心变得不再纯粹，最好的状态随即离你而去。人总是在两种状态间徘徊：任务难度太大，我们就会焦虑；任务难度太小，我们就会厌烦。在厌烦和焦虑之间有条通道，叫心流。我想，花未全开月未圆，就是心流的状态吧。

经常有同学给我报喜，留言区充满了这样的喜讯。我为他们高兴，祝福他们在将来有更好的成长。其实，失败的人更多，只不过他们是沉默的大多数，没有心思来留言。但也有同学偶尔告诉我失败的消息，有的懊恼后悔，有的摆烂躺平。最让我感动的是那些失败之后总结经验、选择继续奋勇向前的人。他们确确实实刚刚失败，但已经找到了正确的路，正在朝着心中的目标努力。我真诚祝福，他们下次取得成功。这就是人生之路，可以失败，但绝不屈服，昂扬地向前走。

如果把人生当成一次漫漫征途，那么一时的胜败得失其实无关紧要，只要沿着正确的方向向前走，你终将到达目的地。这时，我们其实是在玩一个无限游戏，机会还有许多，生命值还有许多，我们的人生还有许多可能和想象。这样的人生旅途是轻松的，没有那么沉重。如果我们过于看重一次考试的结果，以为此次考试的失败就决定了人生，那就等于在玩一个有限游戏，时时刻刻处于紧张之中，无法领略成长的美好。

花未全开月未圆，这种最好的境界，属于仍在旅途中努力前行的人。你坚信自己选择的路，义无反顾向前走，总有一天会迎来花好月圆，你就处在了最好的状态。花有重开日，人无再少年。日子一天一天过去，请珍惜每个闪光透亮的日子，不要辜负它们。它们离你而去，你依然前行，加油。

急功近利是见血封喉的毒药

年轻人最难克服的缺点是急功近利。这是一种见血封喉的毒药，却带有致命的吸引力。

一种名为"弓形虫"的寄生虫能够感染各种各样的哺乳动物，但它只能在猫的体内进行有性繁殖。一旦老鼠感染了弓形虫，老鼠的大脑便会发生变化，它会对猫的气息产生一种类似于人对于烟或者毒品一般的迷恋，它的余生会苦苦追寻猫的气味，越是猫的气息浓烈的地方，它越会感觉爽。最后，它一定会找到那个让自己获得"极乐"的地方——猫窝，最后被猫吃掉。

急功近利就如老鼠大脑中的弓形虫，一旦被感染，它就会对速度产生深深的迷恋，想最短时间、最小投入，获得最大收获。

这有悖于常理，最后往往会导致失败。

好的果实需要时光的孕育，丰盛的人生需要长期的努力追求，没有人能够不劳而获，也很少有人能够空手套白狼。万事万物遵循的其实还是"种瓜得瓜，种豆得豆"的普遍真理。

当然，你可以举出反例，这很正常。从某种意义上说，反例是真理的一部分。正因为反例是稀少的，我们才更应该看重普遍。人生是一种概率，当然可能你走好运，赶上"天上掉馅饼"，但是大多数时候，你要接受自己运气普通的现状。

有一种竹子名叫"毛竹"，在开始4年只不过长到3厘米。但是，5年后它将以每天30厘米的速度生长，只用6周就可以长到15米，瞬间变成郁郁葱葱的竹林。原因就在于之前的4年时间，毛竹的根在土壤里延伸数百平方米，已经打下深深的根基，一旦爆发就势不可当。

急功近利犹如毒品让人上瘾，但是这种短暂的快感带不来持久幸福，而且追求越多，失望越大，只能在日渐萎靡的精神状态下沉沦。

这世界为年少成名者喝彩，也为大器晚成者折腰。生命是一场瑰丽的冒险，道阻且长、路狭且远，没有长期持续的力量走不完这条路。

就如我做很多事情，也不知道会有怎样的收获；就如在迷雾中摸索前行，旁边好多人在喃喃低语，有人劝你停下来，有人给你分析无望的未来，有人觉得你花费时间太长。

但是，我不停下来，我就这么往前走，耐心、宁静、平和地一步一步往前走，步入迷雾深处，走入不可预知的道路，追逐变化莫测的未来。不管未来如何，它只会与我此时此刻的所作所为相关。

无论如何不要饮下急功近利的毒药，慢慢来，比较快！

第二部分

答疑解惑——谁的人生不曾迷茫

　　每个考公人都有一段难挨的时光，面对错综复杂的问题，心中滋生无数疑惑，甚至一筹莫展。即便上岸以后，问题仍会接踵而至。想要解决问题，就要相信问题是有解的，积极、主动地寻找解决方案。即使得到不完美的答案，也胜过没有答案，这是我们继续前行的基础。

第四章　选择好难

我想让时光倒流（书信）

有粉丝来信如下：

老夏：

你好！我最近真的很焦虑，所以可能写的文字也很焦虑，见谅。

我最近做了一件让我十分后悔的事情。我是 2023 届毕业的二本大学的文科普通研究生，自从加入茫茫考公大军，从国考省考事业编一路考了过来，十分不幸，一个也未上岸，那时还没有什么紧迫感，没体会到即将成为无业游民的感觉。后来阴差阳错面试进了一所民办高校当大课老师，每天四点半下班，一周只上三节课，很适合在职备考。但是得知要给我交社保的前一天晚上，我失眠了。我又开始犹豫，还很想试试考编，想用我的应届生身份考人才引进。

我询问了很多人，问了家长、好朋友、老师，工作的、没工作的……其实我也知道问谁都没有用，纠结又纠结后，我决定给自己一次机会，努力肯定能考上人才引进，毅然决然地在交社保前辞掉了工作。我又开始了起早贪黑的泡图书馆生活，考了第一场人才引进第五名，每天祈祷递补，结果递补到了第四名。我又失败了。

我知道比起很多考公的人来说，我考试的次数屈指可数，但我开始后悔离开了民办高校，我觉得我做错了决定。我十分惧怕在家全职备考一年的压力。我很介意别人的看法，但是我很难克服。朋友们都上岸了，都有工作了，我还在考试，考一场不一定有把握的试。所以，此刻我恨不得时光倒流，让我留在民办高校。

现在，我自己压力很大，觉得自己一事无成，浪费了、错过了很多机会。晚上睡五六个小时会自然醒，但是没地方可说，不想把负面情绪传给朋友，更不想传给父母。成长真的好累好痛苦，我现在两手空空，连快乐的能力都丧失了，好想让迷茫的二十五六岁赶快过去。

想让时光倒流的年轻人

以下是我的回复。

想让时光倒流的年轻人：

有一个词叫作"愿赌服输"，你的考试当然不是赌博，但道理是相通的。简单说就是，人要为自己的决定负责。你现在后悔、痛苦，幻想时光倒流，就是还没有学会负责 —— 学会为自己的决定负责。

其实，你做的没有什么大错。评判一个人的决定是否合理，有许多标准，最重要的只有一条：风险是否可控。我说你没有犯大错，是因为你的决定风险是可控的。你年龄不大，才二十五六岁，又是研究生毕业，这样尝试一次的风险是承受得起的。即便考不上，你也还有更多考试机会。退而求其次，也能找份不错的工作。况且，下决定以前，你尽自己所能咨询了许多人，全面地掌握了信息；下决定以后，你泡在图书馆，起早贪黑认认真真备考。结果也不能说坏，你考得还不错，差一点就要上岸了。

如果你已经三十四五岁，那么这个决定就草率了；如果你下了决定后，躺平摆烂，没有努力争取，那么这个决定就是任性。但是你都没有，反而尽了此时此刻最大的努力。正是因为看到这些，我才说你没有犯大错。

既然是理性思考下的搏一搏，那么失败了就得接受。这就是成长。你开始认识到，一切行为皆有代价，你有自己的规划，世界却往往另有计划。事情的关键就在于：一是要仔细思考可能的结果，确保风险可控；二是要接受不好的结果，调整情绪继续往前走。

你现在的情绪在正常波动范围内。每天睡五六个小时，已经不少了，确实睡不着就起床散散步、背背书，累了就再回床上睡一会儿，放轻松，没有什么大不了的。你应该向父母、朋友寻求支持，讲讲自己的想法，说说下一步打算。又不是见不得人，只是一次考试的失败，大家都经历过，是能理解你的。这样有助于你调节情绪，获得心灵的宁静。父母的关心、朋友的支持正是你现在需要的，何必拒之门外？不过，也不要喋喋不休地讲述自己的失败。

过往不恋，接下来，你要振作起来，做你该做的事。你可以去找一份工作，边工作边考试，相信经过这件事，你会更加慎重。你也可以利用好应届生的身份，继续努力备考，学习、刷题、总结、练习、考试。不过，这条路可能要承受更大的压力，实事求是地说，直接上岸的概率顶多 50%。到底该怎么选呢？我觉得，这需要与父母商量一下，他们是你目前的金主，意见是值得尊重的。而且，你有些情绪化，需要家人的支持。

现在竞争压力大，每个刚毕业的同学都不容易，很多时候他们都在硬挺。就像你不想把负面情绪传给别人，别人可能也不想把糟心事说给你听，你觉得朋友们都上岸了、都有工作了，可能只是假象，大家各有各的难，只是学会了隐藏，学会了打落牙齿和血吞。我是二十六岁才考上小县城的事业单位的，上岸是偶然的，没有什么明确的目标和规划，可以说啥都不懂。后来不也一步步走过来了吗？不要太在意暂时的挫折和失败，人生的路足够长，只要不犯什么原则性的错误，我们有足够的时间，把人生的方向盘转到想去的方向。

不管走哪条路，以我的经验来说，你的未来都是光明的。你是个敢于做决断、愿意付出努力、习惯自己扛事、知道找人求助的年轻人，既有原则，也知变通，这些都是好的品质，会帮助你走向光明的未来。

但是，要记住，你还会遭遇失败，只要你往前走，各种各样的失败就是注定的。你需要做的是，学会控制风险，学会承担责任。

祝顺利上岸。

三个职位该如何选择？

有同学问我职位选择的问题（三选一）：一个是老家县城检察院，一个是老家县城两办（县委办、政府办），一个是青岛某区组织部。这是非常有代表性的问题，我具体说一说。

当你为某几个选择纠结，难下决断时，表明你的能力暂时配不上野心。能力与野心之间的距离不太大，也不太小，往往是个让人纠结的距离。太大应直接放弃，太小宜努力追逐，正因为不大不小，你才会不甘心，才会忐忑。曹操有"鸡肋"一说，食之无味，弃之可惜，正是这个道理。曹操纠结之后，选择放弃，这是务实而又明智的。克服贪欲，为自己和背后的团体负责，是极不容易的。这是成熟、善于计较利害得失的人才会做的选择。所以，千百年才有一个曹阿瞒。

在我的认知中，选择不是看选项如何，而是看自身的条件和基础如何。不同的人，条件和基础不同，选择自然不同，这是不言自明的。面对选择，首先要做的不是比较、幻想，而是盘点自身。打铁还需自身硬，未来是由过去决定的。你的身家丰厚，长期以来一直努力，可以做出更好的选择；你的本钱不多，多年来虚度光阴，当然要选择等而下之的，或者最差的选项。你应该庆幸，你还可以选择，有很多人已经没得选择，这才是最恶毒的惩罚。

年轻人面对选择，需要盘点三样东西：

一是经济基础。这是一切选择的基础，是权重最高的因子。在考公时尤其如此，如果家庭条件良好，衣食无忧，父母不催促就业，当然可以从容选择，因为你有犯错和浪费的资本。这就是起点高的好处。很多人没毕业就要兼职挣钱，想继续深造没有条件，甚至需要贷款付学费，父母供他们读完大学，已经拼尽全力，又有什么资格矫情扭怩？他们所要做的，就是赶快工作。至于梦想，那得解决温饱后再考虑。

二是年龄。这个很好理解，年龄小有资格任性，即便犯错，社会也会包容。年龄大则不然，苛刻才是周围的主色调，如果没有与年龄相称的工作，会承受极大的压力。二十岁时谈选择，大家都能理解；三十岁时谈选择，就有些不知轻重。十年时间，你还不知道该怎么选吗？确实，有些人大器晚成，不能以常理衡量；但更多的是普通人，他们一步一个脚印往前走，一步一个台阶往上走，没有飞跃，也没有突变。

三是持续学习的勇气。钟南山先生打过一个比方：工作是个空心球，掉在地上，还会弹起来；健康是个实心球，掉在地上，就碎了。工作是会变化的，因为人是会变化的。人的一生足够长，你有更新升级工作的机会，而且不止一次。但是，你得持续学习，有韧劲，有勇气，愿意一步一步往前走。我所见到的人中，凡是有一点儿持续学习的行动，工作都会逐步发生变动，并且越来越好。如果你有持续学习的勇气，并真的展开行动，你心心念念的选择，总有一日会成为现实。二十岁，你放弃洋娃娃，很痛。三十岁，你得到洋娃娃，感觉也很棒。有些人，一辈子都得不到，那才是人生的悲剧。

有人说，今年经济形势严峻，就业压力大，考公难度大。十几年前，我刚毕业，周围人也都说，工作不好找，考公要找人、拼关系。这套措辞毫不新鲜，让人乏味。当你要做选择时，不要看选项，要认真评估自身条件，盘算手中的牌，做出务实的选择，这是走向成熟的第一步。

刚毕业怎么这么不顺？（书信）

有粉丝来信如下：

夏老师：

不知道您能不能看到，不过也没关系。都说考研上岸和毕业的时候是最快乐的，我刚刚毕业，感觉这段时间是我人生中最艰难的时候。省考、国考、事业单位、高校教师岗、行政岗、私立高中、企业，我都试了一遍。我想坚定一条路考下去，但现实总是有太多的无奈。我不知不觉被推着尝试了很多。

我本来收到了一份工作合约，以为稳了，觉得自己有保底了，结果不知道什么原因，那边给的答复很模糊，就是让我等。我也托我认识的领导打听了一下，说想争取还要再找关系。我考了别的学校，也是分数都不公布。我这次江苏事业单位低分进面试了，招一排三，和我的浙江事业单位笔试有可能冲突。因为浙江的招录人数比较多，进面试机会大，我整个人每天都很纠结，不知道重心该放在哪里。

我看完了您的所有框架和技巧视频，买了书，然后报了别人1980元的线上班，想着反正以后也要面试，这次就当练手了。对练的时候，每次都是大家各自答一遍，也说不出啥意见来，当然我的问题肯定是很多的。老师讲得也挺好，但我练了几天感觉提升效果不大。道理我都懂，但是真正做的时候，就觉得很难，我每天吃不下饭，几乎天天哭，特别想家，甚至我每天上午都会和妈妈开视频聊天，她陪着我背书。

我平常挺内向的，不是一个擅长表达的人。有很多特别好的人给我介绍经验。家里体制内的亲戚让我一道题一道题地背。我昨天集中背了组织管理类的七八道题，感觉是有效果的。但我对综合分析社会现象类的题目不太会，我想像您答题那样，第一点、第二点、第三点，但是我操作下来感觉自己不会。按机构的常规模板，从意义、问题、对策等方面答题，我自己又觉得这样太死板，不好，整个人就很纠结。刚刚和一个小伙伴对练，他也是学习您的框架，问啥答啥。我回答一道题目也是这样做的，提纲只写了几个字，了解情况，搭建平台，宣传推广，就开始答题了，想说啥就说啥，发现也能说出来一二三四。我平常背了稿子之后，自己经常会陷入回忆稿子的困境，然后就磕巴，停顿。我还会继续背真题的逐字稿，不知道上考场会怎么样，现在确实也没有什么别的方法。

我是今年的应届毕业生，正在犹豫如果我考不上，要不要继续全职考。家里是北方的小县城，父母都希望我考几年，直到考上为止。我现在毕业了，在新一线城市和男朋友在一起。我时常在想，如果我回到家里可能会比较轻松，好考一点，但我们是大学在一起的，已经五六年了，我现在放不下男朋友。但是，父母也在一天天老去，我现在特别想赶快工作。还有助学贷款的压力，我想早日赚钱，让爸妈轻松一点。我在想，如果我考不上，是否考虑找个企业上班，但也怕家里人不同意。我是那种先天气血不足的人，平常什么都不干都会很累，上班之后可能也没有办法挤出很多时间备考。

还有个情况，读研之后，我从开始写论文就来男朋友这边了，平常都是自己待着，一直到现在，感觉丧失了和外界沟通的渠道，天天学习也没个结果。感觉自己一直都是路途坎坷的。我的硕论是导师给的题目，从开题到答辩就一直被批选题有问题，我也去争取了，但最终还是硬着头皮写了，全程都在担忧自己延毕，经常哭，最后得了优毕。

感觉最近压垮我的就是高校那个试讲，我是试讲第二，最后录了第一和第三，校方含含糊糊，成绩全程都是不公布的，突然公布综合成绩了，当时也没说怎么比，考完之后通知了我和第一名。后来过了好几天通知了第三名，我以为扩招了，还挺为大家开心的。没想到，最后我被踢出局了。

我感觉我每次就是那种特别惨，然后结果还不错。每次我稍微开心一点，事情就会朝着不好的方向发展。不管结果如何，还是准备拼一把！

刚毕业的考公人

以下是我的回复。

刚毕业的考公人：

感谢你的信任。从你的碎碎念中，我感到，你是个纠结而又务实的人。整体上，我对你的发展挺乐观的，即便遇到问题，相信你也会哭哭啼啼迎难而上，走出一条路的。

说你务实，是因为你尝试了省考、国考、事业单位、高校教师岗、行政岗、私立高中、企业，不同类型的岗位、职业，你都在努力争取。你还考虑到私企上班，考虑还助学贷款，这些都是务实的体现。说实在的，在你的年纪，我没有这个觉悟。你没有端架子，没有莫名其妙的高姿态，这种务实的态度会让你少走许多弯路。

说你纠结在于，短短的一封信，让你纠结的事情就有好几件。这种纠结是正常的，你刚刚毕业，以后的人生之路会面临更多取舍选择。只要有选择、有取舍，就会有纠结。我能给你的建议很简单，路要一步一步走，饭要一口一口吃，上台阶就是上台阶，哪怕是个小台阶，人的眼界、想法都会改变，关键是吃到嘴里的才是自己的，其他的看上去再美，也没有什么价值，有时反而是干扰。

关系是靠不住的，尤其是在面试中，这是我对你的忠告，也是对同学们的提醒。不少人在没有进体制之前，受一些别有用心的信息误导，以为可以找人花钱在面试中获得优势，这只是一厢情愿，注定是徒劳的。如果投入太多，还可能血本无归。即便碰巧被录取，大多数时候也是实力所致，与找到的关系没有必然联系。现在的面试，特别是省级以下双盲类型的面试，都是十分公平的。各个环节的设计精巧而又保险，个人很难干预最后的结果。这是实际情况，将来你进入体制中会了解到的。

社会上有一些人会打着种种旗号坑蒙拐骗。他们的套路无非是：自称有内幕消息，需要一定的经费活动，你不花钱，岗位就被别人抢跑了。总有一部分家长会动摇上当，实则他根本就没有在其中发挥作用，考生上岸他冒功邀赏，考生不上岸他也有说法。空手套白狼是稳赚不赔的买卖。遇到这种人要躲着，不要浪费辛辛苦苦挣到的血汗钱。

你在考试求职中遇到的种种困境与当前的大环境是密切联系的。整体上，这几年学历在贬值，考公的人越来越多。一个初入职场的年轻人遇到的都是困难的开局，找工作的难度越来越大，进入体制的难度越来越大。所以，你会遭遇各种不顺，这不是因为你能力不足，而是竞争激烈大环境下的必然。我判断这种形势在近几年不会有彻底改变，对于刚毕业的年轻人，是不小的挑战。有的人接受并主动投入眼下的激烈竞争，那么可能较快地适应起来，成长得也快。有的人无法从学校的状态转变过来，那么注定要经受更多的磨砺。

我国第一个百年奋斗目标已经实现，现在正朝着第二个百年奋斗目标迈进，产业在升级，面临的压力是巨大的，传导到每个年轻人身上就是这样的局面。如果我们的国家能打破天花板，实现国家地位的再次跃迁，那么我们就能享受到国家红利，压力自然不会再这么大。在此之前，我们必将经过这段爬坡过坎的艰难岁月，国家得顶住，年轻人也得顶住。

你担心自己的沟通能力退化，这其实是杞人忧天。你的职业生涯才刚刚开始，以后的日子还长，一旦上班就需要大量沟通、协调。

只要你愿意融入，你当然会很快融入。我对此是深信不疑的。你谈到面试学习，也在背逐字稿。我想说的是，继续坚持这么做吧，不要有什么犹豫。一边学习一边总结，多思考多琢磨，大胆地表达，每当你答题时遇到问题，就去听听"答题束手无策"那期视频。如果还不明白，就去看看我讲过的"破题"视频，一次看好几个，跟着快速破解几十、上百道真题，相信你一定会渡过这个难关。关键是，不要有妄念，不要贪快求速。

加油！祝顺利上岸。

我的面试到底败在哪里？（书信）

有粉丝来信如下：

夏老师：

很冒昧给您写这封信，但我实在是处于黑暗中，无力，痛苦，看不到前路。

先说一下我的基本情况：我今年二十九岁，2020 年开始考公，为此辞去了很有前途的一份工作，进了政府单位当合同工，工资很低，工作很忙也很烦琐。渐渐地感觉那个曾经阳光、自信的年轻人已经离我远去，现在的工作就是在煎熬。

出于专业和家庭的原因，我只能考广东省考。备考三年多，参加过四次广东省考，三次进面试，其中前两次是招 1 排 2 或者 3，面试分数均是小组第一，但因为笔试分差以及笔试面试为 6 比 4，均逆袭失败。今年这次是守擂，本以为胜券在握，毕竟前两年面试都很不错，但是被逆袭了，只拿到了 70+ 的分数，在小组算是倒数的分数，对我打击很大。回想了无数次，实在想不通，自我感觉考场的表现是不错的，考官对我也是频频点头，个陈等都是脱稿，自由讨论也积极参与，等成绩的时候无比自信。这个结果使我近一个月都无法走出阴影。

每一次和考友交流，他们都说我肯定没问题。但最后没上岸的都是我，身边备考的小伙伴一个个都上岸了，那种打击让我午夜梦回的时候，会不自觉地流泪，不自觉地怀疑是不是上天在阻止我考公。笔试我已经拼尽全力了，很难再刷到更高的分数，年纪大了后明显力不从心。当下面临生娃的压力，还有这份临时工不知道该不该坚持。更重要的是，我不知道该如何面试，最主要是心态这关，自己还没办法走出阴影，没勇气和信心再来一次。

盼回复，感谢您！

祝身体健康、事业顺利。

考公人

以下是我的回复。

考公人：

感谢你的信任。

我能理解你的痛苦，三次进面试三次失败，明明是周围人眼里的面试高手，最后别人上岸自己苦熬。尤其是今年可谓占尽优势，本身是守擂，面试有经验，自我感觉考场表现良好，本来该上岸的，却仍然以失败收场。你报了最大的期望，结果却是如此冷冰冰，难以置信，难以接受。一切看起来都很好，最后结果还是不好，甚至都不知道哪里出了错，迷失了前进的方向，丧失了面试的信心。我能理解这种感觉，相信不少同学都有过类似的感受。

但是，这就是生活，我们就是会受到捉弄。一个人的一生中，或早或晚，总会遇到几次这样的窘境。有些事情，注定弄不清楚成败的原委。但是，我们能怎样呢？伤心懊恼是人之常情，长久地陷入痛苦却大可不必，一蹶不振只会摧毁本就易碎的人生。人生不如意之事十之八九。认清这个人生的真相，有助于我们及早地走出来。

而且，看事情不能只盯着不利的一面不放。你凝视深渊，深渊也将凝视你。放眼望去，世界其实并不曾薄待你。虽然连续失败，但是每次你都进面试，这本来就是难得的。不少人苦学多年，还在面试的大门外徘徊，他们又上哪儿说理去？你马上就有孩子了，他一定是个会给你带来好运气的小天使。我不止一次看到准妈妈挺着孕肚走向面试考场，在人生重要的战场上取得不俗的成绩，最终上岸。我反复讲过，人生的归人生，面试的归面试。不要经历一次失败就感觉好像人生全毁了，其实哪能呢？你终会度过这段艰难的日子，度过至暗时刻，迎来温暖明亮的日子。

我曾经写过一篇文章，大意是不要去分析面试失败的原因，这是由各种必然和偶然因素共同导致的，很难量化，过度关注会陷入自我怀疑，不是好事。你现在应该做的是找到正确的方法，继续学习，不要想其他的。即便想，也是想前两次出色的面试表现，不要太在意这次失败。重视失败，但不要在意失败，去掉沉重的思想包袱，轻装上阵，才会在下次面试中一战成功。

为了帮助你尽快走出来，这里，我大胆猜测下你面试失败的原因，供你参考。多年以来，我一直在关注一个问题：为什么有些考生"表现不错"，最后却一败涂地？这里要注意，他们的表现不错，是指能开口，比较流畅，有些金句，模板掌握熟练，气场不错，声音洪亮，不怯场。大概就是这些，这也是很多考生、培训老师评价面试好坏的标准。

实事求是地说，这类学生有成为面试高手的潜力，但是如果仅止步于此，是难以在一场竞争激烈的考试中脱颖而出的。因为除了这些，还有更关键的标准：是否扣题？是否做到问啥答啥？是否在真正解决问题？是否在想方设法达到目的？据我的经验，大多数莫名其妙失败的考生，都是失败在了这里。

你可以仔细反思下，看是不是这个问题。如果是，那么就别再自怨自艾，赶紧下力气解决掉。如果不是，那更不用在意这次失败，就当是一次偶发事件。偶然是必然的一部分，就像失败是成功的一部分一样，我们得接受。

至于你现在的临时工作，如果你觉得确实痛苦，那么辞去也行。毕竟这个说到底是个过渡，现在却严重影响到了你的心态，得不偿失，辞去也未尝不可。再加上备孕生娃是个坎儿，辞去工作有助于你兼顾备考、生娃。当然，这个事情你要自己把握，多多征求家人的意见，尽量达成一致才好行动。你要对自己有信心，你一定能学好面试、考好面试的。

祝你顺利上岸。

税务真是天坑吗？（书信）

有粉丝来信如下：

夏老师：

跟您报个喜，刚刚结束了面试，已经成功上岸税务局啦，您的综合分析框架真的十分有用！但是，随之而来的还有一些担忧，单位所在地是一个比较偏僻的区，工作环境不好，都说税务调动难，很害怕一直待在那个地方。而且，同岗的其他人全都是硕士研究生。我唯一的优势就是综合成绩第一，本科院校是211，但是感觉在更高学历面前还是没有用。

看了网上的一些帖子，了解到学历可能会影响工资、晋升和定岗。其实我对于定岗和晋升还是比较在意的，害怕别人最后都去了其他部门，只有我留在大厅。上岸之后，就要准备熟悉业务，参加各种考试了。执法资格、税务师、注会、律师，还有在职研究生、遴选，五年之内也不知道要怎么取舍，我总觉得未来还是很迷茫。这些话也只能在这里和夏老师倾诉一下，难道税务真的是天坑吗？

考公人

以下是我的回复。

考公人：

前几天，我专门写了一篇《迷茫的二十四岁》，回答的就是类似问题，可以做个参考。这里再说几点，提前说些你总会明白的经验。不过说了不一定有用，因为有些事，不经历就不会懂得，只听过算不得知道，只有经历了才知道。

第一，税务当然不是天坑，不过也不是天堂，只是一份普普通通的工作。在没有上岸前，人们往往会戴着滤镜看岗位，觉得分外美丽，想着只要上岸怎么着都行。一旦上岸，就开始患得患失，凭空滋生许多极端的想法。但是，随着上岸上班，你得调整对公务员的看法，这就是份工作。不会有过高的收入，当然基本可以做到衣食无忧；算不得地位有多高，但也绝不是社会底层；理论上职业发展没有天花板，实际上县里大概率科员到头，市里大概率正科到头。税务也一样，不会有什么特殊的，这就是份工作，对当今的年轻人来说，算不得太好，也绝称不上太坏。你得慢慢适应，不要有过高的期待，但也不必杞人忧天。根据我的经验，虽然税务部门这几年不如前几年，但依然算好部门，盛得下你的野心。

第二，你当然不会一直留在大厅，只要你踏踏实实干工作，职业就会往前发展。不要担心什么在大厅工作，只要你不想在那里，就有许许多多不在那里的机会。更不要担心别人都走了，就你一个人留下来，只要不是自暴自弃，你一般会随大流发展，不会太过拔尖，也不会太过落后。别想那么多，尤其在你连大厅是个什么样子、工作是个什么滋味还不懂的时候。况且，在大厅也挺好，大厅的工作总得有人干。组织如果安排你到大厅工作，你就先把大厅的工作干好，不要有太强的分别心，干好手中的工作，干好本职工作，你才能得到领导认可、同事信任，组织才会给你更加重要的岗位。你觉得，我天天说扎扎实实干好本职工作，只是面试的套话吗？不是的，这是我十来年工作的经验总结，它帮助我跨过道道门槛、渡过种种难关，是我为人处事的原则和方法论，希望你不要只是嘴上说说。

第三，不要跟别人比，要跟自己比。当你进入单位以后，学历确实会影响到最开始的定级，估计相差一两百元的工资，但也仅仅如此，没有什么大不了的。以前的一切已经基本清零，接下来大家就在同一条起跑线上，最后谁的发展好、谁的发展坏，与学历关系不大，倒是与工作态度、能力、为人处事、性格关系大些。你们一起考进去的几个人谁先觉察到这一点，谁就能先走一步。不要把学历当作借口，如果将来你的发展没有别人快，这绝不是什么拿得出手的理由。再一个，要耐得住寂寞，要学会潜伏爪牙，不要锋芒毕露，踏踏实实、老老实实、扎扎实实干好你的工作，慢慢地把自己的能力锤炼得更加过硬，你总会找到机会。大丈夫处事，当正道直行、昂然向前，不要想这个那个。如果你的发展不如人意，也不要太在意，时也命也，有些事情不是我们能控制的。只要尽力，做到最好，就无愧于心了。毕竟，你还有家人，这份责任也不小，你会慢慢明白的。

最后，享受这难得的时光吧，即使想考什么证，也等上班了再说。把当下当作里程碑，当作再出发的起跑线，养精蓄锐，该用力时再用力。现在，就享受吧，这样的机会不多，以后估计会更少。何必急着发愁，以后有的是机会。

加油，祝好。

迷茫的二十四岁

人与人是不一样的。我早就知道这一点，但还是会被许多上进的年轻人感动。某日收到一条消息，大意是：一位二十四岁的年轻小伙子，通过两年备考，刚刚上岸四川成都某副厅级事业单位，正在等待上班。这段时间，他感到焦虑，不知道将来的路怎么走，如何适应单位的工作，提升自己的能力。他有目标，想在几年内上岸成都的公务员，问我有什么建议。他还说了一些其他的话，层次清楚，明明白白，专门来请教我。

这么年轻已经上岸，有危机意识，眼光也长远，还知道找人请教：这些都是优秀的品质。以我的判断，他会有很好的发展，也会实现上岸公务员的目标。只是，他有些焦虑，我建议他先别想太多，也不要想着规划好一切，看一步想一步走一步，总会解决这些问题。只要有成长目标，总会找到机会和方法。

说实在的，在同样的年纪，我是不如这个年轻人的。二十四岁的我，大学将要毕业，对未来毫无规划，对人生没有承担责任的自觉，对家庭、父母理解不多，贫乏、苍白、无力，只有熊熊燃烧的不切实际的野心。就业，毫无方向；考公，一无所知。当时的我，实在配不上周围人的关心。有时候，我会后悔。我觉醒得太迟，太迟。即便现在已经竭尽全力，依然就是眼前的样子。所以，看到二十四岁就有着这样成熟想法的年轻人，我总觉得遗憾，遗憾我的二十四岁。

也许，现在的年轻人焦虑得早，他们遭遇的竞争或许是我难以想象的。再加上，这两年就业形势严峻，这都会让人觉醒。但是，能不能早早找到自己的路，也是看人的，并不是所有的人都对未来清楚明白。可能，很多人会像我一样，有个迷茫的二十四岁。我翻盘这些，是想给二十多岁的年轻人一些提醒：在这最美好的年华，应该想想未来，想想自己的人生，想想自己的责任。大多数时候，想也想不清楚，但是想就比不想强。

我与单位办公室的大姐分享这个感受，她说主要是靠家长引导。确实，年轻人如果没有人指点，很可能需要走许多弯路，到了年岁很大时才能琢磨透这些东西。我已经将近四十岁，这是个不惑的年龄。为什么不惑？无非是亏吃多了，苦受够了，人见得多了，事经得多了，人开始开窍，心中的迷茫少了，疑惑少了，知道该往哪里走，不会再纠结。

可是，这是四十岁。身体、精力，都在走下坡路。这不是什么好事，你不想这样，但是躯壳会带着你往这个方向走，犹如一颗开始发皱的水果。

我一直对自己的工作心存感恩。许许多多为人处事的道理都是在工作中学习的。公务员是个好工作，特别是对于家境一般的同学来说。这些同学缺乏抵抗风险的能力，甚至连洞察风险的意识都没有。初涉职场，就莽莽撞撞地冲上去，大概率是要摔下来的，挺重。公务员最大的职业优势大概就是经验、履历、薪酬都可以累计，职级并行后，更可以按部就班地往上走，规避了大部分不必要的风险。

人生实在经不起折腾，没过几年，你就会到三十岁、四十岁，浪费不起的。觉醒要早，这就是我的忠告。

同意报考证明（书信）

匿名提问 1：

老夏大哥，我现在在一个边缘系统事业单位，今年单位可能面临改革，有改企可能，具体改革方案未定。我现在这个单位是两年前考上的，现在年龄已经三十多了，年龄渐大，过几年就考不了了。而且现在单位较专业，但是我进这个单位之后，也没学到什么专业知识，一直被安排做整理资料类的工作。

这些年我一直在考公务员，有几次进面试，但面试成绩不行，特别是无领导小组面试，我反应速度慢，语言组织能力也不强，三次都没有面试成功。因为现在面临事业单位可能改革的风险，也开始考其他事业单位，现在有某学院事业单位学生工作岗进面试，但需要提供同意报考证明。

其实，我并没有把握能够面试成功，也怕开同意证明可能引起其他人议论，当然有时候我也不知道什么路最适合自己，真的很迷茫。但一路走来我想考公务员，进事业单位也是因为我一直没考上公务员。老夏大哥，您说我应该申请开同意证明吗？我怕没考上公务员，单位又改企，又怕开证明没考上，甚至去了那个单位也不如意。

匿名提问2：

夏老师，我想问一个问题。我在国企，考公务员面试需要单位开同意证明，万一开了但是没考上，还怎么在单位混呢？还有就是，如果第一年没考上，又考，一次又一次地开证明，会让领导觉我心思不在单位，我该咋办呢？

以下是我的回复。

对很多人来讲，开同意证明这件事确实难办，不同的地区、单位、领导，对待此事的态度截然不同。

前一段时间，某领导觉得本单位具有事业身份的年轻同志同公务员干一样的活儿，其待遇、前景与公务员却有较大差距，就邀请我为那些年轻干部讲讲面试，助他们一臂之力。还有个单位的主要领导对年轻人非常关注，愿意支持他们考试。据说某年，几个年轻人同时进了面试，他亲自辅导，点评指点；针对几人服务期限不够的问题，他还专门协调组织人事部门放行。

当然，也有很多单位的领导不支持、不同意年轻人考试，便设置种种障碍，甚至对擅自考试的人予以处分。这样的做法也是可以理解的，不同的单位情况不一样，需要考虑方方面面的问题。特别是，单位招个人不容易，还没有做什么工作，就直接撂挑子走人，打乱他们的人员安排，导致工作变被动。有些同学签了五年服务期，转眼就不报告、不请示直接考走，这让单位和领导当然不乐意、有不满。

实事求是地说，遇到什么样的单位和领导，确实要看运气。作为弱势一方能做的有限。这提醒同学们，报考时要慎重，因为做出选择后就得承担后果。

能不能开出同意报考证明，确实不好把握。但是，需要开就去开，哪怕承受非议、不满。要知道凡事都有代价，有些代价是必须要付的。当明确要考走时，开出报考证明就是必须做的事情，哪怕付出代价也是要办的，对此必须有个清醒的认识。当然，你去开，也不一定能开出来，而且面试的事情就会公之于众，领导、同事可能会有看法，你甚至可能失去一些机会。但是，既然目标是确定的，那么这都是你要付出的代价和成本。

而且，这些是先行支付的，并不一定保证会有收获。事情难办也就难办在这里，一件必须提前支付代价的事情却不一定能办成。这是考验一个人的勇气、担当和责任心的时候。有些人习惯"不见兔子不撒鹰"，从不做没有绝对把握的事情，这就是典型的"干大事而惜身"。为了获得领导、同事的认可，对攸关未来的事情迟疑不前，这就是典型的"见小利而忘义"。当你做了决定，那就去做吧，其间付出的代价、承担的风险，是你必须支付的成本。世间哪有双全法？

有时候，我们会茫然。茫然不是因为担心办不成事情，而是因为觉得办成了也可能达不到目的。很多事情是无法预测的，当发现即便克服重重困难、承受种种代价，到最后也许依然达不成目的，人确实会茫然。这个时候关键是盯住目标，问自己到底想做什么。衡量一下，当下这一步是否有利于达成目标，如果是在靠近目标，那么你就勇敢地去做，遇到困难解决困难，面对压力承受压力，这没有什么可说的。如果你觉得当下这一步并没有让你靠近最后的目标，只是反复横跳，没有实质性的进步，那么就不要轻易变动。

注意，到底是靠近目标还是远离目标，大多数时候也只是一种可能性，需要你自己做判断、做决策，最后承担决策的后果。这是你在左右自己的命运，是成长的必经之路，是值得高兴的事情。

一位社恐女生的留言（书信）

下面是一位社恐女生给我的留言：

夏老师：

写这段话不知道您能不能看到，如果现在您在我眼前我真的想给您鞠个躬，给您一个大大的拥抱！我这次面试成功了。看了您的视频我受益匪浅。每一期我基本都看过了，框架看了两遍以上。您在镜头前的每一秒钟，我觉得都是那么真诚地想教我们。越看越觉得是这样的。我真的学到了很多东西，谢谢您。

您不仅在教我们面试的技巧，更教了我们许多做人做事的道理，我的整个看待学习和考试的心态都有所转变。您告诉我们，面试就当作一次经历就好，从头脑中来，从题目中来，从框架中来，我铭记于心。您更告诉我们，那些方法、技巧与真诚相比都是等而下之的东西，您告诉我们不要太纠结于华丽的辞藻和答案，一切都是积累。我用心记下了您教的知识，所以这次我成功了。

我社恐，平常说话会紧张结巴，一度怀疑人生，但是我听了您说的，我带着真诚上考场，本着为群众解决问题的心态去回答，得到了全场第四的好成绩。跟着您学习的过程中，那些答案仿佛都不再是空空的句子，我真心实意地想为人民服务，真切感受到身处迈向新征程的时代，真心想为中华民族伟大复兴的中国梦而奋斗。

以下是我的回复。

总有些留言，让我印象深刻，好像说这些话的人，就站在我旁边。我感到有愧，配不上这些溢美之词；我感到开心，能帮助到一个素未谋面的人；我感到心安，自己做的事情是有价值的。我能说什么呢？唯有一句：量变引起质变，一切都是积累。

我做公众号，在网络上录制音频、视频，首先是出于成长的目的。六年前，我临近三十五岁，焦虑感、茫然感如影随形，紧紧地缠在我身上，摆脱不了，化解不了。录制了第一期音频后，我开始慢慢地不再焦虑、迷茫。人是需要有方向的，哪怕不对，也是要有的。身如不系之舟是凄凉的。

我慢慢地做自己的事情，却意外收获如此多同学的厚爱，这大概就是无心插柳柳成荫的喜悦。大学时，我迫切地想做些事情，尝试了多次，却什么也没干成。想不到，这次出于成长的目的做了一些事情，反而产生了如此之大的成效。这让我明白了许多事情。

最开始，对抖音和B站，我是拒绝的，我并不熟悉年轻人的平台，我找了许许多多教程来学公众号运营，慢慢摸索前进，反复多次才找到合适的切入点。录制视频我是恐惧的，这种恐惧感在尝试了两年之后才大为好转，现在基本得到解决。

更重要的是，六年前，我在面试方面其实也不是什么高手。真的，这是现在的认识。越学越觉得，今是而昨非。这种感受，偶尔会让我夜半时分难堪，不愿意去听以前录制的音频，不愿意看以前写过的文章。难为当年那么多人支持我。幸好，一路走来，我都是真诚的，没有装腔作势，没有标榜或包装自己。也幸好，我一直没有停止学习、总结，慢慢地在面试上确实有了收获。

现在我觉得总算对得起大家的信任了。这个过程不容易，最关键的是依靠自己，慢慢学习，克服困难，持续坚持。

现在看到这样的留言，我想起许多事。从中我能看出她的努力和不易，这样的孩子该成功。这条留言中藏着几条难得的经验：

第一，不要害怕社恐。社恐也能成为"面霸"，这并不冲突。我为什么讲面试？就是因为自己面试烂。即便现在，我依然不习惯到人多的地方，路上遇见熟人会莫名紧张尴尬，但是这不影响我成为一名面试老师。所以，不要自己限制自己，即便是社恐，也要相信社恐也能成为"面霸"。

第二，真诚能真正解决问题。我想这大概是留言的同学获胜的关键，而这也是贯穿我面试的关键，是理论的理论、基础的基础。我想，同学们应该再揣摩一下这句话，抱着解决问题、达成目的的态度答题，相信会有不一样的感觉。对许多人来说，学会这一招就足够了，其他的学不学都不影响。

第三，好好学，不要装样子。大多数时候，我们知道应该走哪条路，但是因为这条路太苦、太慢，所以就有意无意想掉头。想走捷径就会兜圈子，这是做事情的辩证法。留言的同学，对我的视频反复观看，把重要的关键的点记在心里，这是不容易的。她一定花费了许多时间，这种认真学习的劲头是成功路上的助推器。

最后，祝福此时此刻仍然徘徊的同学早日实现自己的梦想。

失败没什么大不了的（书信）

有粉丝来信如下：

老夏：

我今年二十六岁了。去年研究生毕业，在父母的支持下全职考了一年，幸运的是内围进面试，不幸的是分差很小，被逆袭了，而且败得很难看，分数很低。真的很可笑，这个面试我准备了很久，才考了76分，之前的一次人才引进，准备了4天就考了83分。我实在不知道问题出在哪里了，我觉得这是我的极限了，不管是笔试还是面试。

我爸妈想让我休息一下，继续考，可我真的好累好累，好长时间都是学到半夜一两点。我最努力的一次考试，没想到是这个结果。当时面试完我还自我感觉良好，看到分数人都傻了，如果是出了意外，导致分数那么低，我还能理解。关键从头到尾我都很顺，也做到了跟考官互动，面带微笑了，真的不知道问题出在哪里。这个是最可怕的——抓瞎，不知道努力的方向。

考的时候有个女生突然叫了起来，我当时还想"一个考试而已，至于吗"，我的面试分数出来之后，我有点能理解她了。当时真的很想找堵墙撞撞。真的很迷茫，不知道何去何从。找工作，中间这空白的一年又该如何解释？二十六岁了还没工作过，也没有对象，没有存款。只有处处碰壁后留下的一身戾气，我好像只有年龄增长了，人从来没有成熟过。

现在看到有高校行政岗也能报，可这又是一个全新的领域，之前也没接触过，也不敢轻易尝试，害怕再受打击。现在感觉考公这条路太难了，竞争已经到了白热化的程度，感觉就像一个巨浪打过来，上岸的欢天喜地，但更多的是被浪席卷而走的人。

老夏，备考的时候，我在你的公众号收获了无数力量。现在就是不知道该何去何从。

一只迷茫的刺猬

以下是我的回复。

一只迷茫的刺猬：

我二十六岁时误打误撞考上了一个县城的事业单位。当时，我对考公是真的不懂，于是随波逐流。二十四岁本科毕业后，在社会上晃荡了两年，一事无成、满身疲惫，父母连逼带哄让我回到了老家。接着，无头苍蝇般地找工作。知道该工作了，但又不想工作，对工作有种恐惧感。最后，不知道从哪里听到隔壁县里在招聘事业单位，就去考了考，很幸运进了面试。面试发挥得一塌糊涂，好在运气不错。真的是运气不错，就我那个面试水平，真的不该考上的。如果放到现在，估计连进面试也悬。

那时，我最多的感受是挫败感，干啥啥不行，想得多干得少，不知道未来的路在何方，甚至不知道到底要干什么。曾记得，父亲带着我去找某个熟悉的领导，想让对方帮帮忙。在那间令人坐立不安的办公室里，我们父子俩被应付了应付。求人办事，父亲是十分为难的，但为了我，他还是试了试。后来当然没有下文了。现在想想，我如果是那位领导，也不会帮忙的。自助者，人们才愿意帮忙，就我那个状态，于情于理是难以得到帮助的。

我啰唆一大堆，是想告诉你：你的处境没有你想得那么糟。你是研究生毕业，人生目标明确，父母支持备考，有不错的笔试和面试基础，在二十六岁的年龄，这些都是挺难得的条件。不要对这些视而不见。说到底，你只是一次面试失败罢了，没有什么大不了的。真的，这算什么呢？人生那么漫长，你会有无数改变命运的机会，一次小小的失败，真的不算什么。眼下的成绩当然不是你的极限，继续学下去，你会考得更好，这有什么可怀疑的呢？连这个也怀疑，那真是自寻烦恼、自我设限。

考公人要明白，失败是常态，我们得学会接受失败。你我都知道竞争激烈，既然是竞争，就会有输赢，就会有成败。当你选择走这条路，就要有这个觉悟。《笑傲江湖》中的岳不群说："江湖中，血雨腥风呀，吹打得了别人，就吹打不了令狐冲吗？"这句话说得多好。况且，你我只是普通人，怎么会光环加身、一路坦途呢？不只是考公，在今后的人生中，我们同样会遭遇许许多多失败，这都是正常的，没什么大不了的。失败了，总结经验，继续前行即可。大家都是这么过来的。

毛泽东曾说："我是靠总结经验吃饭的。"这里面的经验，很大一部分都是血的教训。伟人尚且如此，你我当然不会例外。

我反复强调，面试的归面试，人生的归人生。面试失败就是一次考试失败，这样的失败，与你在学校里没有考一百分、没有考第一名是一样的。不要要死要活的，好像人生完了一样。保持情绪稳定是成年人重要的必修课，不要走极端，不要太偏激。

有的面试失败，原因是显而易见的，但确实有的面试失败，就是莫名其妙的。遇到前者其实好办，最怕的是缺乏面对后者的正确态度。这世上就是有许多事情，本来不该那样，但是就是那样了。也许按照道理，你该赢的。可惜，总有些时候，生活不讲道理。你可以当作这是老天对你的捉弄。

那么，在这种情况下，我们该怎么做？怨天尤人吗？抱怨不公吗？躺平摆烂吗？你的应对，就是你的成色。看一个人，关键看他在这些关口是如何应对的。其实，很简单，沿着那条正确的路继续前行，下一次你就能把错误的安排重新掰回来。不要把一次的失败当作天大的事，也不要因为一次失败怀疑努力的价值。这是生活对你的考验。它冷冰冰地看着你，不会有同情怜悯，你得坚定信心、擦干眼泪，自己往前走。

大学刚毕业，还没参加工作那几年是人生的一个转折点，也是一个难熬的阶段。刚出校门，离开了熟悉的环境，许多人对工作没有期待，反而有太多的焦虑。这是正常的。或早或晚，或主动或被动，我们都会适应。考公人提升抗打击能力，不要那么敏感细腻，失败了继续，没什么大不了的。想工作就先工作，想继续考就继续考，根据自己和家庭的情况，做个选择即可。不要陷入某种负面情绪中出不来，真的没有必要。

早上回信时，我听的是许巍的歌。你也可以听听，笑容，理想，风铃，白云，晚霞，苍山，洱海，故乡，有助于开阔心胸。打开窗，往外看。在远处，要风有风，要雨有雨。

祝顺利上岸。

该不该在情感伤心地入职？（书信）

有粉丝来信如下：

夏老师：

您好！见字如面。

先简单做个自我介绍吧。我是一名1996年出生的刚硕士毕业一年的女生，正处于人生极其迷茫、尴尬且困顿的阶段。

近几天，发生了一些让我难以接受却又不得不面对的事情。我是在备考此次 507 事业编面试的时候接触到您的，在短短的时间内我对您十分佩服。您传达了面试的本质，是我成长过程中答疑解惑的导师。

目前所面临的情况，让我很崩溃、很无助。我看不到人生的希望，也不知道下一步该怎么走。我与相识相恋接近八年的男朋友分道扬镳了，甚至反目成仇。虽然过错在他，但醒悟过来后，发现傻的始终是我。他在一年前背叛我、欺骗我，订婚甚至马上结婚，直到被我抓到，他才承认。在这之前因为异地，我始终不知情，而且他一直很热情地帮助我参考岗位，考虑到实际情况和报考难度，我选择了他所在的城市，结果我考上了，他的谎言也是在这次参加面试的过程中才被揭穿。

我都不知道是幸运还是不幸：幸运的是发现了，没有等更久；不幸的是目前已经出了体检通知，我不知如何是好。一方面还沉浸在梦境中，曾经无比信任的人竟然如此坏；另一方面我很迷茫，不知道接下来该怎么做抉择，当然这也是最重要的。

可是这次的编制，我不知道要不要去，因为离家特别远，距离长达 1300 千米，但对岗位我是满意的。虽然也是在省会城市，却是极小的一个省，我想过放弃，可是我知道目前重新找工作，并且是一份满意的工作很艰难；可若不放弃，我会孤身一人在一个伤害过我的城市立足，孤独和怨恨持续存在。并且在我现在这个阶段，家庭普通，无存款，年龄到了传统意义上被催婚的时候，可我自然是不会在当地考虑感情之事了。

也征求过家人的意见，家人也见证了我的备考，知道十分不易，但同样更担心我的安全。在没有更好的选择之前，是去是舍，十分纠结，特别希望能听听您的意见！

感谢夏老师。

纠结的小羊

以下是我的回复。

纠结的小羊：

我的建议是明确的：你该入职，开始新的生活。而且，我相信，工作会帮助你更好地从失败的感情中走出来，提供足够多的支持和力量，帮助你渡过眼下的难关。

在我看来，你最近遇到的两件事都是幸运的，是双喜临门。你认清了男友的真面目，及时地分手止损，这是不幸中的万幸。你们既然已经开始谈婚论嫁，再加上你工作有了保障，如果按照常理，最近你们应该筹备婚礼、举办婚宴，说不定结婚证都领了。如果那样的话，你现在处理起来就会更加棘手，需要面对的后果也更为严重，有些甚至会严重影响到你的将来。所幸，在掉下悬崖之前，你发现了真相，没有沦落到更难的境地。这当然是好事，是大好事。

更加幸运的是，你上岸了，有了工作，这又是不幸中的万幸。试想一下，感情刚刚遭遇重大挫折之后，你的面试又失败，既丢失了爱情，又丢失了事业，那你的状态一定比现在难过十倍。你知道现在找工作挺难，如果你在较长时间找不到工作，加之连续考公失败，那样你承受的压力可想而知。所以，这毫无疑问是喜事，既结束了一段错误的爱情，还找到一份满意的工作，当然是双喜临门。

你觉得孤身一人在一个伤害过自己的城市立足，孤独和怨恨持续存在。这里有个问题要说清楚，城市是无辜的，不能因为你的前男友是那里的，城市就得替你前男友背锅。这是迁怒于人，迁怒于城市，是极为不智的。你如果抱持这种偏见，那么孤独和怨恨就会持续存在。但只要你把城市与前男友分开，你就会海阔天空，会认识新朋友，会释怀。这才是往前走、向前看的方法。

　　你说不会在当地考虑感情的事情，这就更加小孩子气了，是大可不必的。几乎每个人都会遇到一段或者几段不那么完美甚至恶劣的感情，但是你不能因此就一竿子打翻一船人。遇到合适的人，该恋爱就恋爱，该结婚就结婚。否则，就是拿对方的过错惩罚自己，也说明你还没有放下那段感情。

　　家人担心你的安全，确实是好意，但不必太过。当你进入体制，体制也开始保护你。你入职以后，同事、领导、组织、妇联等都是你的依靠。一个人在遥远的异乡，遇到问题不要憋在心里，要主动向领导、组织求助。你当然会遇到一些问题，但是一般不会涉及安全。我唯一的担心是，你的前男友可能会纠缠你。更大的风险是，你原谅了他，心生悔意，进而与他藕断丝连。一般情况下，这样问题也不大，上升不到危害人身安全的程度，但是可能会让你的生活变得一团糟。人有时候会吃两三次亏，甚至养成吃亏的习惯，这一点你要清醒。

　　好的选择让选择变多，坏的选择让选择变少。入职吧，你没有什么损失，更大的可能是展开一段新的明媚的人生。即便想回头，组织也是允许的，你还有辞职等更多选择。

　　祝工作顺利。

两难：该不该放弃入职？（书信）

有粉丝来信如下：

夏老师：

您好！

最近我又站在了选择的节点，选择真是一件让人痛苦的事情。我今年双非学校热门专业硕士毕业，目前省考（递补进面试，面试翻盘）上岸家乡小县城，在此非常感谢您的书和视频。我自去年决定考公开始，就在背您的逐字稿了，最后在面试中顺利翻盘。

虽然上岸了，但最近我却在想要不要取录，原因有以下几点：① 城市资源（医疗、教育）不好，发展有限，房价奇高直逼省会，工资较低，后续生活困难。② 男友在该市、县不好找工作，只能考公考编（目前已考两年，均踩线进面试，分差太大，翻盘无望），因此在该城市找工作极其困难，而我想和男友有更长久的发展。

关于取录后的发展，我也做了以下设想：① 回到硕士学校所在市工作，该市人才补贴政策特别好，环境也很好，城市资源匹配房价，甚至比我家小县城的房价还低！② 准备去民办高校工作，也可以等下秋招进企业工作。③ 由于此次取录会记入档案，可能会影响事业编、人才引进的考察，但是也会看看有没有机会参加人才引进、事业编的考试。④ 该城市发展较好，我和男友都比较好找工作，目前来看对我俩的未来比较友好。

我承认报考时没有考虑以上问题，可以说是为了上岸而上岸，对我俩的未来规划考虑不足，现在也很后悔。虽然对取录的后果和后续发展做了设想，但我还存在很多顾虑：① 我不知道以上思考是不是理智的，这次考试太顺利了，可以说天时地利人和，让我得到太容易，以至于不知道珍惜。② 找工作可能不如我想象中顺利，按照去年秋招的经验，虽然就读专业是热门专业，但是性别歧视非常严重，女性机会较少。③ 对于一直在学校的学生来说，没有经历过社会的毒打，可能对企业工作想得太好了。

夏老师，我想请您帮我分析一下，我做的决定和后续发展是否具有可行性。也想请您骂醒我，我不知道我现在是不是清醒的，虽然我想了很多，但是我确信我还存在很多局限性，我的眼光太狭隘了，以至于除了取录我想不到更好的方式。我甚至怀疑我的思考被情感裹挟了，理智思考随着我想要的结果发展。

文中表述不当、逻辑混乱的地方请您见谅，期盼您的回复！

有选择困难症的年轻人

以下是我的回复。

有选择困难症的年轻人：

先说结论：对你最合适的选择，确实是取消入职，与男友回到求学的城市打拼。其实，你的倾向是明显的，这从你列举的理由就可以看出来。想取录的原因，熟悉城市的优势，一共六条，每条都是支持这个选择的。至于小县城公务员的优势，你连提都没有提，所以你看似纠结，其实内心是有倾向的，只不过你还没有意识到。而且，在我看来，这对你们两个确实是最优解。

理由有两条：一是公务员、事业单位虽然竞争激烈，但是只要想考，横下一条心，付出努力和坚持，总是能上岸的。有这条作为思考的基础，你现在的纠结就会散去大半。你无非是担心以后再也进不了体制的门，才会犹豫不定、纠结焦虑，有了这个基本判断打底，相信你就知道怎么选了。二是有个方法：每当犯了选择困难症，就重新回到原点思考，这会帮助我们厘清思路、明悟轻重。你的初心是什么呢？这个不好说，但我感觉，你对于男友的感情是看重的。而这，就是爱。为了让这爱延续下去，走向更长久的未来，你的选择就变得简单了。哪里有利于爱的发展，就去哪里。这是绕过枝枝蔓蔓细节，直接从原点思考的方法。实事求是地说，你留在当地，男友回到城市，你们大概率难以长久。你心里应该是明白这点的，所以才会在入职前惶恐。正因为看到这点，我才愿意支持你。否则，我一个教面试的老师，鼓励你入职才是正确的选择。

结论说了，理由说了，我再多说几句。

选择是什么？当选项没有明显的优劣之分时才叫选择。也就是说，放到漫长的人生旅程中，眼下怎么选都可以。选择关乎方向，但并不决定成败。只要一步一步走稳，选择什么都会有好的结果。

十五年前，我同样面临你现在的选择。我做了一个与我现在的建议相反的决定。那时，我在北京一家大公司有了份不错的工作，但是机缘巧合下又考到了某个小县城的事业单位，后来在家里强大的压力下，选择留在小县城。一路跌跌撞撞走到今天，回头望一望，觉得现在挺好。偶尔，我会畅想留在北京会是什么样子，想来也不会太差，甚至可能更好。但是，我没有一点儿后悔的意思。我想如果当时在北京，现在也不会后悔。为什么不后悔？因为我踏踏实实过了自己的人生，我尽力做了自己能做的一切。我说这些就是想告诉你，虽然我建议你回到求学的城市，但是如果你做了相反的选择，也无所谓，努力不辜负今后的人生，你依然会收获美好的人生。不过有两点，我还是提醒你：

一是你现在取录，是不讲诚信的，该受到批评和教训。你的取录行为会对单位造成损失，他们今年招不到人了，也影响了另一个本该上岸的同学。建议你提早与单位联系，实事求是说明情况，争取获得他们的谅解，不要再拖下去。这么做是道理使然，是该有的礼貌和修养，而不是顾忌会被记入诚信档案。当然，年轻人总会犯错，不要有太大的负罪感。希望你以后更加负责任，否则总有一天会吃大亏。有一种取巧的办法，先上班，几个月后再辞职，这样可以规避档案诚信的问题，但是我不建议你这样做。这里面只有精巧的算计，缺乏最基本的诚信，养成这样自私的性格，对人生来说是有着长久后患的。

二是你在后面提到了担忧，如就业求职难、被社会毒打之类，我明确告诉你，这些事情你一定会遭遇的，而且大概率会比想象中严重、难受。除了这几点，还有一点你得正视：不管你与男友现在怎样情比金坚，你们的感情依然需要经历更多考验，不能排除发生各种变化的可能。真到那一天，你可能会陷入更大的后悔中。但是，人不能活在恐惧里，可能只是可能，我们要做的是尽自己所能，把事情往好的方向引。只要尽力做了，不管什么结果，接受即可。也正是因为有人陪着你，我才认为你们虽然会受许多煎熬，但还是会苦尽甘来。如果你现在是一个人，我会直接劝你留下来。我想，能与爱人一起经历风雨，眼下的困难总会过去。而我们，该怀抱如此期待往前走。

祝工作顺利。

第五章　喜忧参半

压线进面试还要好好准备吗？

每年都有人这么问我。我的答案很简单：不但要准备，还要竭尽所能，尽最大的努力准备。

判断一个人的成色，不要看他成功、得意时的表现，而要看他失败、失意时的表现。当压线进入面试时，你的应对方法在很大程度上表明了你是个怎样的人。

并不是说，你的行为决定了你的人，而是说，你的人决定了你的行为。你如果自认是个意志坚强、有着足够抗压能力的乐观的人，那你就该有与之相称的行为。

我知道，在身处劣势的时候，依然保有顽强的斗志并不容易，需要莫大的勇气。尤其是，准备面试需要投入大量的时间、心血，一旦失败，对很多人来说就是血本无归。厌恶损失是人之常情，我也是这样。仔细回想我的考试经历，大多数时候是在笔试上占优。这给了我较大的信心。

唯有一次，是一次遴选，我笔试没有优势。那次遴选1000多人报考，33人进入面试，大家的分相当接近，我处于中间位次，似乎是77分，与第一名应该有几分的差距，具体已经记不清楚。

万幸的是，遴选之前，为了准备国考面试，我呕心沥血，面试达到一个较高的水平。在文章《我就是这么失败，也是这么成长的》中，我对这段经历有详细的记录，真的是刻骨铭心。

我抽到的不是2号，就是3号，成绩是89分还要多一点儿，全场最高。也就是说，我进去之后刷了个最高分，后面30多人再也没有超过。面试之后，我的总成绩应该是变成了第2名。

在候考室我非常笃定，没有什么杂念，只有一往无前的冷静与安宁。我知道，我必将在这次面试中获得好成绩。因为我付出了努力，我配得上高分，配得上成功。

这就是我想说的道理。只有付出艰苦的努力，付出不亚于任何人的努力，你才有资格扼住命运的咽喉，否则，命运看都不看你一眼。而且，功不唐捐，你是为自己努力的，是给自己升级的，这次用不上，下次用得上，不会白费工夫。所谓东方不亮西方亮，也许在这里你没有赢得好的结果，但是转身之后，你会发现如果又有一个机会来临，你真的能抓住。

就像我，为了国考面试，付出了那么多的努力，却终究没有去成北京。但是，我一点儿也不后悔。"尽吾志也而不能至者，可以无悔矣，其孰能讥之乎？"

那次努力，那次失败，都是命运对我的垂青。我很感谢，在那一年，有一个目标从天而降，让我为之付出了最大的努力，获得了人生的成长。我的人生，真的受益于那次心无旁骛、呕心沥血的努力。

这之后，面试成为我的绝对强项，我先后借此得到多个岗位，并开始在网上讲面试，认识了数不清的同学，结识了这条路上的很多朋友，这在根本上改变了我的命运。

努力不会白费，超过任何其他人的努力更不会白费。当一个机会从天而降，我们应该感谢它，感谢它给了我们一个努力的理由。从本质上讲，改变我们的不是赢得机会，而是付出的努力本身。

所有的起死回生，都是苦尽甘来。没有吃尽苦头，就没有甘甜的成功，没有在绝望中挣扎，就没有重见天日的那一刻。此时此刻，竭尽全力，付出你不亚于任何人的努力吧。

向着月亮进发，即便没有到达，你也将置身于群星之中。也许这次，乾坤倒转，命运重塑，王者归来。

考公会不会带来厄运？（书信）

有粉丝来信如下：

夏老师：

您还记得我吗？我之前向您咨询过，我就是那个又要上班又要考CPA，但是又想考省考的人，还是用小号来回复了。当时您鼓励我辞职，我后来的确做到了。

我5月底辞职后，用心准备省考以及CPA，我省考考入省会工信局，笔试第2名，与第1名只差了1分，我当时也买了您的书。但在面试的时候犯了一个错误，提及了岗位信息，然后被考官打断，所以最后以0.72分的差距被刷了。

我同时也备考了CPA的三科，三科全部过了。说不难过是假的，总觉得有一点遗憾，之前我说公考会给我带来很多厄运，您说让我不要迷信，可是今年我和一些朋友的关系变得更不好了。

但我决定，明年还要考一次，希望夏老师能给我一些鼓励。我想，我需要您的鼓励，来证明考公不会带来厄运，也证明自己能够在多番磨难之后成功上岸！

一个迷信的小姑娘

以下是我的回复。

一个迷信的小姑娘：

我已经专门回复过你，这里再多说几句。每天，我都会收到一些提问，内容各式各样，涉及考试、工作、婚姻、健康等。有些事情我也不知道怎么办，但是只要看到了，都会尽量给出意见。毕竟，我年纪大些，见的事情多些，吃的苦、走的弯路也不少，说说自己的经验，也是有益的。

你们需要一点儿鼓励。很多情况下，你们提问的时候，已经有了答案，只不过因为种种理由，下不了决心。这时，我作为局外人，说一说自己的看法，你们受到启发，就会做出决定，开始行动。就好像，你说我鼓励你辞职，但是我基本不鼓励辞职，可能是我的话让你认清了自己的心，下了决心罢了。

经过几个月的努力，CPA 三科都通过了，这是个值得庆祝的事情，是一次小小的胜利。不要小看它，也不要忽略它，人生的正确策略是积小胜为大胜。学习、成长确实较枯燥，需要一些小惊喜，才能鼓起勇气。所以，遇到自己的进步、胜利，就要好好地恭喜自己、犒赏自己。你们很多人的问题是，遇到好事情反而不高兴。这是大毛病，得改。你的提问中，弥漫着一种灰色的情绪，这与你忽视自己的成功、进步，有着很大关系。

至于公考失败更是寻常事，重整旗鼓，继续努力就好，没有什么可纠结的。你们都不再是孩子，世界不会按照你们的意志运行，你也只是普通人，要学会适应这一点。况且，你面试并不差，犯了那么严重的错误，最后差距也只有不到一分，不恰恰说明你面试不错吗？为什么对自己那么苛刻？你的人际关系出现问题，可能跟你的苛刻有一定关系。对自己都那么苛刻，对身边人可能会更加苛刻。宽容一些，从宽容自己开始，慢慢学会宽容别人，这样你的人际关系自然会变好。

至于好运、厄运，我是敬而远之的。做好自己的事情，不主动伤害人，不做危险的事情，接受人生的不确定性，这就挺好的。其他的，多想无益。至于考公会带来厄运，更是无稽之谈。

加油，祝好！

面试好难，怎么办？（书信）

小雨（化名）的留言：

夏大哥，我今天事业编面试又失败了，只有77.8分，今年省考77.2分。真的感觉面试好难啊！从小到大，我都特别不自信，婚姻又出现问题，整个人状态特别不好。一直以来，我也很努力学习面试。买了您的书，每天听您的音频，但我心态特别不好，我朋友说我看起来饱经沧桑，一点儿精气神都没有。夏大哥，我该怎么调整呢？希望您能给我一点儿建议，谢谢了。

小山（化名）的留言：

老师，我心态很不好，经历了省考、事业编面试失败，感觉自己越学越不会，好迷茫，感觉亲人朋友都对我失望了，这条路真的好难走。

小匿（化名）的留言：

夏哥，我面试好几次，成绩都很不理想。其实，我一直是一个特别内向的人，遇到大场面都会特别紧张，尤其到了考场上，真的做不到谈吐自如，都不知道自己在讲什么，反而过后才知道怎么去讲。就在前天又面试了一次，讲着讲着就语无伦次，也不敢抬头看考官，结果又一次失败了。面试对我来说太难了，而且我其实也不是特别想做公务员，反而想趁着年轻，出去闯荡，可是又无一技之长，更无资本，所以就选择了考公这条路。

以下是我的回复。

几位同学：

你们的问题，我都分别回答过。但是，我觉得它们有代表性，就在这里再细说说，希望能帮到大家。

第一，按照常理，面试应该越学越自信。投入的时间多，琢磨的题多，掌握的题多，对面试认识更加深刻，面试水平会提高。关键是，你会对面试有种掌控感。这种掌控感十分重要。你也会失败，但是你要明白失败是暂时的，继续努力下去，终将获得成功。这就是掌控感。你们很明显没有这种感觉，反而好像被黑色的水淹没，无法呼吸，无法挣脱，越学越累，越学越不自信，甚至想放弃。

如何解决这个问题？我觉得最简单的方法，就是量化你的努力。你们都说付出了不少，也许确实耗费了不少时间，投入了大量心血。

但是，你们掌握了几道题？5 道、10 道、20 道、还是 30 道？你得扪心自问。在我看来，你们的努力没有效果，就是因为没有量化，没有聚焦到题目上来。这里，一定会有人问我，什么叫作掌握题目。自己搜索一下，我不想每次都回答这个问题。

只要你开始一道一道掌握题目，那么不管你是否面试成功，你至少走对了路，会感觉到自己的进步，对面试逐渐有了掌控感。这个是十分重要的，怎么强调也不为过。沉下心来掌握题目，是你克服迷茫、厌倦、疲惫的不二法门。

第二，紧张是常事，是无法完全克服的事情。每个人都会紧张，那些"面霸""大神"也会紧张。我现在答题，只要有观众，就会紧张。这是正常的。想要克服紧张，需要漫长的过程。我从录制视频开始，花费了两年时间，才终于基本克服紧张。你们准备的时间并不长，紧张更是无法避免的。而且，每个人对紧张的耐受力不同，同样的紧张程度，有的人面不改色，有的人如临大敌。

接受自己的紧张，认识到紧张是正常的，它会伴随你面试的整个过程。不要有贪巧求速的心理，跟紧张耗下去，慢慢地习惯与紧张相处。这才是正确的心态。寄希望于准备一两个月，就把紧张拒之门外，只是痴心妄想，那种心脏怦怦跳、脸滚烫滚烫的紧张感，也许会伴你终生。一道一道掌握题目，掌握得越多，心里越有底气，心率会逐渐减缓，脸色会慢慢恢复正常。如果没有掌握题目，心里没有沉淀足够的东西，那就还是像浮萍一样，晃晃荡荡。

第三，你会慢慢进步，变得更好。面试失败的可怕之处在于，会让年轻人否定自己。尤其是，这个过程还有亲人、朋友参与，他们往往都不上什么忙，却能轻而易举制造巨大的压力。年轻人这个时候本来就敏感，容易想得多，钻牛角尖，遇到什么冷言冷语，就会深受打击，进而怀疑、否定自己。

面试备考是私人的事情，不宜公之于众，那样会带来不必要的压力。默默地努力，比大张旗鼓更有力量。作为成年人，要习惯别人的不理解、不支持，要习惯在黑暗中前进。这不是悲悲戚戚的事情，这是勇者的征程，是你的英雄之旅。

要增强信心，要相信自己能够做出些事情，哪怕做不出大功业，至少也能养家糊口，也能堂堂正正生活在这世上。这是底线。只要努力，愿意付出时间、精力去做一件事，总能做个七七八八。而这，已经足够养活你了。不要把自己摆得太低，遇到一点儿挫折、一点儿困难，就好像天塌了，觉得自己一辈子什么也干不成。这就是失去了精气神，低到了尘埃里，丧失了信心。

你们要振奋，只要健康没什么问题，好好努力，慢慢前行，一定会越来越好的。要有点儿信心，有点儿骨气，有点儿耐心，有点儿勇气，不要动不动就垂头丧气。

大家都是普通人，他们能做成，你也能做成，没有什么可怀疑的。你会组建家庭，有爱人、有孩子；你会有一份工作，有收入，受人尊敬；你会有一套房子，不太大，也够用；你会有朋友，能喝酒，能逛街。这些你都会有，振作起来。

祝一切顺利。

财务安全的第一法则

有同学来信，问我财务安全的事情，这是个敏感的话题，也是年轻人走入社会必须要警惕的。

在我的朋友中，有深陷债务危机的人，人到中年负债上百万，东挪西借也偿还不了，最后妻离子散，每天浑浑噩噩度日。大部分人有些错觉，觉得上百万不是个大数字，运气好一两年就能还上。这就是陷入了认知错乱。他们在网上浏览信息，看到的都是这个主播带货几百万，那个明星片酬上千万，还有个富豪的小目标是一个亿，更有个导师上市就想赚上万亿。在这样的信息轰炸之下，他们对财富产生了许多不正确的认知。

上百万是个很大的数字。我工作十来年，如果算上房产增值，算上十来年攒下的工资，算上版税收入，全部折算成现金，也不到一百万。如果没有稳定的中等收入，靠东拆西借，十万的债务已经十分巨大，更不要说一百万。

有些同学家境不错，三万两万不当钱，殊不知还有很多同学，上培训班都要靠借呗（信用贷）。我2014年到北京上培训班，也是借朋友一万元。到现在，我的亲人中，还有深陷债务泥潭的。有的债务达到十几万，每月仅支付利息，支付周转的手续费，就需要两千多元。但是，他们的工资收入也才四五千元，大部分收入给了银行、各类金融机构。他们沦为债务的奴隶。而且，越没有财富，借贷的成本也就越高，这是个恶性循环。如果没有清醒的认识，没有极强的自控力，没有找到生财之道，债务压力只会越来越大，最后导致家庭破产。

近来网上开始出现年轻大学生借贷过多，难以偿还，最后走上绝路的消息。财务安全对年轻人十分重要。年轻人一旦财务崩盘，接下来就是个人形象危机，只要有几笔钱还不上，同学、同事、亲戚马上就会疏远你，被各种圈子孤立，被打上"不靠谱""借钱不还"的标签。这是一种十分严重的社会性伤害，会在很大程度上影响你的人生。一旦个人信誉破产，你的未来便会变得一片黯淡。你是要在社会中生活的，如果每个人都看不起、不信任你，你会寸步难行的。

财务安全的第一法则很简单，就是量入为出，有多少钱花多少钱，能挣多少钱花多少钱。

要开源节流。开源十分不易，大部分人的收入增长，都是熬出来的，特别是公务员更是如此。

但是节流是每个人都可以做到的，也都应该做到。不该花的钱不要花，尤其是一些超前消费、借贷消费，更要克制住。如果有闲钱，那就存下来，一点一点积攒，集腋成裘、积沙成塔，慢慢地就会有些积蓄。有这些存款就能够应对突发事件，临时急用钱的时候，才会心里有底气。如果还有闲钱，可以供一套房子。几年之后，房子大概率会增值，你的责任心也会增强，财富也会增长。即便不增值，至少有住的地方，也算解决了人生的大问题。

不要想着有各式各样的金融工具，可以随时借贷使用。那不是你的，借了就要还，还要加上利息，会进一步加重你的负担。借呗的利息是一万元每天五元，看着不多，仔细一算，年息已经达到18%。如果你开始关注柴米油盐，关注尿布奶粉钱，要居家过日子，就会认识到，这是个让人震惊的数字。除非十万火急，尽量不要动用。能够克制住近在咫尺的诱惑，也是自律的一种体现。

我说这些，不是说不要消费，不要借贷，而是说要慎重，不要由着自己的性子。否则，一旦陷入债务危机，没有外力，很难摆脱。

作为一个成年人，最后需要父母砸锅卖铁拯救自己，是非常不负责任的。当然，如果已经陷入债务危机，难以支持下去，也要正确面对，向前看，及时向家人坦诚交代，共同想办法，一起度过危机。

总之，不要走极端。

摆烂是什么样子？

有同学发消息给我：

夏老师，我现在什么积累都没有，但是过几天就要去参加面试了。买了您的书，但是一直没看，因为没想到自己这次会进面试，而且和其他人的分数相差那么少。今天自己对自己答了一道"人际关系＋应急应变"的题目，答得什么都不知道。就想放弃，不想去面试了。

看到这样的消息，我也挺不舒服。这位同学没有询问解决方案，这让我更加不舒服。虽然即便问，我其实也没有什么好办法。面试最好的准备时间，是与笔试同步进行，二者齐头并进，互相促进。稍好的准备时间，是笔试结束的那一天，不管考得好不好，都积极主动投入面试。稍差的准备时间，是面试名单出来，确定进面试的那一刻。

可惜，在最好时间准备面试的人凤毛麟角，在稍好时间准备面试的人百里挑一，大多数人是在稍差的时间开始准备。明明知道可能进面试，却依然吝啬投入时间和精力，这种猥琐小气、一毛不拔的习气会毁掉一个人的前途，也是人与人天差地别的原因。"打人不过先下手"，成年人的游戏规则，都是想方设法提前建立优势，哪有事到临头再被逼着努力的？既然迟早都要付出，为什么不能提前动手、抢占先机呢？

不管怎样矫情和羞羞答答，只要最后愿意开始准备，走在正确的路上，还有希望拿到想要的结果。最怕的是未战先怯，动不动就太多内心戏，动不动就怀疑自己。面试首先是精神意志的较量，在最后见分晓之前，那股一往无前的气，是不能泄的。否则，不用想也知道结果。

一个人容易泄气的原因，也是简单而明确的，就是没有好好复习、准备。人最难认识的是自己，但是人最难欺骗的也是自己。在很多人面前，我们都能假装努力，别人可能会被迷惑，我们却知道自己的底细。没有投入，就会底气不足；底气不足，就没有坚强的意志。

这是简单的因果关系，许多同学却视而不见。现在的面试基本上是公平的，会验证一个基本的道理：一分耕耘一分收获。当然，这其中存在运气成分，有着许多不确定性，主流却依然是"种瓜得瓜，种豆得豆"。没有付出就没有收获，这就是公理。认清这个道理是有益的，会让我们更加清醒。

前两年，新冠疫情时时反复，面试往往长时间中断，或者连续几次"烽火戏诸侯"，没有坚定的意志，是顶不住的。在这两年面试的同学真的十分不易，经受了远超其他年份的折磨和痛苦。犹如行走在黑暗的狭长的通道，不知道何时到达终点，不知道对手又在何方。

有同学从年前一直准备到现在，这些人是真正的强者，具有极强的自律和坚定的意志。控制自身，不受干扰，克服种种负面情绪，始终坚定地朝着未知的目标前行。这是宝贵的品质，有些人终其一生也培养不起来。不管他们最后的面试结果如何，他们大概率会在人生的考场上获得成功。

你有委屈，谁又没有？你有恐惧，谁又在意？我理解这种人，也在追求成为这样的人。不要怀疑，不要犹豫，继续这样一往无前，孤独地、坚定地、冷酷地、枯燥地朝前走。不要停，超越一个个对手，或者被一个个对手超越。你或者意外失败，或者注定成功，这些都不重要，重要的是你不会后悔，你已经在此时此刻付出了最大努力。

曾经，你竭尽全力，想要扼住命运的咽喉，这种努力虽败犹荣，这种时刻与光同在。

恐惧让对手更强大

恐惧是人最根本的一种情绪。

在西方文化背景中，恐惧魔王的身影无处不在。这魔王以人的恐惧情绪为食，长相恐怖、魔焰滔天，人在其淫威之下，自然而然生出恐惧之心，产生极其强烈的恐惧情绪。这种情绪又会增长恐惧魔王的实力。它以恐惧为食，也将恐惧播撒人间。

这是个很有象征意义的神魔。我们越恐惧，我们的对手越强大。人做很多事情，开始要降服的就是恐惧之心。面对未知事物，你并不了解竞争对手的实力，这时你就容易夸大对手的实力，变得焦躁、颓废、忧虑，或者半途而废，或者随波逐流，或者心不甘情不愿，生不起抵抗之心。未知让你恐惧，恐惧让对手更加强大。

比如，图 5-1 中这位上岸的同学的留言。

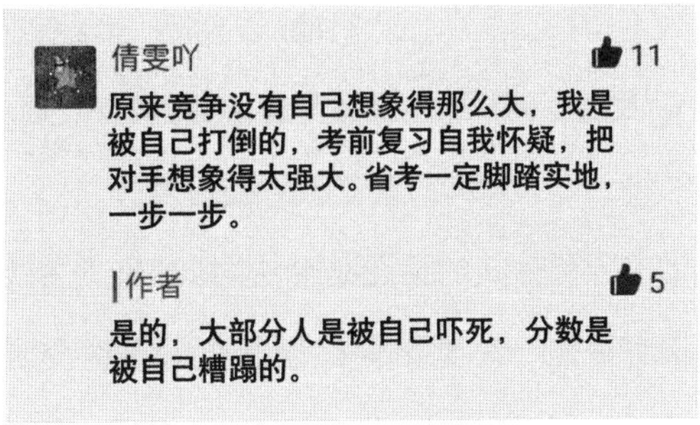

倩雯吖 11

原来竞争没有自己想象得那么大，我是被自己打倒的，考前复习自我怀疑，把对手想象得太强大。省考一定脚踏实地，一步一步。

|作者 5

是的，大部分人是被自己吓死，分数是被自己糟蹋的。

图 5-1　考生留言

这样的留言很多，说明很多人有类似的经历。把对手想得过于强大，觉得自己没有赢的可能，于是就应付差事、马马虎虎地准备，谁知道最后结果出来，只有很小的差距，甚至只差 0.1 分。于是，又开始懊恼，后悔自己敷衍了事，如果当时能够好好准备，也许此次就成功了。

之所以会有如此不智的心态，原因就在于被恐惧攥住了你的内心，才会举止失措，采取最不利于自己的做法。简而言之，你被吓破胆子了。这是危险的，甚至是致命的。我想起《三国演义》中的这样一个故事：

曹操南下荆州，刘备战败而逃，在长坂坡一战，张飞断桥阻挡，单骑于桥头大喝：“燕人张翼德在此，谁敢与我决一死战？”喊声未绝，曹将夏侯杰惊得肝胆碎裂，倒撞于马下。曹操想起张飞“百万军中取上将首级，如探囊取物”，于是和诸军众将一齐望西奔走。正是：黄口孺子，怎闻霹雳之声；病体樵夫，难听虎豹之吼。

很多人就像上文中的夏侯杰，还没有开打，就已经认输，最后导致功败垂成。我的一个朋友参加省直部门遴选，笔试、面试之后，成绩排在前列，只剩下最后的加试。

加试前，有大约二十天的复习时间，这个时候明明已经到了最后关头，九十九步都走完了，只差最后一步，但他就是无法集中精力复习。他总在我身边唠叨：加试都是拼关系，还都是专业题，我也没在这个系统干过，再复习也考不过那些人。

他嘴上如此说，有时间的话还是会看会儿书，也并没有完全放弃。但是，复习的状态很差，总觉得自己再怎么复习也没用。整个的状态就是首鼠两端，直接放弃不甘心，不放弃又觉得考不上，不上不下，我看着都替他难受。

结果，分数出来以后，他的加试成绩不错，甚至颇为靠前，但很可惜，还是以不到一分的差距跟成功失之交臂。他这时才真的后悔："差得不多，早知道就好好复习了！"但后悔又有什么用呢？

现在又是一年国考季，应该又有很多人开始马马虎虎地备考，既没有完全放弃，又没有投入全力，在其中纠结自苦。面对恐惧魔王，你的每一次恐惧，每一次怀疑，每一次浪费时间，都在增长他的力量。

你的对手不是生来强大，他在你心怀恐惧、自我怀疑、虚度光阴时，才变得更加强大，直到不可战胜。

毕业后朋友圈没有我

凌晨，有同学发来这样的消息：

老夏大哥，我真的好难过啊，不是因为上海公务员面试失败了，也不是因为到现在还没找到好工作。原因你可能觉得很幼稚——室友们发的毕业朋友圈里没有我。三年了，一直相处得很好啊，四个人的寝室，照片里却只有三个人，我真的好难受，我已经二十五岁了，本质上还是那个高中被室友孤立的女孩，可笑又可悲。对不起，夏大哥，没有地方可以倾诉。

有研究表明，一个人感到寂寞孤独时，不仅会出现身体上的疼痛，还会感受到比常人更重的寒意。在专门设计的实验中，想象自己被孤立的实验者出现了比其他实验者温度低3℃的倾向，感到孤独的人感受到了更重的寒意。所以，空虚寂寞冷才经常放在一起。

我想对这位妹妹，对那些被孤立或者孤立别人的人，也对曾经的自己说些话：

被孤立，既不可笑，也不可悲。可笑是别人的看法，可悲是我们自己的感受。不论可笑，或者可悲，都不是正确的评判。萨特说：他人即地狱。人类是社会性动物，所以才会产生特有的烦恼。有时候，我们过于在意别人的眼光，这会让我们身陷地狱，对自己求全责备，并用他们的错误惩罚自己。电影《无问西东》中，王敏佳站在唾骂、殴打她的人面前，不知道是否会感到可笑、可悲？在我看来，真正可笑、可悲的，是那些台下的人。

我在小学和初中时，有长达五年时间，也是被孤立的一个。我当时十分不解，自己并没有做错什么，为什么会遭遇这些事情。我那时十分痛苦，也想融入群体，可是，不管如何努力，最后的结果总是不被接受，被议论，被指指点点，被欺负。三十多岁的时候，我看到一个心理学效应：黑羊效应。是这样定义的：一群"好人"欺负一个好人，而其他人却默默窥视，心中暗喜。欺负人的人就像白羊，被欺负的人就像黑羊。

当时，我觉得说得有道理。在很大程度上，这个效应给我安慰，我也理解了自己曾经的处境。原来，我是个好人，只是被一群"好人"欺负了。被孤立过的人是卑微的，自我评价和要求都低到尘埃。现在，我再看黑羊效应，心里就"呵呵"了。只有成为一只黑羊，体会过那种恐惧、绝望，才有资格做出评价。那些欺负人的人，怎么能算好人？不知道、无意中犯下的错，就不是错吗？这是为坏人开脱，这是美化恶行，这是瓦解反抗，岂有此理？

一个被孤立的人，如果还要给伤害他的人加上"好人"的标签，想方设法合理化对方的行径，那不是理性，那是受虐。而为此背书的理论当然不是好理论，只是散发恶臭、用心险恶的谬论。按照这个理论，中国在历史上被孤立、被侵略、被肢解、被蹂躏也是合理的，只是一个好国家被一群好国家欺负了。

有同学问我：面对黑羊效应，该怎么办？我当时就告诉他：没有什么黑羊效应，如果你能够离开，那就离开；如果你有力量，那么就勇敢地反抗；如果暂时没有力量，也绝对不要怀疑、惩罚自己。一旦有机会，坚决跳上前，扇他们耳光，狠狠地，不要留一点儿力气。

我还想提醒下，如果你不喜欢一个人，那么敬而远之即可。不要有意无意孤立、排挤，甚至欺负一个人，也不要视而不见、支持放任，那也是帮凶。孤立一个人，不会让你们变得更好，终有一天，你们会后悔自己的所作所为。

安·兰德说："我以我的生命以及我对它的热爱发誓，我永远不会为了别人而活，也不会要求别人为我而活。"人生在世，当如此言。

二十多岁，悲什么春？伤什么秋？

关注我的同学大都是刚刚离开校园，年纪也就二十多岁。在我想来，这个年纪的少年还生猛得一塌糊涂，即便做不到龙傲天，也是嚣张得不可一世的。毕竟，我就是那么过来的。

二十五六岁时，我刚从西安回到老家。头发简直就像加了特效，乌黑浓密。虽然一事无成、一无所有，却总觉得一切都会唾手可得，充满了战斗精神。

那年我长发飘飘，被老妈硬拉着去理发，我还振振有词：事业无成，理什么发？但最后还是被逼剪掉最后的长发，在妈妈恨铁不成钢的眼神中，我的年少莽撞伴着一缕缕头发落在地上。

我一直觉得现在头发稀少，都是那次造的。然后，我参加考试，在二十六岁进入县城的事业单位。那时没有结婚，工作不死不活，每天没心没肺，在外人眼里一辈子也就那样。

单位对面是移动公司大楼，我和几个年轻同事经常去他们餐厅吃饭。那里的午饭一周不重样，那个盛饭的大姐还特别照顾我们几个人，每次都是大半碗饭小半碗肉。

我们都挺羡慕移动公司的人，我们单位的中层干部都骑着自行车，他们的中层干部都开着 SUV。每当蹬着自行车的领导经过我身边，看着他们稀疏头发下面发亮的头皮，我总觉得自己前途堪忧。

但是，我心中总是很高兴，也很知足。我觉得这已经很好了，我终于可以挣钱了，虽然只有 670 元，但日子正在变好，不是吗？我还可以继续努力，没人限制我。

"朝为田舍郎，暮登天子堂，将相本无种，男儿当自强。"我经常这么勉励自己。所以，在接下来的几年，我就折腾来折腾去，一直没有停下来。

二十五六岁，就是这么个天不怕、地不怕的年纪。迷茫、颓废、绝望跟这个年纪的人无关，大多数时候嘴上说这些，其实是矫情。只要人健健康康，家人平平安安，其他的还不是由着自己折腾撒欢。

但是，跟我想的不一样，现在的年轻人似乎越来越容易"崩"。我经常收到焦虑、迷茫、颓废甚至绝望的留言，这些留言有的还很长，有数千字，历数自己遭遇的种种困难、磨难。

每逢这时，我都要好好开导。他们的问题并不复杂，有的工作不如意，有的跟父母意见不合，有的跟爱人分居两地，我说几句他们就会情绪好转，再次充满斗志。

但我总觉得哪里不对。现在的孩子怎么了？怎么都这么容易迷失？其实他们的条件都很好，有的研究生毕业，有的已经上班。有时我会感到好笑，我会问："你确定是来找我诉苦的吗？怎么我感觉你是来秀优越感的？"

这时问问题的同学也会觉得不好意思，突然发现自己的优势很多，问题只是极少数一部分。

真的，这个年纪的你们，还不到悲春伤秋的年纪，大多数还是"为赋新词强说愁"。有时还容易一叶障目，陷入思维的死角，看不到自己拥有的优势，看不到自己拥有的一切，一味地自怨、自艾、自苦，消磨志气，萎靡精神。

这是最没有价值的胡思乱想。无论当下你处在什么环境，你要记住：你年龄不大，你身体健康，你学历不错，你有爱你的人和你爱的人，你有用不完的力气，有满腔的热情，有异想天开的梦想，这些都是宝贝。

下次遇到问题，要先问自己：我多大了？如果发现自己才二十多岁，那么不要迷茫，不要颓废，更不要绝望，趁早抖擞起精神，昂扬起斗志，想尽办法、竭尽全力斗上一场！

即便身处逆境，也要放手一搏！怕个什么劲儿？

成长就是慢慢变强（书信）

有同学来信如下：

老夏：

您好！

虽然关注您的时间不算很长，但是您的文章总会让我心有触动。最近在进行无领导小组培训，今天早上跟一群"大神"一起训练，因为积累不够，对材料了解比较浅显，加上难以抢到话语权，最后得到全组最低分，说真的，我当时是很难过的，但是我不想放弃。

我 2019 年毕业，因缘际会参加了"三支一扶"，说真的，作为一名普通的农村女孩子，周围很少有公职人员，家里人帮我规划的人生是成为一名教师，不过因为"三支一扶"，我打开了公务员的大门，认识到原来我除了教师还有另一种选择，然后开始跌跌撞撞地在这条路上前行。初生牛犊不怕虎，2019 年无任何准备就去参加国考，妄想一步登天，失败了；2020 年放弃国考转战省考，但还是心存幻想，报了市区的岗位，招 1 排 28，失败了；2021 年有所收敛，加上"三支一扶"即将期满，我慎重地报了乡镇岗位，招 2 排 8，失败了；2022 年乡镇岗，招 3 排 9，但分数和名次都不满意，我没有参加培训，由于新冠疫情，面试战线拉得很长，我更加不去做准备，抱着去学习的态度去面试，当然，事前只看过几个视频的我被虐得体无完肤。

而今天的这次模拟，让我有种历史重现的恍惚感，我有些惶恐，我知道自己知识面不宽，心态不够稳，在面试过程中的确容易被当软柿子捏，所以我决定重新找出您的文章，认真抄写，用自己适用的笨方法记住。我很喜欢"老夏2014国考总结"里面的那段话："我今年已经31岁了，有自己的家庭和孩子，年少轻狂早已离我远去，我今天站在这里，所有的一切都是深思熟虑的结果，都是理性的决定，我愿意为自己的决定负责，愿意为自己的人生负责。我有着自己的梦想，白天脚踏实地，夜晚仰望星空，我有时会问自己，你还记得十年前的梦想吗？正是白天脚踏实地，对工作认真负责，才为我的进步提供了良好的环境。"

虽然我还没成家，但作为一个快"奔三"的人了，我经常会想：如果我能考上公务员，那么我的孩子以后是不是会更简单快乐一点。初中时代，认识了好多个年纪相仿的女孩子，我很羡慕她们的恣意快活，她们家庭富裕，生活多彩，我却仿佛一只丑小鸭，黯淡无光，自卑不安，所以我不是很喜欢回忆以前的自己。但是在这次培训中，我又遇到一个这样的女孩，羡慕还是有的，但是我不再自卑了。我知道，在这些年的坚持下，我终于跟她们走到了同一起跑线上，只要继续坚持，我也能给我的孩子提供较为轻松的生活。我淋过雨便不希望我的孩子再淋雨，既然选择把孩子带到这个世界上，就要担起这个责任。

考公之路对于我来说真的不容易，日夜刷题，年年奔赴考场，查询成绩时都会颤抖，这次的面试可能最终结果还是失望，但我至少拼过了，我也有这个能力承担失败的结果，那就无悔了。

一个普通的考公人

以下是我的回复。

一个普通的考公人：

看完你的经历，心里感动，让我想起了不少往事。

我在跌跌撞撞考上事业单位之前，对公务员也是一无所知。这个领域看着每个人都懂，其实与某些人却隔着不小的距离。有人一上大学就目标明确，开始做持续的长期准备，毕业以后迅速上岸，成为体制内的先行者。大部分人是在家人指点下，耳提面命被推着走上快车道。你能有机会走上公考之路，比许多无知无觉的人强，也比当年的我强。

你一路走来并不容易，失败一次再考一次，并且越来越务实。这是值得肯定和认可的。人在年少时，会有许多美好的想法，努力去追逐看似不可达成的目标，这挺好的。而且，不试一试怎么知道自己不行呢？如果拼尽了全力，最后不成功，也不会后悔，反而由衷地产生一种坦然感。此时此刻，我已经尽到最大的努力，"尽吾志而不能至者，可以无悔矣"。这种无悔是年轻时代的勋章，每每想起来都值得会心一笑。当然，人要学会落地，学会务实，总飘在天上也不行。不是说我们不配、不值得好的岗位，而是说现实就是这么个情况，不以任何人的想法为转移。当年，我考部委失败，综合各方条件、因素后，就决定不再执着，转而去做更加可行的事情，一路走来，终有所得。所以，看到你在考试上越来越务实，我就想起了自己，也为你的成长而高兴。

你这里谈到了自卑与超越，看得出来，你确实进步了许多。时间是最好的工匠，一言不发一刻不停，雕刻出你我此刻的模样。小时候，你羡慕别人的恣意，更多是因为不受掌控的外部状况，让你产生了种种自伤的情绪。这是正常的。多年以后，你再次遇到类似的人，就能够较为坦然地面对。这正是成长带给我们的力量。不是别人弱小了，而是我们强大了。正视这一切，会让我们感谢自己，感谢自己一直以来的努力。对自己，我们往往过度苛责，当我们学会善待自己、鼓励自己，就走过了生命的一道难关。

当然，你还缺乏些勇气。你有坦然面对失败的勇气，却缺少努力争取胜利的勇气。相比前者，后者更加难能可贵，也更加艰难。面对巨大的压力，或者战斗，或者逃跑，如何选择是刻在基因里的。这是感性的力量，强大而又莽撞。没有经过痛苦的淬炼，不在泥水中摔打几次，我们本能地会选择逃跑。出于羞耻心，我们往往将逃跑包装成别的什么东西，不同的人有不同的说辞。但说到底就是害怕了，恐惧了，想逃了。有些人会嘴硬，不承认这一点，判断他们真实的态度和选择，只要看他们当下是不是有所行动，这种行动是不是有价值的、有挑战性的。而有价值的行动，往往做起来不是那么容易，就是有挑战性的。这句话反过来更有警示性，做起来容易的也许没有什么价值。

当然，我们都是这么一步步过来的。成长，就是慢慢变强。不用着急，慢慢地坚定努力就好。今年遇到了同样的问题，选择了"结硬寨、打呆仗"，一点一点学习，这是迎难而上的行动，相信一定会有收获。越是大战临近，越要沉下心去、行动起来。做难事，才会有所得。

最后，祝你顺利上岸。

我是不是命该无编？（书信）

有同学来信如下：

夏老师：

你好！

三年公考失败了，其实距离面试结束已经两个月了，我一直还在尝试着自我消化。即使到了现在，虽然不会影响到我的日常生活，但是脑子里只要一想到这件事，我还是会很想哭，真的很不甘心。

第一年公考因为工科专业问题，可以选择的岗位寥寥，毕业没干一年便裸辞，直接冲了省会城市唯一一个"三不限"岗位，当时已经是千人岗了，但考得不错，在面试尾巴进面试了。面试表现很差，理所当然落败。

第二年公考，想着去年那个不错的分数，如果换个地方应该是断崖式的高分，所以还是选择了全职备考，选了相对不那么热门的地方。分数出来后跟我的预期有些差距，但仍然进面试了，面试拿了个中上的分数，总分折合差了零点几分。

这个时候，我跟家里人的矛盾就已经开始突显，整个人荡到了谷底，情绪反馈在身体上，就是身体不断出现这样那样的毛病。看了很多医生，喝了很多中药，好不容易养好了一点，11月底阳了。觉得免疫力又下降了，照了肺部片子没什么问题，但一直咳到今年3月。因为身体一直在调养，所以我也没去找工作，还是全职备考。其间也陆陆续续参加了事业单位考试，但分数一直不高，基本排在十多名，没进面试。

今年是第三次考公了，还是没什么选择，挑了不那么热门城市的"三不限"岗位。考试时碰上第一次智齿发炎，整个脸都肿了，咽口水都疼，其实有点不抱希望了。出榜的时候，看到分数，人一下就哭了，竟是我这么多年考过的最高分了。比我所报的岗位去年的上岸线高了八分，而且今年的题比去年的题难一些。我以为基本稳了，结果是第二名。肯定失望，但还是会好好努力准备面试，想着我这个分，分差不会太大。

面试抽到了下午场，倒数第八个，我的竞争对手在上午场。面试看到题后大脑发蒙，但还是努力答了，觉得发挥一般。出来问了大家，我的面试分应该还是下午较高的。碰到了我隔壁岗位的一个姐妹，是我当时纠结报的岗位之一，跟我报的岗位在同市区"三不限"，两个单位都是一样的性质，她是第一名，但笔试比我低了整整五分，面试成绩也没我高。更准确地说，我问了下午场的很多人，都是同一个区的"三不限"，但笔试分数基本比我少了五分以上。我报的岗位第一名是怎样的人啊？

结果出来的时候，我在床上瘫了一天，还是第二名，体检没进。有人跟我说，你这个分可惜了，我不是第一次听到这个话了，前年报千人岗的时候也有人跟我说这句话。跟我一起准备考试的朋友基本都上岸了，笔试最高的我反而留下了。朋友跟我说："要不你试试乡镇。"家里人跟我说："你是不是岗位选太高了。"可是我笔试的分数本来就该够了啊，今年我这个分即使放在省会城市的一些岗位，我也能进面试小围。

七分实力三分运气，我想三分运气我大概一分也没占到。我本来想着缓两天就好，那天跟爸妈开玩笑说："我可能没啥考试运气，我是不是命里无编？"我妈回我："整个人状态好了，运气自然而然就来了，看看你在家里的状态，还有跟爸妈说话的态度，遇见事不要总找其他问题，多反思下自己。"我绷紧的弦一下就断了，跟家里人大吵一架，收拾东西自己去乡下，跟外公外婆待了一段时间。

其间身体做了个手术。医生说要好好休息养伤口，爸妈也跟着跑这儿跑那儿的，大家都默契地不提那件事情。

某天给家里打电话，家里人说×××乡镇上岸了，好像又在暗示我岗位选高了，听我情绪不怎么对了，又说不是很懂考公这件事。我在电话这头眼泪不受控制地一下就流出来了。说实话，失败其实也还好，我能接受，我做得还不够好，我还不够努力，我还应该再进一步。但这次失败真的挺让我难受的，更难受的是身边最亲近之人的反应。

等这次手术恢复好，估计会找份工作，听说今年就业形势挺难，拿得出手的也就一张还将就的文凭。毕业后的第一份工作也跟我的本科专业无关，也不知道三年的空窗期后能找个什么样的工作，也不知道以后还会不会考公。三年的努力成空，想起每天早起刷题的日子，想起每天练面试的时候。这些天看了很多书，包括哲学的、心理学的、历史的，本来觉得自己不会再哭了，可是只要脑子里闪过相关的念头，眼泪就会不自觉地下来了。

算了，都过去了。祝夏老师工作顺利、身体健康。

人间枝头

以下是我的回复。

人间枝头：

一千多字，写了三年的公考经历，字里行间都是不易和艰难，我能理解。针对你的问题，我说几点供你参考。

第一，你其实运气挺好。好就好在，你有一对包容、支持、理性的父母。他们支持你全职备考三年，付出了不少的资金、情感和时间，却没什么怨言；有一点儿不同意见，也是小心翼翼地旁敲侧击，一看你有情绪反应，就又闭嘴不言。他们建议你考乡镇，也是想为你减压，看着你生病、失落，他们应该也挺痛苦，所以提出了这么个建议。况且，实事求是地说，考乡镇不失为一条有价值的建议。本来你考的就是"三不限"，想要一步到位上岸，难度确实堪比登天，退而求其次，也并不是坏事。不过，我想他们还是心疼你，不想你再折腾，才给你选了一条更加简单的路。这样的父母已经超出大多数了，你有这样的父母，是不是运气挺好的？

第二，参加工作是件好事。你自己分析，心情抑郁导致了身体连连发病，大概率是准确的。三年备考，分数很高，运气很差，屡战屡败，再加上你过于敏感的心和体质，我想接着全职备考是会出大麻烦的。你母亲说的是对的，状态不好不但会影响到运气，也会影响到身体。身体差了，运气也是好不了的。况且，你已经全职考公三年了，脱离社会太久了，这样下去人的能力是会退化的，甚至会产生更严重的心理问题。你需要工作，需要自食其力，需要交际，需要在完成一件件具体的事务中找回信心。"一张一弛，文武之道"，你工作了，身体反而会好起来。

第三，你会上岸心仪岗位的。这是我基于你自身情况所做的判断。如果你去考简单的岗位，可能很快就上岸了。但是你心气儿高，估计难以接受这么个结果，还会继续考城市的热门岗位。我说你会上岸心仪岗位，指的就是上岸这类难考的岗位。考公就是笔试＋面试＋运气。你的笔试应该已经过了质变的关口，只要不去瞎学申论，分数就会长期稳定在这里，这能保证你进面试。你的面试经过三年的折腾，应该也找到了门路，不过还没有登堂入室，没有成为"面霸"。这个问题好处理，你工作以后可以开始慢慢背我的逐字稿，安排一个时间上的提前量。而且在背诵中，你三年面试的积累会逐步融会贯通，面试也会突破到质变，相信下次进面试，会打个翻身仗。正是基于这个情况，我建议你工作。因为你接下来的学习，不再需要大量时间的投入，反而需要你多琢磨、多思考，适当保持状态。至于运气，按照你母亲说的去办，积极地生活，更加尊重体谅父母，用心地工作，你的运气就会触底反弹。

一切都是最好的安排。你不想再考，踏踏实实工作，也得积极乐观地生活，也得体谅关心家人。最后提两个小建议：一个是照顾好自己的身体，身体是渡劫的宝筏，不要为了考公而耗损；另一个是与人相处时多些钝感力，控制好自己的情绪，不要过于敏感。

公考上岸是不是范进中举？

我曾推送过一篇备考文章，是一个叫淼淼的女孩面对周围人的质疑，坚持几年成功上岸的故事。不少人留言（见图5-2）指责这是范进中举，指责其可悲。下面，我谈谈自己的看法。

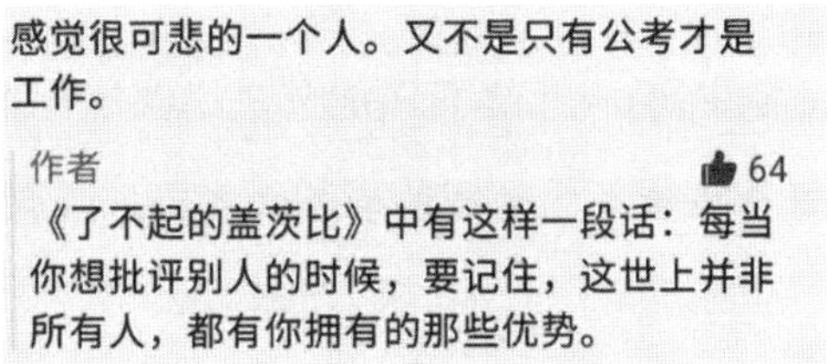

感觉很可悲的一个人。又不是只有公考才是工作。

作者　👍64
《了不起的盖茨比》中有这样一段话：每当你想批评别人的时候，要记住，这世上并非所有人，都有你拥有的那些优势。

图5-2　我对周围质疑声音的看法

第一，我从不认为公考是唯一出路，以前是这样的态度，现在依然一样。公务员只是一份工作，与其他工作并无不同。这些我不止一次提过。我的文章、音频、答疑中，没有忽悠过任何人。

我一贯的观点是：人只要不懒，总能吃一碗饭。相反，公务员责任大、加班多、压力大，竞争激烈，成长天花板明显，社会要求高，时时处处受到束缚，不自由、不新潮，循规蹈矩、枯燥平凡是常态。当然，公务员也有自身特色：工作稳定，收入稳定，发展稳定。而且，从另一种意义上说，公务员也可以说是没有天花板，个人再大的野心，也装得下。就是这样，有好有坏，并不特殊。公务员并不荣耀，荣耀的是努力工作的人。现在，我依然是这种态度。

第二，任何努力成长，不伤害别人，甚至让家人、周围人更好的人，我都对其满怀善意，愿意支持他，力所能及地帮助他。人有选择的自由，只要不伤害旁人，旁人又有何资格指责？有人进企业，有人继承父业，还有人混吃等死，也有人想进体制，只要不妨碍你，又何必站在道德的制高点，口诛笔伐，评头论足。

指责别人是范进中举，指责别人可悲，是缺乏理性、心有偏见的表现。我总觉得，人容易被语言带到沟里。比如，"范进中举"这个词，忽视每个人的具体情况，大帽子一扣，似乎自己就无限正确，别人就理屈词穷。这是一种语言的暴力，充斥着傲慢和偏见，伤人伤己，不易察觉。

很早以前，我就说，考试不只是考试，也是一次可贵的成长。希望你们的成长不要停，希望我的成长不要停。唯有成长，人才成其为人。

第三，有的人竭尽全力才能活成普通人的样子。近日，央行公布了《2019年中国城镇居民家庭资产负债情况调查》，前20%的家庭所拥有的资产占家庭总资产的63%，底层20%的家庭所拥有的资产仅占全部调查样本家庭总资产的2.6%。按照14亿人计算，就是说，前2.8亿人拥有的财富是后2.8亿人的财富的30倍。

也许，你出国旅游，来回机票10 000元，但是，另一个人却要考虑该不该花300元买张高铁票。你到外地考试住在星级宾馆，一晚上1000元，还嫌条件不好，另一个人却只有30元，去网吧睡一晚、要碗泡面就很幸福。

多年前，我到沈阳考试，走了很远很远的路，都没有找到便宜的旅馆，就找了家网吧睡了一晚。那晚我整夜都紧紧搂着包袱，难以入眠。这就是现实。了解这些，你又有什么资格指责别人可悲。

有的女孩子一出生就有无数个洋娃娃，有的女孩子上班挣钱后，买给自己的第一个礼物才是洋娃娃。隐形的差别更大，有的人就是聪明，随便学学，就能考上双一流大学，有的人竭尽全力也只能考个普通大学。

这就是人生。有的人中了出身的彩票，有的人中了基因的彩票。所以，《了不起的盖茨比》的这段忠告，才流传甚广。《了不起的盖茨比》中有这样一句话："每当你想批评别人的时候，要记住，这世上并非所有人都有你拥有的那些优势。"

身如蝼蚁，当立鸿鹄之志；命薄如纱，仍旧不改初心。一切有恒者，一切自强者，一切有勇气者，生活都会优待之。无论做什么事情，希望你不要忘记成长，一步一步缓慢前行。这是改变人生最好的方法。

第六章　新人的迷茫

刚入职，越努力越会被当作工具人吗？（书信）

有粉丝来信如下：

老夏：

我是学了你的面试后上岸的材料新人。我上岸的时候真的很开心，很多人都祝福我，我也觉得只要自己努力，前途就会很光明。

我在报到前被单位拉去干了两趟活，第一趟是做杂活，第二趟是写材料。我父母感觉很光荣。我一开始也很开心，但是又有点绝望。因为我只有申论写作经验，零工作经验，零材料经验，没有培训过，主任要求我大量且快速学习，速成笔杆子，还要兼顾各种杂活，比如所有会议的记录，这方面我也没经验，同时工作常常很急迫，需要在短时间内完成，我压力巨大。单位里特别缺写材料的。

我向同为体制内办公室的网友们吐槽，过来人的经验是，如果你完成得很好，那这个材料活就会一直由你负责，很惨。我同事知道我又打白工，予以了深切的同情。这些都给我的心情雪上加霜。

我目前最大的困惑是，我真的越努力越是给自己设牢笼吗？我不想这辈子就是写材料，我也是有野心想往上走的，但我又害怕我写得越好，做事情越积极、越努力，就越会被当成工具人，永远被放在那个位置。而且我只是个本科生，仕途是有局限的。

人有了希望才会有动力，现在我的希望被一点一点浇灭了。这次单位考进几个新人，唯独我还没报到就被两次拉去打白工。是不是因为我年轻，所以就该任意被差遣？

希望老夏能点拨我一下，我怕我老是想不开。

一个材料新人

以下是我的回复。

一个材料新人：

如果我猜得不错，你在新人中，一定有些不一样的地方，才会被领导安排在材料岗位，甚至没入职就提前介入工作。

比如，你是学文的，其他几个新同事是业务类专业。再比如，你的表达能力不错，给领导留下了较为深刻的印象。又如，你的某些学习、实习、工作经历，被领导认为值得向写材料的方向培养。也就是说，组织上选择一个人从事材料工作，如果不是无人可选，那么一定是精挑细选，至少也是下过一番功夫的。

实事求是地说，你写这几百字，逻辑较为顺畅，条理相对清楚，表达基本准确，这都是写好材料的基础，也就是说在能力上，你是个能吃这碗饭的人。回想十几年前，我刚刚进入单位，大概是比不过你的。如果我是你们单位负责材料的领导，也愿意给个机会，带一带你，看看能不能培养出来。当然，能力还不是最主要的，关键看你耐不耐得住寂寞，忍不忍得住枯燥。这才是核心竞争力。

在我看来，作为尚未入职的新人，你未进单位就被挑出来，是难得的机遇和肯定，这预示着你可能会在个人发展上先行一步。当然，如果你继续保持现在这种犹豫不定、纠结苦闷的状态，继续被一些莫名其妙的观点影响，这个机会就会与你擦肩而过。甚至一旦你被否定、被退回，几年之内都不会再有机会了。刚进单位，正是立人设的时候，一旦被领导认定为拈轻怕重、不积极、不主动、态度不端正，那就麻烦了。而且，这个人设标签会伴随你很久很久。

记得我在一篇文章中写道："年轻人刚到单位要先当态度达人，再当能力达人，最后当关系达人。"你现在想跳过态度达人、能力达人，直接当关系达人，这是极不明智的，也是基本做不到的。

人做任何选择都要结合个人的实际情况。天才可以不走就跑，但是我们在跑之前，要问问自己是不是天才。同样的道理，你可以理性评估自己一下，看看有没有资格，不用付出太大的努力，就能收获巨大的发展。在评估前，要抛弃一些特殊的运气过好的个例。就当自己运气一般、机遇一般，然后评估一下，你有没有那种不努力就成功的命。你想发展，那就问问自己，除了脚踏实地地工作，除了用工作成绩换取个人发展，还有没有其他的资源、本事。如果有，那你可以选择另一条路；如果没有，那你还是抓住眼前的机会，踏踏实实地干吧。因为很多时候，我们没有选择的资格与实力，这挺伤人的，却是事实。成年人要有接受事实的勇气。

现今的体制，在任何一个单位，材料岗位基本上都是核心、重要岗位，容易出人才。不是说到了这个岗位，就自动成了人才，而是经过艰苦材料工作锻炼出来的人，大多数变成了人才，所以他们发展也普遍较快。你想要发展，台阶已经到了脚下，就看能不能踩结实。再一个，人生那么漫长，机会又那么多，在还没有成为材料达人之前，先恐惧自己被捆在材料岗位上一辈子，只不过是杞人忧天罢了。你朋友那些被捆在一个岗位上多年之类的担忧，对我是有一定价值的，但是对你这样一个新人，我想是不合时宜的。

有这样一段话：走到十字路口，眼前有两条路，我知道正确的路是哪一条，但是我仍然朝着错误的路走去，为什么？因为正确的路太苦了。

是啊，太苦了。生活不是童话，你我不是主角。很多机会，需要用时间、付出来换。天上不会掉馅饼。至于面临的具体问题，说难也难，说不难也不难。简单来说，先要摆正姿态、拿出态度，扎扎实实做几件难事，写好几篇重要的稿子，让领导进一步认可你。然后趁着机会，坦诚地汇报工作任务太重，难以兼顾稿子和杂事，诚恳地提出请领导统筹下，将一些次要工作安排给其他同事。注意，这种涉及工作调整的事情不是一时半会儿能决定的，这就需要你用合适的态度，多次向领导提起。这里有个前提，你确实是在踏踏实实、认认真真地工作，你要求分出去的工作也是合理合情的。

你既然是学习我的面试方法上岸的，那么就该知道学习面试的方法。将这种方法放到材料上也是适用的，你最好的学习方法是一篇一篇分析以前的稿子，记忆提纲，揣摩结构，朗读文字，练习几十篇，就能迅速上手了。我写过一篇"怎样写好小信息"的文章，里面讲过这个方案，你可以去看看，做个参考。

至于你提到的多干了两次工作，我认为这不值一提。就像有一天，我们与恋人分手，大概不会记得给对方多买过两次盖浇饭，甚至为此愤愤不平。你也不要用什么"拉过去、白工、任意差遣、使唤"之类的词形容这件事，不值当，犯不上。这背后的潜台词是：

不要跟其他人比，尤其是不要在这些事情上跟一同入职的人比，格局太小了。如果我猜得不错，那几个同学中一定有人羡慕你提前到单位帮忙。希望你尽快调整，否则会中了腐蚀心灵的慢性毒药。

祝你工作顺利。

五年前，按道理你不该上岸的（书信）

有粉丝来信如下：

老夏：

我半夜三更焦虑得睡不着觉。五年前我参加事业单位考试，一次进面试，当时没有报什么面试培训班，找了一个体制内的老人帮我梳理了几个大体框架，练了四套题就直接上考场了。进了考场一拿到题我觉得好简单，张口就来，最后得了全考场第一名。

后来我又参加考试进面试了，有了之前的经历，我直到今天下午都是信心满满的，翻出以前别人给我讲的框架看了一下，就约了几个网友线上对练。

问题来了。轮到我答题的时候，我觉得题好难，框架完全套不进去，脑子一片空白，不晓得怎么回答，连一句完整的话都说不出来，三道题没一个答完整。当时觉得很羞愧。

后来我想，是不是因为五年前的题简单，而现在变难了？我翻出了五年前的真题一看，感觉好难，还是回答不出来，框架也套不进去。我当时是怎么回答的？我不知道问题出在哪里了，该怎么挽救。

一个在职考生

以下是我的回复。

一个在职考生：

你遇到这样的困难是合理的。实事求是地说，五年前你应该上不了岸才对。你却稀里糊涂、十分幸运地上岸了。时至今日，很难还原当年成功的原因，不过毫无疑问，你本人并不是决定因素。认清这一事实让人难堪，但有助于你正确看待目前的状况，所以这也不是件坏事。

人习惯在成功上自我归因。一件事成功了，不管有多少人提供帮助，也不管有多少难以复制的偶然因素，在当事人看来，事情能成主要是自己厉害。这种错觉是成长的阻力。正因为有了这样的错误认识，夸大了个人的重要性，导致一个人过度自信，以为可以复制这种成功。但是，生活会教会你真相，不再有第二次随随便便的成功了。我常说，一毕业就考上公务员不是什么好事，折腾一两年，认识到上岸的难度、生活的艰难，经过努力、失败、再努力之后上岸，反而是好事。这能让人更清楚地感知生活的真相。

前段时间，一个同学给我留言说，她妹妹考上了北京乡镇的选调生，没怎么费力。姐妹俩商量了下，放弃了，准备再战天津省考，想着北京能上岸，天津也能上岸。结果，天津失败了。这位同学给我的留言中，难过、郁闷、自责之情溢于言表。我劝她继续学习，还有更多机会。而且，年轻时吃个亏，不算坏事，这会让人更加冷静清醒，不至于太过高看自己。几天前，这位同学再次发消息说，她妹妹上岸了河北某个省辖市的市直单位。这个单位的条件待遇以及发展前景当然不如北京好，她们却没有再轻率地放弃，虽然心里有委屈，但还是准备先上班。我再次劝她，好好工作，不要有怨气，要坚持学习，静待时机。

简简单单得到的，人往往并不珍惜，太过容易的过程，会扭曲一个人的认知。就比如你，五年前随随便便的成功，让你从没有仔细思考过面试这回事儿，既没有总结成功的经验，也没有看到失败的风险。你把这一切当作理所当然，以为在面试上天赋异禀，随便学学就行，这种对自己的误判，对学习的轻视，当然会导致失败。生活对你不薄的，五年前你就该失败的，却侥幸上岸了。生活对你又是残酷的，让你沉浸在一场美梦中，五年都没有叫醒你。如果你早早地认清现实，在这几年里略微学一学，到现在面试应该已经真正成为你的强项了。

战战兢兢，如临深渊，如履薄冰。人是要有敬畏心的。敬畏失败，失败让我们备受打击，却更加认清现实；敬畏成功，成功让我们志得意满，却可能摔更大的跟头。

那么，为什么五年后你什么也说不出来了。大的原因，当然是五年没学习，浪费了宝贵的战略期。小的原因则可能有三：

一是相比五年前，如今的你心里有包袱，总觉得自己应该出口成章、妙语连珠，事实却狠狠打脸了，现实与想象差距太大，所以开不了口。许多同学有类似的问题，这个需要你自己化解，最好的办法是调整心态，从零开始，一旦开口就说下去，即使自己听着恶心也要说下去，练过几次会好转许多。

二是你现在有了较强的判断力，对自己的要求更加苛刻了，没有了初生牛犊不怕虎的锐气。在单位工作几年，见多了各种场合，在心里有个想象出来的完美答案。五年前，你可能还会说大白话，现在如果说大白话，你自己就接受不了，别人的没学会，自己的又丢掉了，当然说不出来了。

三是五年前的框架可能跟你现在的常识不符。以前你不知道好坏，别人给个什么框架模板，你都十分相信，会严格按照那个框架答题，心里没有什么负担。现在不行了，你工作了五年，有了经验，明白了许多事情，对那些框架和模板不相信了，照着说觉得别扭，心中有不少疑虑，就更加说不出来了。

怎么办呢？我劝你放弃不切实际的幻想，老老实实地学习，一道一道掌握题目，总结、思考、练习，一步步往前走，如果面试时间在十天后，你还是有机会的。每当你答题遇到问题，可以再去看看"答题束手无策"那期视频。学习了不上岸是意外，不学习上岸了也是意外，记住这一点，会让你保有信心和谦卑。

祝顺利上岸。

要不要辞职再考？（书信）

有人在"答疑教室"提问：

夏老师，我是二十八岁才入职的异地乡镇公务员，待遇比家乡差了很多，工资三千元出头，离家五十千米。我在"取消录用再考"和"五年后参加遴选"间纠结。取消录用可能会影响以后考公，辞职考家乡老师又需要从考教师资格证开始。继续坚持五年，可以参加遴选时已经三十三四岁了，把握又不大。现在感觉很痛苦，可以请您指点一下吗？

以下是我的回复。

人的大多数痛苦，来自欲望和贪婪。大多数时候，我们把注意力集中到失去的、未得的，却很少为得到的、已得的而欢喜；我们把注意力集中在过去和未来，却很少真正关注当下——关注当下拥有的，珍视当下拥有的，从中体会价值、感动、欣喜、宁静。这就是我想说的话。想一想你一步步通过笔试、面试、体检、政审，想一想你当时的心情和状态，体会那时你是如何看待这份工作的，你会清醒许多，你会从负面情绪的泥潭中爬出来。这就是不忘初心。

也许，就在此时此刻的某个角落，有人还在为失去你所拥有的工作而郁闷、遗憾、后悔。人往前走是需要能量的，自己拥有的，哪怕是微弱的，也是难能可贵的。别人有火炬，但那是别人的；前方有灯光，但那还不是自己的。手中拥有的光，哪怕是一粒小小的火苗，也要放在手心呵护，让它长亮不熄。"星星之火可以燎原"，燎原之火距离我们还太远，唯有眼下的星星之火是我们的。

当然，我们都是普通人，你的困惑、痛苦是正常的。我并不是在指责你，只是想让你正视当下拥有的。有了这个基础，你才可能改变现状，追逐更好的、更远的目标。

我们往往小看五年对一个人的改变，小看一个人成长五年可以达到的高度。从某种意义上说，一个五年就是一个人的一辈子。自从我在公众号写下第一篇文章到出版我的第二本书，也仅仅有五年时间，而这其中的变化是我难以预料的。想想二十三岁，你在干什么，再看看二十八岁，你又在哪里，这五年难道你一直在原地吗？在这将近两千天中，你遇到了许许多多的人，干了许许多多的事，遇到一个又一个机会，迎来一个又一个转机。你哪怕什么都不做，周边的环境五年间也会发生巨大的变化。所以，不要用静止的眼光看待这一切。你的生活不会一成不变，只要你愿意，就会发生翻天覆地的变化。你要有信心。

眼下，我有两条建议：

一、如果你留下来，那就踏踏实实干好工作，慢慢提升能力，勇敢热情地观察四周、寻找机会，一步一个脚印往前走。五年后，你会宁静而有力量，你会满意那时候的自己。至于那时是不是要参加遴选，只是个微不足道的问题。

二、如果你要辞职，只要打定主意，也不妨去做。现今考试制度是公平的，只要你付出足够的努力，几年之内也会达成目标。当然，考试不是你要面对的主要压力，外在的压力才是。所以，这注定是一条更难走的路。

那些正奔波在考试中的同学，在报考之前，也要多衡量，有些事情落子无悔，一旦做出选择，再掉头挺难的。所以，不妨再慎重些。

当走到十字路口，大多数时候，我们是知道该走哪条路的。只不过我们恐惧，恐惧吃苦、流言、失败。我们要做的是每天进步一点点。只要我们做好三四月的事情，八九月生活自有回馈。

到新单位需要做些什么？

有同学问我："刚到一个新单位，该做些什么？怎样迅速与同事打成一片？"

还有同学问我："刚上班，人也不熟，每天就是低头干活，有时候还会吃亏、被误解，该怎么办？"

下面，我说说自己的意见。

第一，不要着急。做任何事情都不要着急，着急不仅于事无补，有时候还会忙中出错。作为新人，不管是交朋友，还是干工作，都有个过程，不要想着三两天就会有大的改观。你在观察新的环境，别人也在观察你，不妨多给大家点时间。我觉得，半年左右就可以较为舒服地融入单位，也基本熟悉自己的工作了。这个时间可能长些，也可能短些，不用太过关注，这是水到渠成的事情，无所谓好坏优劣。我一般需要大半年左右的时间才能适应新环境，比一般人慢一些。还好，还好。

第二，做好分内工作。记得我刚到单位时，另一个科室的领导经常让我帮他做些事情，如整理表格、排版材料、修修电脑。我每次都乖乖地帮忙，有时候上班也会过去帮忙。一段时间过后，我的直接领导不高兴了，说了我几次。最开始，我不是很懂，后来才慢慢明白过来。每个人都有分工，首要的是做好自己的分内工作。对其他人的、其他科室的工作，你干多了显得自己闲，干习惯了再拒绝又会得罪人，直接领导还会不满意，是真正的卖力不落好。所以，到了新单位，关键是干好分内的工作，干好直接领导安排的工作。其他人安排的事情，尽量请示直接领导。这是个小规矩，最好遵守。要不然，总会惹出些麻烦。

第三，有主人翁意识。我身边也有几个年轻同事，我在跟他们交流时经常说：单位像个家，得有主人翁意识。这不是假话、虚话、套话，而是真心话。我也是工作多年后才悟到的。在家里，你看到油瓶倒了，你会扶起来；在单位，你看到门没锁，你就锁上。主人翁意识就是这么简单，说到底是一种责任和担当。不管在家里，还是在单位，甚至是企业，这都是一种必备的品质。当然，这其中也要把握好度，与第二条放到一块理解。把工作当成自己的事情，才会慢慢成为工作的主人。

第四，把活儿干好，不要抱怨。自己的工作要干好，哪怕坐的是冷板凳。不被理解、不被认可是正常的。尽心尽力把活儿干好，学到的本事是自己的，别人拿不走。即便暂时没有得到认可，事情依然会向着好的方向发展。少抱怨，最好是不抱怨。如果真的忍不住，那就写写日记，在日记里发泄。抱怨会腐蚀进取心，让你陷入嫉妒、怨恨等负面情绪的泥潭不可自拔。要始终抱着积极的心态看你所拥有的，想想最开始得到工作的那份喜悦，想想当时立下的誓言，这就是不忘初心。你只管努力，功到自然成。当你无力改变时，那就勇敢积极地接受，默默地积蓄力量，直到你能改变的时刻到来。

其他的还有很多，但是最关键的就这几个，不着急、慢慢来，总会好起来的，没什么大不了的。

到新单位总是被轻视怎么办？

有同学来信问我，他到新单位以后不受重视，每次提出意见，别人都不怎么接受，还用怀疑、轻视的目光看他，他感觉受到了打击，有些憋屈。从小到大，他都是人群的中心，读研时老师也十分看重，同学更是尊重。现在这么大的落差，他有些愤怒，难以控制情绪，几次差点与同事发生冲突。这到底是怎么回事？是他做错了，还是同事排斥打压新人？他该怎么办？

有个小和尚发现，师父对待拜佛进香的人态度不一样，就请教道："师父，您有时对人彬彬有礼，有时又毫无顾忌，这里面有什么玄机？"老和尚说："对待上等人宜直指人心，可打可骂，以真面目待他，因为他并不在意外人看法；对待中等人要讲分寸，最好通过隐喻委婉地提醒引导，他比较敏感，受不了打骂；对待下等人要面带微笑，双手合十，他很脆弱，心眼小，只配用世俗礼节对待。"

这里且不说故事的真伪，我们先扪心自问一下：自己属于哪一等人？我应该属于中等偏下的人，面对别人的提醒，哪怕是善意的，有时候心里也会不舒服，觉得受到了冒犯。如果对方态度不好，我更受不了，几句话就可能发生冲突。当然，这几年稍微好一些。这位同学估计与我差不多，分外敏感，渴望得到尊重，更受不了别人的轻视。但是，先不说是不是我们草木皆兵，把别人正常的拒绝、否定当作故意针对自己，就说过于看重他人对我们的评价、看法，恰恰说明我们在修养上还有很长很长的路要走。简而言之，这位同学与我一样，心眼儿都不大，所以才会总觉得被别人轻视、针对。

用心理学的方法分析，下等人的自尊来自外界，上等人的自尊来自内心。我们要做的就是强大自己的内心，对自己有客观公道的评价，久而久之，不过于看重外在评价，这样才能走向成熟。

其实，我们受到轻视是正常的，提意见不被接受更是常理。某年，一位北大高才生入职华为公司，没过多久，这位新员工就公司的经营战略问题，给总裁任正非写了一封"万言书"。他原以为能得到肯定和赞扬，没想到结果却出乎意料。任正非看了这封"万言书"后，批复道："此人如果有精神病，建议送医院治疗；如果没病，建议辞退。"任正非不仅没有赞扬这名新员工，反而是毒舌讽刺，怀疑他有精神病。

同理，一个新人刚进单位动不动就提意见，别人也会觉得他有毛病。面对一项复杂的工作，新人一眼看出了问题所在，这是正常的吗？其他人都是傻子吗？也许在新人看来有不少欠缺的方案，却是在反复权衡、讨论、实践后，才找到的兼顾各方、务实管用的最佳方案。这时候新人轻率地提出"正确意见"，别人会怎么想？而且，一个没有证明过自己工作能力的新人，别人怎么可能听？领导对其置之不理是常理，觉得有毛病也是正常的。所以，初来乍到就要有个初来乍到的样子，以谦恭的心态，规规矩矩、老老实实做好本职工作才是正理。

总之，不要把自己看得太重。

我是不是太没用了？（书信）

有粉丝来信如下：

老夏大哥：

我是一个在职妈妈。今年省考进面试了，然后报了个面试培训班，参加了面试班才发现面试实在是太痛苦了。我们的面试模式是无领导小组，这对于我一个内向的人来说，实在是太难了。于是，从培训的第五天开始头疼，还长了白发，就是学不进去，一到训练时间就想哭。

现在结课了，还有一周面试，每天看不进热点的书，也不想去线下约人练，晚上做梦都是答题抢话，头每天都很疼，目前的状态是勉强可以发言到六次，但是不带推进，只是输出了观点。我觉得异常痛苦，我是不是太没用了？

琪琪仔

以下是我的回复。

琪琪仔：

有时候，我们会把暂时的小问题想得比天还大，其实那大多是幻觉。我也有这样的遭遇，而且因为性格敏感，比你更加严重。明明是一件具体事情没有办好，本来只要就事论事，分析失败的原因，下次调整应对的策略即可。但是，很多人容易被困在事情里面，觉得自己这也不行，那也不行，甚至全盘否定自己，产生强烈的挫败感，给自己带来伤害。

约朋友吃饭，朋友来不了，就觉得自己处理不好人际关系；学面试遇到困难，就觉得自己太没用。这些都是不客观的评价，加了太多内心戏。我想说的是，有问题解决问题，不要上纲上线。做到这一点并不容易。但是，也得朝着这个方向努力。

很多人对自己要求极为苛刻，把自己的神经绷得太紧，好像随时会断掉的麻绳。神经越绷得紧，人越容易出问题。人越对自己要求苛刻，越难以如愿。这么多年，我深刻认识到自己只是个普通人，有的东西擅长，有的东西却怎么学也学不会，我就是存在短板。我已经接受了这一点，不再跟自己较劲，为难自己做什么补齐短板的工作。我现在把更多时间和精力花费在加强长板上，这才是正确的人生策略。

我不善交际，在人群中谈笑风生，对我是一种煎熬。现在，我就很少去那种场合，去了也很少说话，说话也不强求必须说得好。我会找几个朋友私下聚会，几个人我还应付得来，我觉得挺好。你提到，你只会发言，不会推进。那么你就好好发言，围绕题目真正解决问题，提出自己的意见和建议，每一次都真诚、切题、务实，这样也挺好。

我知道，有些人把参加无领导小组面试的人分成好多角色。现在，我没空搭理他们，只想先吐槽一句，那都是等而下之的技巧。考生要做的就是提出真正的解决方案，提出行之有效的意见和建议。除此之外，都是舍本逐末。

人要学会实事求是，立足于当下解决问题。这需要我们清醒地认识自己，不要沉浸在想象之中。我们不能有完美主义的幻想，想象着自己侃侃而谈、纵横捭阖，一开口就把考官的注意力吸引过来，发言一结束周围就发出一片赞叹之声。我们做不到就是做不到，这没什么大不了的。但是，我们可以做些力所能及的事情。只要抛弃完美主义的幻想，打破对自己不切实际的要求，我们的心就会安静下来。这时候，你再分析自己能做到的，一件一件地做，一点一点地进步，才是做事情的方法。

在我看来，你现在有些急于求成，想一下子达到某个臆想出来的目标，脱离了自身实际，所以才那么累。也许，你不是学不进去，只是无法接受自己的无能，无法接受自己与别人的巨大差距。但是，事实就是如此，接纳自己是成长的第一步。你"千疮百孔"的身上藏着未来。加油吧，姑娘。调整一下心态，一件事情一件事情做，能做多少做多少，为宝宝做个榜样。

最后，说两句题外话。最近，我深感生命的脆弱和无常，陷入难以言表的悲伤中。这让我感到，世上除了生死无大事。麻绳多从细处断，厄运偏寻苦命人。希望我们都能珍惜此时此刻陪在身边的每一个人，珍惜每一顿粗茶淡饭，珍惜那些普普通通的亲戚朋友，珍惜当下这个平凡的自己。

爱情不被父母认可，该怎么办？（书信）

有粉丝来信如下：

夏老师：

打扰您了，知道您很忙。心情不好时就会到公众号看您的文章，每天上班下班都会在喜马拉雅上听您的音频。

我父母都是农村人，不同意我和男朋友在一起，并因此经常骂我。男朋友虽然学习不是很好，但也很上进，为了有份编制，考上了教师，公务员考几次没考上，但仍在坚持学习。最近这段时间我真的很痛苦，晚上一个人哭，白天擦干泪水继续上班，还得偷偷学习刷题。父母觉得供我上大学，最后考上教师，以我的条件在我们本地能找到更好的对象。他配不上我。

我俩相恋十年，他家里条件不是很好，在市区有套旧房子，父亲去世得早，家里只有他、母亲、奶奶。我们在不同的城市，现在都考上了教师，相隔着130千米。我想考公，就是想到他所在的那座城市。我是瞒着父母报名的，他们不让我考。现在快省考了，我不知该怎么办，这段感情也不知道该怎么走下去，很为难，很痛苦。请夏老师为我出出主意，我一定认真接受。

一个边写边哭的大龄考生

以下是我的回复。

一个边写边哭的大龄考生：

你好。

首先我想说，你的做法是对的，不管是选择现在这位男朋友，还是继续考公务员，都是没有错的。

你的男朋友与你相恋十年，虽然家庭条件不好，但靠着自己的努力，有了稳定的工作，还在继续考试，说明有上进心。更重要的是，他没有什么坏毛病，至少你没有提到。比如，他不赌博，不暴力，没有出轨，没有随意借贷。选择另一半，这些才是雷区，如果对方有这些毛病，我也会劝你们分开。至于穷一点儿，反而不是特别重要。只要两个人彼此喜欢，保持上进心，愿意吃苦，一起努力，生活总会好转。

现在，你的父母看对方是个穷小子，便逼你离开他，逼你在本地找个人嫁掉，是他们做错了。你也是老师，对事情有基本的判断，想明白这点并不难。但是，反对者是父母，开口闭口"养你这么大"，面对这种道德绑架，你就容易怀疑自己，拿不定主意。所以，我要明确告诉你，你的选择没有错。同时，你的父母反对你考公务员，其实与反对你跟这个男生在一起，是同一个问题。你选择考男朋友所在城市的公务员，潜意识也是在反抗父母的安排。既然选择这位男朋友没有错，那么你愿意付出努力，解决两地分居的问题，我也是支持的。

当然，我做出这个判断，是基于信中提到的信息，如果实际生活中，男朋友真有大毛病，那么也不用留恋十年的感情，痛快分手才是好的选择。毕竟，有些问题是解决不了的，有些坏毛病也是改不了的。这是我的经验之谈，也是对你的忠告。

而且，在你的信中，没有提到男朋友当前的态度。解决你们的问题，不能只靠你一个人，他也要有坚决的态度和具体的行动。这点你也要留意观察。"易求无价宝，难得有情郎"，男朋友对你好不好，你内心深处是明白的，这点你也要做出判断。

你的另一个问题在于，你的想法没有得到父母的支持和祝福，你爱他们，也愿意听从他们，但问题是他们的意见真的违背你的本心，不符合你的价值观，所以你十分痛苦纠结。情感上，你觉得父母不会害你，应该听从他们的安排；理智上，你觉得他们的想法是错的，你不想那样过下半辈子。这就是冲突的地方。生活是复杂的多面体，每个人只能看见一个侧面，只能基于自己的经验做出判断。你的选择是对的，并不代表你的父母就完全错了，从某种意义上说，双方都是对的。这就是生活，它是复杂的。

这里有两句话送给你，一句话是：小杖则受，大杖则走。这是古人的智慧，就是说：当父母用小棍子打你的时候，打两下也不疼，那么就受着；如果用大棍子，那么就逃走。你现在面对的就是大杖，应该做出更加巧妙的应对，否则吃亏的是你，是你的父母。另一句话是：听取多方意见，但要独立自主地做出决定。你父母的意见，周围朋友的意见，包括我现在说的话，你都可以参考，但是决定还是要自己下。这才是成熟自立的表现。

一旦打定了主意，剩下的问题就是见招拆招，"逢山开路遇水搭桥"，积极地应对。比如，你父母现在经常打击你，说难听的话，泄你的气。我建议你暂时跟他们分开，你也是老师，有一定的收入，住校或者在学校旁边租房子，都是可以的。与父母沟通这件事时，也不要说其他的，就说工作繁忙，近期需要经常加班，来往不方便，这样既不会撕破脸皮，也能给自己争取到自主的空间。

至于其他的问题，你也不要怕，一个一个解决，总能找到出路。虽然面临的情况恶劣，但是远远说不上山穷水尽，你还是要振作起来，勇敢地面对。

加油，祝好！

如何说话时少犯错？

有人曾向我说出自己的苦恼：刚步入社会不久，单位中很多人是有心计的。自己说错话，担心以后考上公务员，政审时他们会对自己有不利影响。可是真不懂怎么说话，是应该少说话，多看别人说话做事吗？感觉还是要试着学会说话，不然到关键时刻都不懂说话。

我自己又何尝不是如此？大女儿一出生，我就给她起个小名，叫作"讷讷"，希望她少说话，多做事。可惜，她不喜欢"讷讷"，也就没有叫开，可怜老父亲的良苦用心。

我就是个话多的人，说话容易得罪人，有无数次，我反思痛骂自己，但总是管不住嘴。唉，今生我的成就想来不大。据说，大人物都惜字如金，我却做不到。后来，我就做了一个桌面：多言数穷，不如守中；君子欲讷于言而敏于行。上面是老子的话，下面是孔子的话，二位老先生想必也曾深受话多之苦，不然不会有这么深的领悟。

话多确实是毛病，但这个毛病大家都会有，不必过于在意。近来，细读曾国藩日记，他三十五六岁，已经贵为副部级干部时，在日记中也经常反思自己说话太多、说话不诚、说话得罪人，而且频率十分之高。比如，今天，朋友一起吃饭，大家都不说话，只有我一个人大呼小叫；今天，跟几个青年才俊聊天，我评头论足，他们一定会怨恨我的；今天，有不熟悉的人来拜访我，我弄得好像斩鸡头喝黄酒的兄弟一样，这都是装样子；今天，有老朋友来拜访我，我却拿腔拿调，有些过于骄矜，这不是对待朋友的道理。

三十到四十，十年之间，曾国藩都不曾管住他那张嘴。他几乎一直在反思，絮絮叨叨，隔几天就痛骂自己一顿。这个立誓做圣贤的人，一生都在修身律己的人，都管不住自己的嘴，更别说我们。所以，说不好话是正常的，这几乎是每个人都会犯的错，没有什么大不了，也不必自责过甚。

我在年轻时喜欢发惊人之论，无非是想吸引他人的注意力，成为众人的中心。这是自卑的表现。因为担心不被认可，所以故意说出惊世骇俗的话，仿佛这样就能赢得认可。而且，我说话直接尖刻，总爱开别人的玩笑，众人哈哈一笑之后，就又结了个仇人。真是不堪回首。

对这个毛病我以前认识不深，反而有些沾沾自喜，现在想来羞愧得无地自容。那时候喝过酒，更是放开一切束缚，找各种各样的人倾诉，狂笑，嚎叫，痛哭，愤怒，不一而足。后来，我有了工作和事业，有了越来越多的自信，就不再那么迫切地希望得到认可，说话就开始变少，也趋向平和。

这是生命中的痛，也许大多数人都要走上一遭。在最开始登上舞台时，我们渴望掌声、欢呼声，有些倒彩也是好的，那证明我们在这里。

说话少等于会说话。

沉默是金，尤其对于年轻人来说，说话缓慢是沉稳的表现。如果你注意观察，谁说话口无遮拦，或者动辄滔滔不绝，那么一般都没有威严。依靠说话获得认可，更是一种妄念。想要不犯说话的错，最好的办法是憋住，少说话，慢慢说。

踏踏实实做事情，是更好的人生策略。

干看别人受提拔，自己该怎么办？

答疑空间收到一个问题，内容是关于不少同学面临的困境，很有借鉴和警示意义。因为涉及不少具体信息，出于保护提问者隐私的缘故，我就匿名转述了。大意是：

A同学是某县引进的高层人才，事业编制，在某常委部门工作九年。她已婚，家庭稳定，但夫妇二人都不是本地人，在提拔方面受到歧视，同时或者稍后进入该部门的不少同事，纷纷获得提拔，唯有她纹丝不动。

每次其他人被提拔后，单位领导都要做她的工作，认可其能力和工作，但是身份限制，爱莫能助。近期，又一批人得到提拔，A同学心中郁闷，找领导汇报，领导还是老一套说辞。A同学想要重新考试，但是年龄已经很大，担心白辛苦一场；想要辞职回老家干些事情，又觉得没有一技之长，下不了决心。

这大概是许多人的问题，发展无望，辞职没有勇气，恨自己无能为力，又要为生活忍受下去，何去何从？我是这么回答的：

这个常委部门没有尽力。虽然你是事业编制人员，但是县区事业编又不是不能提拔，也可以通过提拔副科转成公务员身份的。这点各地虽然不一样，但是我不信你所在的县没有先例。

你打听一下，特别是常委部门的，看看有没有例子，他们是如何解决身份问题的。不过，从你们领导的态度来看，他们更多是利用，不想付出。嘴上说得再好，没有实际行动等于零。组织的关心和重视不一定通过提拔体现出来，但至少要对同志的成长负责，否则就是不负责任。

你有一些负能量是正常的，你的牢骚也是正常的。任何人处于你的位置，心态都不会平衡。那些说风凉话的人，只不过没有经历过。你还能做自己的工作，想要扭转这种负能量心态，我觉得已经很不错。不用太介意他人的看法，也对自己宽容些。

人归根到底还是得靠自己，所以，我建议你考出去。虽然年龄已经很大，但是还有几年时间，好好复习，考一考，成功了最好，不成功也不后悔。天上不会掉馅饼，靠他人来拯救的人没有未来。考试不是苦役，而是难得的机会。我们应该感谢考试，这是一个相对公平的机会。

你得给所在单位一些压力，告诉他们你要考走。大明大亮找领导，说自己发展无望，别人都用异样的眼光看你，再干下去也没有出路，对单位没有归属感，所以要考走，希望领导支持。这就是试探，看看他们会不会替你考虑。如果他们承诺给你解决级别问题，那么你还可以干下去；如果不解决，你就要真的自谋出路。

回老家做些事情也挺好。不过，那是你努力之后的最后选择。你要在最后两年做好准备，一方面在所在单位努力，看是否可以获得提拔，有无发展前景；另一方面在考场努力，看能不能杀出去，"天高任鸟飞"。如果二者都失败，回乡创业才是最后的选择。反正老家又不会跑，迟一两年没什么。

至于你说的没有特长，现在培养也不迟。三年就足够打造一项谋生的特长，没有什么大不了的。

加油吧。祝好运。

A同学又在我的回答后留言，说了另一件事，大意是：她原来有机会解决级别、转换身份，不过要到乡镇，但是忧虑去了就回不来，再加上周围人的劝说，所以放弃了那个机会，现在想来十分后悔。

这也是年轻人容易犯的错。

很多同学总是这样，他们不明白，生活不是直来直去的，实现目标也不是一蹴而就的，不能有完美思想，或者全要，或者不要。很多时候，我们需要先要一半。至于另一半，也许永远都不会有，但是至少有了一半，也比做着春秋大梦，最后却一无所有强。

我父亲有个朋友，前段时间来向我求助，他的事情复杂，牵涉方方面面，但基本脉络是这样的：

他以前是干工程的，有人欠他二十多万元的工程款。这二十多万元简直要了命，所以他一直追着要，想尽办法要，但是对方就是不给。后来，对方被追得没有办法，就说：我给你十万元，剩下的你就不要再要了，真的没有了。父亲的朋友想也没想就拒绝了，结果到现在，他一分钱也没有收回来。

这就是生活，拿到手里的才是你的，否则只是个数字，只是个幻影。但是，很多人缺乏经验，做出错误的选择，于是竹篮打水一场空。记住，只有拿到手的才是你的，否则说得再好都跟你无关。

在单位工作也是这样，上台阶就是上台阶，哪怕上半阶，那也是上。绝对不能有求全完美的思想。要知道，世上的事情不如意十之八九，这是生活的常态，我们得接受这点才行。

而且，这世界一切都有代价，想要获得必须付出，去乡镇是苦，但那是个人发展要付出的代价。不想付出代价，也就意味着没有收获。考试苦，但是不考试也就不会有机会改变。掌握技能苦，但是不掌握就没有另外选择的余地。

这就是生活要教会你的。

如何让原来的领导喜欢自己？

一个人，当然不能让所有人满意。

人得意识到这点，并将其当作为人处事的前提条件，只有这样才能看清、看懂许多事情。

一棵小草的根芽，外界一丁点儿变化，就可能要了它的命。一棵枝繁叶茂的凌云树，狂风骤雨也只视若等闲。

人在年少时，敏感而多情，稍微有一些风吹草动，心里就是地动山摇。经历得少，见识得少，自食其力尚且做不到，抗风险能力自然是极差的。

人们都说，中年男油腻不堪、反应迟钝，这是缺点，但也未尝不是优点。面临人际关系问题，"小可爱"和"油腻男"的处理方法就大不一样。

如图 6-1 中的这位同学，可能刚进单位，犹如一只刚搬家的小猫，警惕地观察四周，有一点儿声响就能跳起来。这不是缺点，只是必经的过程。这时的他还敏感，正处于花月春风的年龄。我是十分羡慕的。

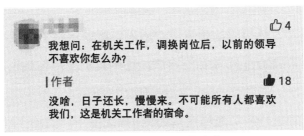

👍4

我想问：在机关工作，调换岗位后，以前的领导不喜欢你怎么办？

|作者　　　　　　　　　　　　　　👍18

没啥，日子还长，慢慢来。不可能所有人都喜欢我们，这是机关工作者的宿命。

图 6-1　一个年轻人的留言

这个年龄段的年轻人，十分在意人际关系，想与更多人交朋友，羡慕游刃有余的人。他们关注周围每个人的感受，幻想把关系处理得妥妥当当。我刚入单位那会儿也是这样，为了让别人满意，没日没夜地加班，昏天黑地地应酬喝酒，受了好多内伤。

这错了吗？当然没有，我们只是还有些单纯，还有些可爱，还有些赤子之心。

随着年龄渐长，见识得多了，人慢慢地变得不再敏感，不再那么掏心掏肺，不再那么小心翼翼，不再那么喜怒形于色，越来越皮糙肉厚。经过生活和工作的磨砺，吞冰啮雪之后，自然知道如何面对这个世界。

现在，如果遇到点儿人际关系问题，我是不在意的。遇到不着调的人，更是不怕得罪。我不奢求所有人满意，也不关注太多人的看法，这样做不求什么岁月静好，活得也不是十分轻松自在，却爽爽利利。

现在，将有限精力放在最重要的人身上，放在最重要的事情上，我不想成为八面玲珑的人际高手，也不想与形形色色的人勾肩搭背。我跟同事的关系好比隔河相望，默默不语，心下自知，不用过远，也不必过近。一起共事，把事情干好，已极为难得，非得处成亲密无间的朋友，我既没有这份兴趣，也没有这个妄想。

人和人是不同的，我是个普通人，所以这样为人处事。非同寻常的人，自有非同寻常的方法，这个我不懂，也见识得少，就免谈吧。

我一直想，我是怎样变成如此的？刚入职场的同学如果琢磨透，应该有些用处。后来，我发现，这个事情真的急不得，得慢慢用力。

首先，你要有点儿硬功夫。你得成为业务上的行家里手，成为工作中的骨干精英，这是你立足的基础。有了硬功夫，你的命运在某种程度上才能为你所左右，你才能最大限度抵抗风刀霜剑。

其次，你要有点儿真性情。不要在人际关系上下太大功夫，生活和工作中有许多有趣的事情、值得相守的人，把时间和精力放在这里，活得真切实在些，活得爱憎分明些，该哭就哭，该笑就笑，该怼就怼，该无视就无视，这样不会折磨自己。

最后，你要有点儿小城府。与其精巧，不如朴拙。踏踏实实工作，其实就是最深的城府、最好的铠甲。少说话，也少听些话，说话慢一点，做事慢一点，想清楚再说，想明白再做，慢中少祸，自能安然。

打铁还需自身硬。你若扎下深根，焉会惧风怕雨？你若洪炉烈火，自能熔金冶铁；你若是巨海长江，何患污泥恶水？

也许有一天，道左相逢，你已变得成熟，自当百毒不侵。只是可惜，那个敏感的小可爱已经消失不见，得失如何，唯有自知。

新人到了新单位，气氛沉闷怎么破？

单位新录取十来名政府购岗人员，分给我们室两名小姑娘。

她俩坐在两台电脑旁边，一天都没怎么动，眼睛盯着眼前的文件，直愣愣的。我能够感觉到她们的局促不安。

这让我想起了十年前的自己。

我走进那家县城的小单位，穿过长长的走廊，越往里走越觉得黑暗。旁边同事拍下手掌，灯才亮起来。这灯是声控的。这时心情才蓦地明亮一点儿。

一块儿被录取的有四个人，我们在楼梯转角处纷纷举目示意，分道扬镳。我不清楚其中的含义，只觉得很温暖。

办公室有十几平方米，摆放着三张大桌子，两竖一横，亲密地挤在一起。靠近门的地方，这边摆着一张老式白色电脑桌，那边立着一组文件柜。

房间内加上我们新来的两个人，一共挤着四个人。幸好领导在隔壁。

电脑速度很慢，Excel 运行得很不流畅，吓得人时不时就要点下

"保存"。

好容易熬过一天，一下班就左顾右盼，察看风色，看看大家都什么时候走，尤其是领导什么时候走。

迈着急促的步子离开单位，长舒一口气，终于重新体会到自由的味道。

陌生的县城，我一个人也不认识，但待在大街上也比闷在那个小房间强多了。

我沿着人行道走出很远很远，直到城市的边缘。二十六岁的大男人，有些想家。

慢慢地，与单位的同事熟悉了，发现大家都很好接触，以前不少内心戏都是自己想多了。

作为老大哥，给新人提几点简单的建议：

一、沉默啊沉默，这是必经的阶段。

最难以忍受的是沉默，好像局外人一样没有人理你。这时候不要疑神疑鬼，内心戏不要太多，最初的沉默是每个新人必经的阶段。

二、不要急于跟同事建立关系，急于跟其他人说说笑笑，更不要觉得眼前的沉默是你不善交际造成的。这跟你无关，这就是客观规律。

大家在观察你，你也在观察大家。最好的应对方法就是不多说话，不多做事，慢慢来，等一切自然而然找上你。

你终会游刃有余地适应眼前的环境。

三、享受这段难得的清闲时光吧！

一入单位到白头，俗世案牍不离身。

新入单位这段时光，你还没有具体的工作，是难得的清闲时光，好好享受吧。

四、不要怕没有活儿干。组织花这么大力气招你进来，不会将你闲置不用的。组织也需要测试和了解，安排工作也要考虑。一旦决定了，你就停不下来了。

不过，我在此提醒两句：

第一句，要高度重视刚入单位时领导让你学习的东西。这极有可能是你接下来工作的基础。

第二句，要高度重视安排给你的第一项工作。如果做不来，或者遇到困难，那就找个领导之外面善的同事指点一下，他们一般都非常乐意帮忙。

五、不要着急，再看一看。

眼前的一切跟你想象的可能差别很大，不管是吃的、住的还是干的，你都不满意。

你觉得自己要改变这一切，甚至准备辞职重考，那么我建议你不要着急，辞职也好，发飙也好，这些事情随时都可以做。

但很有可能，你看到的不是真相，你体会到的也不是真相。涉及工作的事情，还是慎重些好。

镇之以静，其德自生。也许，过一段时间你就能够更加平静理性地看待眼前的一切了。

况且，这世上不是什么事情都是串联去做的，有很多事情可以并联去做。A 和 B 可以同时做，这样风险更小，也是对自己负责。

六、上台阶总要上去一个，再上下一个。如果受些委屈，就想跳下去重新来过，下次一下上两个台阶，那就有些小孩子气了。

以上这些话看着可能有些消极，但我琢磨世上的事情，有些积极应对好些，有些消极应对好些。有时候消极才是积极。

总之，你需要给自己些时间，给大家些时间。

岗位无意义怎么办？（书信）

有粉丝来信如下：

夏老师：

你好！记得从刚开始备考就关注夏老师的公众号，公众号里字字句句都透露着夏老师的真知灼见。

我是一名刚入职机关单位一个月左右的新人，前两周在一个比较清闲的科室，最近在单位中可以说是最忙碌的科室了。一起进来的小伙伴工作不是很忙，可以准点上下班。我刚来忙碌科室的第一天就加班。大家的工资都一样，这让我感觉到没有干劲。我从刚开始喜欢上班，到现在不想上班，拒绝上班，内心的感受不可同日而语。

在考入机关单位之前，我内心是有干到退休都是科员的准备的，但是忙碌科室让我感觉到失望，而且忙碌科室主要是基础的统计工作，时间线紧，跟大量数据打交道，软件还不够智能，涉及较多的手工录入和人工比对，让我怀疑这个科室忙碌的意义。有新进来的小伙伴比较清闲的工作做对比，我认为忙碌不代表晋升，忙碌不代表多劳多得，因此我十分抵触这份工作，还没有干满一个月就已经非常疲惫。

特别想问夏老师，如今的我应该怎么做？也有上一届的新人，因为在忙碌科室做得不好，被调到清闲科室去的。目前的我成为"45度青年"——躺不平卷不动。父母说忙碌肯定会有收获，但是我想未必，基础性工作的忙碌耗费精力，让人无暇顾及许多反思反馈和行动。如何在机关单位的忙碌科室自洽？希望夏老师能给我些建议。谢谢夏老师！

躺不平卷不赢的新人

以下是我的回复。

躺不平卷不赢的新人：

这大概是许多新人都会遇到的问题，到底该以怎样的心态面对呢？又该如何处理好工作、生活与自我的关系呢？说实在的，这并不容易。即便是我，现在偶尔也会产生种种负面情绪：或者是意义感缺失，或者是人际关系危机，或者是不被理解的失落，或者是区别对待的不平。你我都不是圣人，当然做不到心如止水。情绪有波动是正常的，甚至暂时想法出了偏差，行为有了问题，都是可以理解的，对自己不用过于苛刻。

收到你的来信，我一直在想该怎么回信。工作中，跟着我的新人也有好几个。你遇到的问题，他们也会遇到，我也不止一次做他们的工作，为他们答疑释惑。站在我的角度，答案是显而易见的：不管遇到什么情况，只要你选择了这条路，就要积极、主动、踏实地走下去。不要去跟别人比，做好自己的本职工作，这是你的责任。当然，这些话要反复说，要变着花样说，日积月累才会有效果。这就是我在实际工作中的态度和所采取的方法。

做一个人的思想工作并不轻松，要考虑许多事情，照顾对方的情绪，讲究场合、语言、表情、策略等，即便如此，大多数时候也是收效甚微，但还是要继续做下去，直到基本化解对方的负面情绪。可以说，做思想工作很多时候是费力不讨好的事情，即便是为了对方好，也往往不被理解。但是，还是要做下去，这是我的职责，放任不管是不负责任的。

作为一个自媒体人，我其实知道该怎样回信，才能最大限度赢得支持。不过，那不是我想说的，也不是我实际做的，所以我不想那么办。我理解你的状态，甚至我也是这么过来的，越是如此，我越想说几句不好听的话：不要想那么多，不要比那么多，既然暂时在这个岗位上，那就踏踏实实干好，主动积极干好，这是树立形象的好机会。我们也没有挑肥拣瘦、拈轻怕重的资格。不要用"意义"这样宏大的词为自己的懈怠找理由。要善于干小事，干琐碎的事，这是磨炼自身性格的好机会。况且，人都是这么过来的，没有人一辈子只做要事大事。做好了这些事，展示了自己的能力、态度，自然而然就会有新的机会。

前一段时间，我与单位里一个大姐聊天。她女儿是某名牌大学的研究生毕业，在一家银行的省行工作，现在被分配到街道网点锻炼，做的是柜台、大厅的事情。大姐与我关系挺好，她女儿我也熟悉，而且指点过她的面试，我们相互之间说话比较随便。我一听这个情况，就跟大姐说："一定要提醒孩子，姿态一定要低下来，态度一定要好，千万不要觉得自己是名校研究生，就看不起那些基础性工作，那样对她将来的发展十分不利。"大姐说："我一辈子在机关，咋不知道，这是组织锻炼的时候，领导们都在观察，看她在这些岗位上有什么表现，我一直在提醒她，每天发微信、打电话。她有情绪，不过还好，我天天做她的工作，她态度还行。"

在与大姐交流的过程中，我明白了一些事情，有些话只有真正关心你且有经验的人才会说。试想一下，这位大姐对她的女儿是这种态度，如果换个一般同事家的孩子，她可能就会是另一套说辞：名校毕业，确实委屈了，工作安排得不合理，这样屈才了。这些话也不错，甚至是真心话。良药苦口利于病，忠言逆耳利于行。同样一件事情，有多种不同的解读方法，种种解读都有道理。但是，具体到听意见的人，最后的结果可能是截然不同的。

回想起我刚到单位时，也有过类似的经历，一起考进来的几个人，别人都轻松，就我天天加班加点，心里很不平。为此，我走了许多弯路。现在看到年轻人有这样的想法，我恍惚之间看到了当年的自己，忍不住唠叨，希望他们少走些弯路。但是这些话真的会有作用吗？我其实不太乐观。

心态改变了，事情就好做了，也能找到许许多多解决方案。沉下心去，踏实工作，仔细研究，提高效率，赢得信任，获得发展，打磨性格，锤炼自身，坚持下去，自有发展。这就是你面临问题的应对之法。如果你一心想找个方法，调到清闲的岗位，直接干重要的工作，那我也没有办法。我只是告诉你当下该怎么办，长远来看该怎么办。当然，每个人面临的情况不一样，确实有些人是被区别对待的，承担了大量分外工作，每天疲惫不堪，这就需要根据实际情况来处理，不能一概而论。

最后，将网络上的一段话放到这里，你我共勉：一个人在他十三四岁的夏天，在路上捡到一支真枪。因为年少无知，天不怕地不怕，他扣下扳机。没有人死，也没有人受伤。他认为自己开了空枪。后来他三十岁或者更老，走在路上听到背后有隐隐约约的风声。他停下来，回过身去，子弹正中眉心。年轻时候的一个细微举动，也许会在很多年后产生巨大反应，从而改变你的人生。

祝工作顺利。

第三部分

面试之道——一切都是积累

　　面试是公考上岸的最后一道难关。短短几分钟决出胜负，不可谓不残酷，胜则皆大欢喜，败则痛彻心扉。其实，面试就是生活，生活就是面试。面试最大的秘诀是回归生活和工作。认准这条路，学会这种方法，面试学习就能事半功倍。最后，你会发现面试也不过如此。

第七章　面试人生

面试的归面试，人生的归人生

我的母亲在我考前拜过佛，后来还去还愿。记得当时是给了一百元，在那个年代，对于我的家庭，一百元也不是个小数目。父亲则在一棵老槐树下放了把鞭炮，放鞭炮冒起的蓝灰色烟雾永远留在我的记忆中。

我把这段经历记录在我 2014 年的备考经验分享中，如图 7-1 所示。

现在已经是深夜一点半了，身体很疲惫很疲惫，但是无法入睡。后天，不，应该是明天就要经历这个月的第二场面试，上周的面试最终还是以失败告终，我非常沮丧和灰心，因为我深知我跨不过去这道坎，我甚至不会讲一句完整的话，更不要说有更亮点的表述了。前段时间报了培训班，花了 5000 元，四天后退班了，在那里的压力把我完全压垮了，每天以泪洗面，蓬头垢面，我觉得我三十年的人生白活了，到如今才发现我连最简单的表达都不会。现在又要面临一次面试，我甚至觉得我是没有过丝毫准备的，千万次想要放弃，我觉得我没有勇气也没有意义去接受对自己这样的凌辱。我的妈妈为了我去拜佛，去算命，跑东跑西，她无法忍受我目前承受的痛苦，甚至她比我还要痛苦。我不知道该怎么去坚持，以前没有进面试，我会遗憾失落，但是觉得自己再努力可以重来，但面对面试我觉得我再怎么努力也是没有希望的，有一种我这么多年坚守的信念和目标轰然倒塌的绝望。

🕮 老夏说公务员面试(作者)

虽然你很痛苦，但是面试的归面试，这就是面试策略出了问题，只要道理方法对了，会越学越自信的，你调整下，按照我的方法，重新开始即可。加油，祝你挺过这次难关。

图 7-1　我分享的备考经验

在某种程度上我能理解她，尤其是看到她焦虑、痛苦、绝望的样子，我做不到感同身受，但也感到动容，想帮她一把。

我说"面试的归面试"，是想告诉她，你人没有问题，你的水平也没有问题，你的性格更没有问题，你的人生当然也没有问题。你只是在学习某样具体技能时出了一点儿差错，这没有什么大不了的，每个人都会如此，每个人也终将遇到。不要夸大、扩展这种问题，甚至否定自己，这是完全没有必要的。要看清楚这一点，否则只会更加痛苦。

面试不会，我们就学面试；方法不对，我们就调整方法，就这么简单。我的建议是：放下一切不切实际的想法，放下一切自怨自艾的情感，从逐字稿出发，从题目出发，从思考出发，一步一个脚印去解决问题。

第一，背逐字稿，背不会就读，每天两个小时，一字一句地读，真诚地、虚心地读。去体会其中的语言，去体会横向展开的结构。这能让你的语言表达顺畅起来。当然，背更好。记住，每天两个小时，不要再多了，因为没有必要。所有关于表达、流畅的答案，尽在这两个小时里。

第二，掌握纵向提纲，每天十道题，如果还有时间，那么就十五道题，这是解决没有思路最好的方法。一道一道抄写提纲，一遍一遍复述观点，一次一次深入思考，厘清纵向破题的思路，我就不信你解决不了纵向分层的问题，不可能，绝对不可能。

第三，适当模拟。你自己模拟，自己录制视频，自己去看视频。看什么？一看有没有口头禅、口癖？如果有，那就改；改的方法也挺简单，就是不说。宁愿停顿，也不说，一次也不说。三天左右就会极大缓解，甚至基本解决。二看答题扣不扣题，回答的是不是题目中指出的主要矛盾，解决的是不是题目中的主要问题，最后按照你说的去做，目的是否达到了。三看分层是否清晰。四看观点是否准确。五看横向结构是否清晰，说话是否拖拖拉拉、黏黏糊糊。

我们在学习时、模拟时，一般很难获得来自听众的鼓励、肯定，这是正常的。鼓励本来就是稀缺品，备考中的我们特别需要，但也要认识到这一事实。这时，你就要自己鼓励自己，别让沉重的压力拖死自己。

另外，不要在意周围人的评价，大部分人不会点评其他人答题的水平。好学生难找，好老师更难找，有胸怀有水平有洞察力的老师简直是凤毛麟角。所以，你自己按照我的"五看"要求，自己评价自己即可。写出这五个方面你的问题，一点一点改即可。

以上这些话，皆源于一个基本的判断：我相信你，你有能力学好面试，仅此而已。

欲上岸，何所求？

欲上岸，何所求？

一、向自己求。面试说到底是自己的事情，别人再好，老师再牛，机构再大，方法再炫，也是外部的东西；领悟不到这点，面试就要走许多弯路。面试学习一定是以自己为主的，你才是一切的根本，其他任何东西都要靠你、靠你的大脑、靠你的嘴皮子起作用。你在其中必须发挥主导作用，你吃答案，不是答案吃你，你吃技巧，不是技巧吃你，你吃模板，不是模板吃你。如果你不当这个主人翁，被其他什么东西喧宾夺主，就类似于神话小说中被天魔"夺舍"。看着你在这里，实则你没有当家，心神还在十万八千里之外。你六神无主，当然会一败涂地。不管是备考还是答题，这都是极其紧要的一点。

二、向数量求。有同学给我留言说，自己进了好几次面试，非常认真学习了面试，分数却始终没有起色，感觉很失败很失败，语气中充满了抑郁、绝望。我十分好奇，于是跟这位同学交流，想知道她失败的原因所在。按照道理不该是这样的，下了那么大的功夫，该上岸了。我问这位同学：你掌握了几道题？如果她告诉我三十道，哪怕是二十道，我还真要听听她怎么答题，分析一下原因。谁知道，这位同学没有掌握一道题，复述不出任何一道自己满意的题。我突然之间感到不可思议。学习就是学习，是要有据可查的，是要讲究效果的，不能你说学习了，你就学习了。总得有点证明吧？我原来说掌握题目，现在更多时候说背诵题目，我也多次强调过数量问题。你必须把数量作为指标，背一道是一道，容不得半点虚假。数量是实实在在的，没有数量，质量就无从谈起。从某种意义上说，数量就是最重要的质量。没有掌握三十道题、最后面试失败了的同学，不要再找其他高深莫测的原因了，你的失败就是因为掌握题目的数量不够。或者变个说法，在你掌握题目的过程中，你自然而然会找到失败的原因，找到解决的办法。要有数量，一定要有数量，否则都是空谈。

三、向踏实求。我不信什么捷径，也不信什么速成，更不会被大话忽悠。有同学告诉我，看到周边到处都是随便一学就逆袭上岸的人，心里很焦虑、失落。我十分奇怪，这是哪里得出的结论？到底有几个运气那么爆棚的人，随随便便就上岸了？我见过，但是真的不多。反而是，大部分人很痛苦、很纠结，备受折磨，有着较长时间的学习和备考。你想走捷径，反而会兜圈子。贪快求速是慢性毒药，只有吃过许多亏，才能接受这一点。因此，我建议你抛弃一切不切实际的想法，放弃一切急功近利的念头，回归"踏踏实实"四个字，本本分分、老老实实地复习。如果没怎么折腾就上岸了，那也不要骄纵，觉得自己厉害，你也许只是运气不赖。如果努力几次都失之交臂，也不要在意，这反而是生活的常态，就当是受了挫折教育，继续努力，从头再来，终有云开月明的一天。

四、向近处求。现在的人动不动就谈远景，都谈到三年五年之后了，我听起来总觉得怪怪的，没有如今哪有以后？很多时候，我们能做的只有当下，能够把握的只有眼前的一两个小时。还有人喜欢说，如果自己有什么资源、什么条件，就能怎样怎样。但是，我们拥有的恰恰是极少的资源、不好的条件，我们要做的就是用这些资源和条件，去求一个未来。空想又有什么用呢？就好像，如果我们有着播音主持的声音，如果我们有着百家讲坛教授们的知识，如果我们有着脱口秀演员的嘴皮子，如果我们有着十年的工作经验……这些都很好，但这些都不属于我们。我们只能在普通的自己身上一点点捶打出未来。我就是我，我就只有这些条件和资源，这就是现实，我们得接受。要向近处求，向当下求，向手边的资源求，向自身拥有的条件求，去扎扎实实地做，去踏踏实实地干，去点点滴滴地改变。

为什么有些老师喜欢打击人？

喜欢打击人的老师一定不是好老师。这是个毋庸置疑的结论，不是个可以讨论的命题。

不要跟我说什么出发点是好的。既然是好的，那就表现出来。没有人愿意接受"为了我好"之下的语言暴力。

公务员面试是高强度压力下的测试，考生需要最起码的自信，或者说最起码不能完全没有自信，因此打击考生、否定考生，不利于考生通过面试。

考生交钱上课，收获的却是打击、否定，这就属于花钱买罪受，花钱买"低分"。这就是拿钱不办事，是对考生不负责任的行为，是不道德的、可耻的。

既然如此，为什么某些老师还是喜欢打击考生？

第一，这些老师并不知道打击不会带来成功，只会带来失败。当然，如果成功，也跟打击无关。说不定不打击，成功来得更早些。现在的家庭教育，已经逐渐抛弃依靠打击逼迫孩子上进的套路了，但一些人还是觉得打击有助于考生提高，真是跟不上形势。打击，也许对极个别人有用，但是对绝大多数人而言都是残酷的暴力，只会摧毁他们的自信，导致他们开不了口。

第二，秀秀可怜的优越感。有些老师本身也是可怜人，只能依靠打击别人、打击上进的年轻人获得一些可怜的优越感。

第三，除了打击，这些老师不会别的。好学生难找，好老师更难找。想当个好老师，需要不断学习，始终在能力和水平上高出学生很多很多，才能洞察学生的问题，提供有针对性的帮助。但是，很明显，个别老师已经不想成长，也不想进步，更不想学习。所以，这种情况之下，除了打击，他别无选择。你想要他帮你优化答案，他做不到，所以只能蛮横地打击，回避本应给出的建设性意见。

第四，嫉妒，不愿意承认学生比自己做得好。这种情绪是令人作呕的，但是，确实足够难缠，会在一不留神的时候，进入内心深处。真正的老师需要跟这种情绪做斗争，战胜它。

第五，不懂，不会。说实话，公务员面试还是有一定难度的，尤其是一些越来越新的题，没有足够的胸怀和见解，想要做出准确的判断，并不容易。

还有一些题目贴近机关工作，没有丰富的机关工作经验，想要把握好其中的度十分困难。

那些批量生产的老师，高不上去又低不下来，处在中间，摆摆样子还行，真的想要深入进去，他做不到。

千错万错，都是不学习惹的祸。人呀，不管身处何种位置，学习都是成长的唯一途径。我从未见过不学习还能始终处于行业前沿的人。

我知道，关注我的同行不少，甚至可以说足够多。说句真心话，想要当个好老师并不容易。

因此，我建议你保持谦卑和好学的精神，至少每天学习一些东西，琢磨一些东西，否则，总会跟不上的——跟不上行业的发展，跟不上社会的发展，也跟不上学生的成长。

有了水平之后，你还要有胸怀。"弟子不必不如师，师不必贤于弟子。"我们只是老师，又不是超人，针对某些题目、某些场景，我们不如人很正常，承认这一点，接受这一点，更多需要的是良知。

谦卑、好学、胸怀，这是一名好老师的基本素养。我们所要做的其实也很简单：肯定学生好的部分，优化学生不好的部分。

我之所以写这些，是因为每过一段时间，就会有好多同学告诉我：我原来答得还可以，参加培训以后，老师一直打击我，否定我，现在反而不敢开口，只能低着头。

每逢这时，我总需要花好多工夫安抚、鼓励他们。这种情况多了，我的火就遏制不住了。

在这里，我再强调一句，各位同学要记住：打击学生、妄谈教学的老师，毫无疑问不是好老师。

鼓励本来就是稀缺品，不要奢望某些人能给你。你需要孤独前行。

不要盲目听信谁。不要先毁灭自己，再去接受别人。切记：你要做的是保持自己，吸收营养，让自己变得更好。

你可能答不好题，但你有判断的能力。请对这点深信不疑。如果有人否定你有辨别好坏的能力，那说明对方是在尝试从根子上摧毁你，你更要万分小心。

要保持警惕心理，时刻防御外敌，保护培养自信——这是你克敌制胜的武器。

这不是道理的世界，而是行动的世界

学习面试没有什么捷径，最好的办法就是一道题一道题磨，一点一点进步，除此之外，别无二法。

这世上管用的道理，往往十分简单朴实，可以直接照着做。它们不会故弄玄虚，让你看了以后感觉一头雾水。便于操作的道理就是好的，好就好在它指出了法门。

有些道理说起来十分"高大上"，听都听不懂，听懂了也不知道怎么下手。这样的道理，对说的人是好的，显得高深莫测。有些人自己也不懂，所以就要说得艰深晦涩，尽量拽些复杂的方法、难懂的名词，这样听者不明白，就给了他们装模作样的空间。真正的高手，首先自己是懂的，即便是高深的道理，也可以深入浅出，说得通俗易懂。这就是：真佛只说家常话。

面试的大道理有许多，真正管用的却很少，我认为最行之有效的方法就是：一道题一道题地掌握，等你掌握到三十道题时，自然举重若轻。知道一个道理是正确的，是不容易的，对一个道理有信心，更是难得，不过这还远远不够。

因为这世界，并非道理的世界，而是行动的世界。在道理与行动中间有着巨大的鸿沟，很多人习惯通过学习道理认识自己，但是事情的关键从来就不是认识自己，而是改变自己。在我看来，知道道理不行动，比不知道道理不行动更加可悲。

将伟大的事业分解到每一天，也许是枯燥而又乏味的。在对抗最为激烈的体育赛场，优秀的运动员往往有着相似的特质和习惯，如日复一日地进行训练，极度自律，有强大的抗压能力、强烈的求胜欲望，等等。这其中日复一日地进行训练是最难得的优点，也是最大的优势。我觉得，在考公的路上，有空时不妨看看体育比赛，看看优秀运动员枯燥的训练，看看再强大的实力也会遭遇失败，看看幸运不会降临在敷衍应付的人身上，看看想要获得胜利就要敢打敢拼。这会让我们更加坦然、客观地看待公考。

掌握一道题是不容易的，最低的标准是背个大概。否则，就不要说掌握了。有的同学一上考场就会头脑空白，张嘴结舌无法说话，就是因为掌握得不够熟练。要掌握，掌握住，掌握透，掌握烂。在掌握、背诵时要思考，这样行不行，那样行不行，这句该删去，这里最好加几句，结构还可以调整，另一种答法也行。这就是举一反三，即便做不到举一反三，至少也要举一反一，学一道会一道。最忌讳半生不熟，半瓶子晃荡。

一道题就是一个场景，学会一道题就是学会处理一类事情，不要太死板。最开始，你可以模仿题目，自己出几道类似的题目，用现有答案同样能够解决，这就实现了一变多，学习就会发生"核聚变反应"，越学越多，越学越快。

我曾帮助两个同学模拟，一个考的是省直事业单位，女孩子，是我党校同学的妹妹，研究生毕业，应届生；另一个考的是市直，男孩子，某个领导的儿子，本科毕业两年。模拟完，我说："你们两个已经登堂入室，如果不出问题，都应该是全场前三。"结果，女生全场第一，男生全场第二。

什么样的水平才算登堂入室？很简单，就是遇见一道题，就开始自己研究、自己解答，不管题目是怎样的，总能说出个一二三。也就是自己思考，有自己的招儿。到了这个时候，题目已经难不住你，任何题目都只是一个问题，遇到问题解决问题就好，没有什么大不了的。他们答题的显著特点是：问啥答啥，不兜圈子；真真正正解决问题，不说那些没用的。当然，他们答题层次清楚，观点清楚。至于是否流畅，并不十分重要。

他们可以登堂入室，就是因为通过一道一道解决题目，一道一道磨题、死磕，最终学会了解决问题的方法，回到了面试的本质。到这一步，你的答案就自成格局，有了自己的生命。

什么时候开始准备国考面试？

这算不得好问题，答案也乏善可陈。我的观点一直都是明确的，什么时候开始准备都不算早。现在开始准备更算不得早，只能说是不太晚。不太晚的意思，说透了就是有些晚。最好的准备时间，其实是从你上次考试失败开始。可惜，你没有做，只能从现在开始。

成年人的世界没有什么公平竞争，不要总想着跟对手一齐开始、同时起步。你要做的，就是在他们没有重视、没有开始时，就默默动手，不惑、不说、不停。这就是"打人不过先动手"的道理。见事早、动手早，是极高明的人生战略，当然，也是许多人的救命稻草。所以，要狠狠抓住。

结硬寨、打呆仗，是曾国藩打仗的秘诀。以南京之战为例，湘军将南京城团团围住，与太平军反复惨烈攻防，长时间对峙，历时两年多，才最终拿下南京。纵观曾国藩的一生，他的功业都是从血和汗中一点一滴熬出来的。他出身于地主之家，天分不高，但深谙农民一颗一粒积累的道理，知道一分耕耘、一分收获，这支撑着他一步一步走出来，是他最强韧的精神力量源泉所在。

人往往会过度自信，但是考公会让人变得谦卑起来。一次一次真刀真枪的比拼，一次次与成功擦肩而过，在水里扑腾久了，喝的苦水多了，受的白眼多了，人会明白自己就是个普通人，没有什么主角光环，进而变得谦卑低调起来。这么多年，我没有讲过什么速成，讲过什么保过，不是对自己讲的课没有信心，而是深知事情的复杂性。没有什么事确定无疑，能够依赖的只有持之以恒的努力，只有一点一滴的积累。所以，我讲课这么多年，依然坚信：量变引起质变，一切都是积累。

这句话其实挺好反驳的。许多人积累了，也没有发生什么质变，努力的结果依然是不尽如人意。说实在的，我也没有什么办法。时也命也，对于大多数人而言，能做的就是尽此时此刻最大的努力，等待那个不管胜败都需要接受的结果。我知道这些，才总想让同学们早些动手，多获得哪怕一点点优势。而这，有可能就是你的胜机。

至于复习的方法，也是需要具体情况具体分析，根据考试的进度及时调整的。但是，说到底，复习的进度和效果都需要量化，否则往往是瞎费工夫。我的建议是，把掌握真题或者说背诵逐字稿当作学习的载体、量化的标准。一道一道掌握，一道一道背诵。不要嫌慢，不要嫌苦，这就是最好的办法。很多事情，我们知道怎么做，只是怕苦怕累不想做，但是面临一场真刀真枪的战斗，来不得一点虚假，你只能打落牙齿和血吞，一步一步走下去。

我想起《诫子书》中有几句话："年与时驰，意与日去，遂成枯落，多不接世。"莫名有些感触，不知从何说起。你们年纪轻轻，要做的事情多，心中的想法多，机会却决不可随意抛掷。时光啊时光，真的是太快太快，在你还年轻时，珍惜这时光，竭尽全力，好好战斗一场吧。

面试延期怎么办？

人生之事，多有不确定性因素，就比如考公，会因某些特殊原因而出现面试、笔试延期现象，这意味着什么呢？

第一，这意味着面试竞争将会更加激烈。有人一听到延期，心里就松了一口气，觉得准备时间更加充足了，其实这是假象。面试最后是要横向比较的，延期了你的准备时间更多了，但是只要你的利用效率比你的对手低，比较之后，你的面试准备相对时间反而变少了。而且，只要时间足够长，大多数同学都能找到复习面试的正确道路，水平都能得到进一步提升，无限逼近个人潜力的极限，这种情况下面试演变为真正的刺刀见红、短兵相接，变得更加激烈，突围破局的难度进一步加剧。

第二，这意味着对你的真正考验来了。想看一个人的成色，最好的机会，就是观察他面临大事、急事、难事的气度。实事求是地说，一个人在面试备考中的状态，十分接近他的真实人性，是一块很好的试金石。"试玉要烧三日满，辨材须待七年期。"面试是个重要的人生关口，可以说关系十分之大；面试竞争又分外残酷，可以说对抗十分激烈；面试备考十分艰难，可以说滋味十分痛苦。它们交织在一起，我们就能观察到一个人的真实状态。有的人想做鸵鸟，有的人佯装无辜，有的人浑然不觉，有的人色厉内荏，有的人假装平静。一种面试，百样人生。这何尝不是化茧成蝶、鱼跃龙门的考验呢？你又会选择怎么应对呢？

第三，这意味着答题要更加关注好不好。学面试是一步一步来的，步调乱了不但走不好，更走不远。最开始，面试就是解决有没有的问题。这个阶段，要重点梳理面试的结构，掌握基本的纵向分层、横向展开方法，最关键的是把观点理出来，把观点阐释好。对于语言要求不高。但是，面试延期，这个时候就要在解决有没有的问题之后，解决好不好的问题。重点要关注三个方向：一是答题要更加扣题，紧密结合题目，面试秘诀千万条，问啥答啥第一条。二是在纵向分层方面观点要进一步准确、鲜明，这是高手的显著特点，他们的观点总会在第一时间抓住人心。三是在横向展开时要有目的地填充亮点，或者是动人心魄的金句，或者是感人至深的细节，或者是令人耳目一新的故事，或者是有血有肉的人物，或者是远超常人的大格局、大气魄、大视野，总之不要平庸。

面对延期，我有三个建议：

第一，数据化复习进度。学习的痛苦在于你无法数据化自己的进步，很多时候你是在黑暗中前行，会产生无意义感，因为不知道日复一日的学习是否有效，于是无法坚持。所以，面对突然加长的复习时间，我建议你数据化每天的复习任务，掌握几道题，模拟几道题，学习几个小时，听课几个小时，都明确地列在一个单子里。任务不要太重，重了无法坚持；也不要太轻，轻了就是在演戏。找到那个平衡点，日复一日地去做。再难也要坚持，烦躁也要忍耐，收起你的傲慢，枯燥而不是新奇、具体而不是模糊、平和而不是刺激地坚持下去。

第二，有效地死磕每一道题。不要追求答题、模拟的数量，而要用心揣摩每道题，分析自己的答题，看看怎么做能够更好。好的标准是：答题更紧扣题目，观点更准确鲜明，展开更惊艳动人，过渡更恰当自然。要积累精彩的观点、出彩的亮点，有效有力地备考。记住，那些你掌握住的题目才会帮助到你，那些东西才是你的存量，其他随意看、随意答的题目跟你无关，只是帮助你装装样子。那些只是流量，不会留下来帮你，而是会带走你为数不多的时间、精力、信心。把每一道题都当作堡垒，都当作自己的资粮，掌握住，背会背透背熟练，否则就算遇到原题，你也没办法。

第三，珍视这难得的成长、磨炼、挑战机会。人在一生中，这样的日子不多，遇到了要珍惜。你会厌烦、愤怒、无力、痛苦，但还是要调整过来，接受这段日子。我最快的成长是在 2014 年面试复习的日子里，每天都在成长，好像盛夏的玉米，每晚都会蹿上一节。最后失败了，也觉得酣畅淋漓，并不后悔。面试不只是一次考试，更是一次成长。珍惜每个孤独前行的日子，珍惜每个长夜痛哭的瞬间，这些生命的伤口会照进光来。除此之外，你别无选择。

量变引起质变，一切都是积累。君子藏器于身，待时而动，暂且潜伏爪牙，厚植根基。做好三四月的事情，八九月自有答案。

我是怎样讲面试的

我的公众号在微信平台上排在同类型的第一位。讲课受到许多同学喜欢、肯定，也帮助过很多人上岸。不谦虚地说，我讲面试还可以。那么，我为什么能讲好面试呢？我一直在思考，最近才有了明确的答案。

很简单，因为我在面试上毫无天赋，而且我清楚地知道这一点。

因为我毫无天赋，所以我对自己有着清醒的认识，我深刻地认识到，我讲面试没有一点儿优势，甚至比大多数人的劣势更多。比如，我的普通话不标准，当众说话会紧张，没有受过专业的训练，没有在机构中接受过培养，这都是劣势。正因为劣势多，我才真的没有一点儿急于求成的思想，没有一点儿自命不凡的想法，没有一点儿孤芳自赏的情绪。我才能摒弃任何杂念，愿意踏踏实实地做，一步一步地走，一点一点地学，一道题一道题地讲。而这，恰恰是做事情的方法。

毕业之后，在社会上浪荡两年，我开始考公务员。行测一开始就很高，申论走过一段弯路，后来也慢慢研究出来了，唯有面试始终是短板，怎么学也不行。一直到2014年国考，才有了大的改观。但是，面试与申论、行测相比，还有很大差距，属于薄弱环节。按道理，我应该讲行测、申论，不该讲面试的。但是，为什么我讲了面试呢？

很简单，因为在行测和申论上，我觉得还行，甚至因没怎么学就不错而沾沾自喜。既然如此，为什么要下苦功，为什么要一道题一道题地研究，那多委屈？我这么有天赋，干吗折腾自己？我不需要学，更不需要讲，我的水平本来就高呀，费那个劲干什么？就是面试不行，这个得踏踏实实去讲、去学。这就是我的心态。毫无疑问，我的面试水平现在一定强于行测和申论。没有别的原因，就因为下了苦功，投入了时间，一步一步走了过来。

最近要写作大量书稿，看着以前讲的题目，真觉得脸红。某个瞬间，我突然意识到这一点。刹那间，很多令我疑惑不解的问题便有了答案。小时候我的数学很好，语文反而是弱项，但是不知道从哪一天开始，我的数学开始落后，语文反而越来越好。原因很简单，我觉得自己数学有天赋，不需要有多努力。而语文那么难，我肯定学不好，于是花费大量时间学习，所以成绩就越来越好。

这不是个简单的用进废退问题，关键在于：你认识到，在某件事情上你就是个最普通的人，没有丝毫的优势，没有任何的天赋，走不了捷径，所以你才真的开始下苦功，一点一点努力，一点一点进步，到最后这反而成了你的强项。这真让人不可思议，而又是理所当然。

有时候，我会说：就当咱啥也不会。其实，哪里是什么"就当"，真相是"我本来就是个最普通的人，在人际、工作、写作、面试、教育等方面都没有任何天赋。现在懂一点儿，是因为学了一点儿。我所能做的就是一点一点学，一点一点努力，这样才能慢慢实现从做得一般、做得可以到做得很好的转变"。

清醒地认识到这一点儿，很多不能控制、不得其解的问题，瞬间有了清晰的答案。原来，你做不好，是因为你觉得自己聪明，总想走捷径，结果却兜了个大圈子。

怎样获得胜利才算无可争议？

有的同学大学没有毕业，已经打定主意考公务员。但是让他提前开始准备，他又扭扭捏捏地拖延，始终没有行动。

这种情况的背后有很多种原因，其中一种原因是：心智还没有成熟，依然在用从幼儿园到大学那一套准则行事，尚未习惯成年人的游戏规则。

从幼儿园到大学，我们推崇的都是"公平"：同样的教材，同样的老师，同样的时间，甚至同样的努力，然后公平参加考试，你战胜我，或者我战胜你。

这样的胜利才是值得尊重的，才是能令双方心服口服的。

否则，即便取得胜利，也会有人说怪话：别看他考得高，其实笨得要死，每天晚上学习到十一二点。

在这样的环境中长大，面对考公务员，我们希望的场景是：大家同样的教材，同样的老师，同样的时间，同样的努力，同样的考试，然后自己取得胜利。

所以，如果对手还没有开始努力，我怎么好意思去占便宜？这样，会被别人看不起的。

我们要的是无可争议的胜利，是彰显我原本就比你强的胜利，是赢得毫不费力的胜利。

简单来说，你只想凭借智商压倒对方，努力什么的在你看来太过低端。

这种想法在以前也许有一定的道理，而且有条件去践行，毕竟在学校中大家确实是基本相当的条件。

一旦进入社会，这种情况就变得面目全非了。

我为什么要跟你用同样的努力？为什么不能比你更加努力？

我为什么要跟你同时开始准备？为什么不能比你早上一年甚至两年？

我为什么要在战术上跟你拼死拼活？为什么不能用战略上的优势碾压你？

《三国演义》中，每当蜀国将军濒临绝境，总是伸手一摸，掏出锦囊妙计，以手加额，大呼："丞相神机妙算，早有准备！汝中丞相之计矣！"

这告诉我们一个事实：再厉害的对手，也怕提前准备，也怕十面埋伏。

提前准备不仅不丢人，反而是极上乘的战略布局，是可以被称为"神机妙算"的高超谋略，是表明你冷静清醒的行为。

一个人如果做到有备无患、提前动手，就可以抓住很多事情的胜机了。

况且，我觉得如此得来的胜利更加酣畅淋漓，更加璀璨夺目，更加具有含金量。

你是比我聪明，但那又怎么样？你不及我有智慧。你是比我基础好，但那又怎么样？你没有我动手早。你是比我速度快，但那又怎么样？你没有我起步早。你是比我有眼缘，但那又怎么样？你没有我功力深。

这样获得的胜利，是战胜强大对手后获得的胜利，是利用智慧取得战略优势后获得的胜利。

我要是能取得这样一场胜利，心情可用一个字概括：爽！

从此以后，在宿命的庞大阴影之下，我们看到了一束光。

我们看到：这是一个尊重奋斗的世界，这是一个需要智慧的世界，这是一个普通人也有机会上位的世界，这是一个笨人也能战胜聪明人的世界。

不管我们是什么人，都要抛弃不该有的矫情！

努力的味道

有同学在考前十天给我留言：马上面临一场面试，自己很重视这次机会，心中很是不安，如何才能在短时间内获得提高？

言辞恳切，读来感觉他确实有些不知所措，而且十分看重眼前的机会。但我还是残忍地告诉他：你其实并不重视眼前的机会，否则你不会直到现在才开始想办法。

苏洵在《管仲论》中有这样一句话："夫功之成，非成于成之日，盖必有所由起；祸之作，不作于作之日，亦必有所由兆。"

无数的成功，细究其原因大都不在眼前，而在凌晨四点灯火通明的图书馆，在夜深人静风寒天阔的路灯下，在灯火阑珊踽踽独行的坚持中，在吞咽苦果淹没泪水的前行中。

美国有一名叫博朗尼·迈尔的临终关怀护士写了一篇文章，在国外网站风行一时，文中总结了走到生命尽头的人们最后悔的五件事情。其中，"希望当初我有勇气过自己真正想要的生活"排名第一。

无独有偶，日本也有一位临终关怀护士大津秀一。他在亲眼看到、亲耳听到1000例患者的临终遗憾后，写下了《临终前会后悔的25件事》一书，与美国人的热帖内容不谋而合。其中"没有实现梦想"正是其中之一。文中讲到，真正的后悔，其实不是因为没有实现梦想，多半是责怪自己没能尽100%的力量实现梦想。

奥斯特洛夫斯基说："人的一生应该这样度过：当回忆往事的时候，他不会因为虚度年华而悔恨，也不会因为碌碌无为而羞愧。"

年少时，我以为自己理解这句话，但现在才发现，我们大多数人也许从来没有理解这句话。

努力过的人生，有不一样的味道。

第八章　面试卷王

面试的正确态度

这几天即将迎来新一轮的面试，很多懵懂茫然的同学不知不觉就来到这重要关口。当此之时，到底该持有何种态度呢？其实很简单，此时此刻尽自己最大的努力，付出不亚于其他任何人的努力。有的同学没有吃过亏，做事情总会留下余力，缺乏孤注一掷的勇气和行动，总会在不知不觉中错过机会。事情没有那么复杂，有时候，我们差的也许只是多一秒的坚持、多一点的努力。

现在，中国的杂交水稻技术领先世界，其实日本杂交水稻技术起步更早，在早期水平也更加先进。几十年下来，他们的投入并不少，但还是慢慢掉队，落后于中国。有记者曾经问袁隆平："为什么日本的杂交水稻技术会慢慢落后？"袁隆平想了一会儿说："可能是日本人没有挨过饿吧。"20世纪的三年困难时期，袁隆平整整挨了三年饿，身体都浮肿了。这是他生命中难熬的一段日子，他深刻体会到了饥饿的滋味。也许，正是这种滋味，让他做起了"禾下乘凉梦"和"杂交水稻覆盖全球梦"，以惊人的毅力和意志改变了中国杂交水稻的面貌。

朋友的孩子参加公考，今年已经是第三年，进了市事业单位的面试。面试名单一出来，他父亲请我吃饭，一起商量如何备考。这孩子坐在旁边，端端茶、倒倒酒、跑跑腿，当我说起面试，他就支起耳朵听，一副认真的样子。后来，他就开始复习，一道一道掌握题目。我给他模拟过几次，他的进步挺明显的。但是，越到考前，他就越紧张，有时候突然不知道该怎么答题了，有时候又过于追求完美，说得磕磕巴巴。他会主动找我帮他模拟，从他的一言一行中，我知道他非常重视这次考试，渴望成功。

以前，他不是这样的。第一年参加面试，他上了一个机构培训班，最后几天在父母的反复催促下参加了一次我的模拟训练，脸上的表情漫不经心。最后，他以不到一分的差距名落孙山。第二年他的笔试成绩不是很好，差一点儿没进面试，不过他的分数可以调剂岗位，但他直到调剂时间过了才上网查分，所以这个机会也就白白浪费了。今年则有明显不同，他复习的时间更长，投入的精力更多，非常紧张。

我觉得这次他应该可以成功，他已经配得上成功。前两次他并没有竭尽全力，态度也不够诚恳。这一次他不会再出现一些低级失误，如果面试发挥正常，应该可以上岸。当然，面试的结果是不可控的，也许强中更有强中手，他偏偏遇到了更强的对手。但这不是他的责任，此时此刻他已经尽了自己最大的努力。

球王贝利的球技世界公认。当贝利功成名就时记者采访他："你儿子有着不俗的足球天赋，他会不会成为球王？"贝利十分肯定地说："他不会成为球王，因为他养尊处优，没有吃过我曾吃过的苦，足球对他不是必需品，他没有一定要成功的理由。"

这也是我想对进入面试的同学说的话：如果你不想后悔，那么就更诚恳些，更负责任些，付出不亚于其他任何人的努力。这样，"尽吾志而不能至者，可以无悔矣"。

破解答题的迷局

按照一般的道理，一个受过这么多年教育，有理想、有知识，有世界观、有方法论，甚至有许多歪主意的二三十岁的年轻人，面对一道普普通通、平平无奇的面试题，不该束手无策的。

但是，事情就是这么发生了——面对题目张口结舌、头昏脑涨，即便把自己内耗死，也答不出来。这种奇怪的情况是怎么发生的？具体的原因是什么？又该怎么破解呢？

根据我多年的经验，一个人答好题只要三步：第一步是要把题当作生活和工作，第二步是要在纵向上分层，第三步是要在横向上展开。如果你使不上劲，一定是这三个步骤出了问题。你只要记住这三点，仔细理解这三点，理解透了、领悟透了，就能找到方向，就能调动你的力量破解题目。否则，你就只能憋屈，大好光景、大好青年却使不上劲，甚至怀疑、否定自己，最后归因于：我不行，我不会说话，我性格比较内向，我没有那么多积累，我脑子笨，我真不行。真是悲剧。

第一步是别把题当题，而是把题当作生活和工作。核心意思就是：不要把面试神秘化，题目就是个生活或工作中的具体问题。不用去想什么模板、套路，更不能在心里假想完美的答案，竭尽全力去模仿靠近。越那样做，越容易张口结舌，无论神态、状态，还是语言，都会变形，甚至说出一些莫名其妙的话。题目就是个具体问题，普通人都能处理好，这就是它的本质。不要给题目加滤镜，那样心理上会有恐惧感，感觉题目高不可攀、遥不可及。那就会极大束缚一个人的思路。这点很重要，当你不把题太当回事儿，你就抓住了题，你就使得上劲。不信，你现在去找一道题，就当是真的要解决它，回到生活和工作中，努力去想解决方法，你会发现原来面试题不过如此。你不要觉得答题本该是什么样的，而是心中有什么招儿，就怎么答题。抓住题，用上力，使上劲，这是第一步。

　　第二步是要牢牢记住纵向分层，按照纵向分层去答一切题。记住，是解决所有题。你如果思维混乱，没有层次，想到哪说到哪，那么各种各样莫名其妙的问题，都是因为纵向上没有分层的意识，或者缺乏纵向上分层的方法。其实所有的模板、套路、框架解决的都是一个问题，就是纵向上如何分层。而纵向分层就是面试最基本的底层技巧，只有横向展开能与之匹敌。不能解决纵向分层，就会被永远困在面试第一层。纵向上没有分层，那样的面试答案是不值得一看的。即便是演讲、发言、故事，纵向上也是要分层的，只不过是暗线。无领导小组、结构化小组每次发言，也是要在纵向上分层的，没有例外。甚至，一个人只要说话，他的语言就该在纵向上有层次，否则就会显得没有边际、没有重点。所以，看到一道题，你在回到生活和工作中后，就要问自己：这道题纵向上怎么分层？题目中哪些信息对纵向分层有帮助？哪个可以作为第一点，哪个可以作为第二点？常用的纵向分层，实题是按照时间顺序摆平所有人、摆平所有事；虚题的纵向分层，可以概括为"非原因、即对策"，还不够，就找背景、问题、自己等方向。这些我在框架和破题视频中，不止讲过一次。

第三步就是要在横向上展开，靠着横向的结构把语言组织起来，既能说长，还能说实。这几年，我所总结的面试答题技巧中有一个是我本人经常使用的，就是：三点六面，或者四点八面。简而言之，我在横向上展开，靠的是足够多的支撑点。一般一个答题点有两个支撑点，就足够解决问题。以前，我在写逐字稿时，偶尔也会不知道从何写起，但是当我悟透横向支撑点这个技巧后，我再也没有遇到过类似问题。不是文思泉涌，也一定是下笔如风。纠正一下，横向展开靠的不是文思，而是扎扎实实的有效结构。我讲"驻村防火"那道题，把实题的横向结构讲清楚了，同学们有不懂的，可以自己去看。大概是分析问题＋解决问题（两个支撑点，可以采用时间、并列、递进结构）。虚题的横向展开，其实我也讲过，这里简单概括一下。一般说原因是：讲道理（反义词组法、联系实际法）＋举例子；说问题是：说情况＋举问题；说对策还是：分析问题＋解决问题；提观点是：钩子＋抛出去（金句、正反、数据、新闻、热点、例子、人物、故事、历史）＋收回来（联系自身、工作、青年、基层）＋扣题。基本上就是这几种类型，同学们自己多体会。

面对一道题，每当你束手无策、使不上劲时，你就回到这三条，一步一步做，相信总会找到出路、找到方向。

什么叫作模板？

大家都知道模板不好，到底为什么不好，又说不清楚。嗯，还是要先想办法弄清楚什么叫作模板，这是问题的关键。

以前，我没有仔细思考过这个问题，近来出于纠正一些同学答题的需要，不得不仔细研究，到底什么是模板。想来想去，好不容易，我终于找到一个脑筋急转弯，能说明这个问题。

看这样一道题：怎么才能把大象关进冰箱里？这是个出名的梗，出自春节联欢晚会上的小品。

小品中给出的答案是：想要把大象关到冰箱里，一共三步。第一步，打开冰箱门；第二步，把大象放进去；第三步，关上冰箱门。

真是完美的答案！其实，这个就是典型的答题模板。你觉得不对，但是又觉得对，还说不出来哪里不对劲。这就是模板的高明之处，虚不受力，毫无道理，看上去，竟然还有些意思。难怪很多刚出大学校门的同学听过之后，就陷进去再也出不来。

这三步错在哪里？错就错在，这个方法等于没说，没有解决任何实际问题，没有想出任何有益于解决问题的办法，完全不是提问者想要的答案，只是耍了提问者，耍了命题人，耍了考官，自己还沾沾自喜，以为掌握了答题的终极秘诀，凭此可以破解一切题目。真是笑话。答题要动脑子，进入场景急题目之所急，千方百计、绞尽脑汁，在此时此地此人此场景中，真真正正解决问题。

怎么把大象关进冰箱里？来吧，动真格的，想办法，出主意。比如，把大象屠宰掉，剁成肉酱，压缩成小块儿，一块儿一块儿装进去。

再如，找一头最小的象，找一个最大的冰箱，甚至找个大冷库，也可以把大象装进去。

以上这两个答案好吗？也许不好，不够完美，不够切合实际，但是至少真的想解决问题，真的在冥思苦想，态度是端正的。

这就是模板与非模板的区别。一个给出方法，一个回避问题；

一个实实在在，一个偷奸耍滑；一个要具体问题具体分析，一个任何题目都是同样的模样；一个讲武德，一个只会偷袭。

比如：单位领导让你负责组织"理论夜谈"活动，每周二、四开展，自愿参加、学习、讨论，但是单位人员积极性不高，参与的人越来越少，你怎么办？（2018 年 5 月 6 日，内蒙古自治区呼伦贝尔事业单位）

如果按照模板的答法，那就分三步走：第一步，准备解决；第二步，解决问题；第三步，总结经验。

你看看，一点儿道理也不讲。而且，关键是，第二步解决问题，根本不说怎么解决，只说要解决，至于怎么解决，考官、命题人自己想去，我是不会说的。即便说，也是点到即止，蜻蜓点水，一副漫不经心的样子。

你是真不知道，还是假不知道，命题人问你这个问题，是想让你提出解决问题的具体方法的？而你的答案，完美地避开了任何有价值的信息。这就是模板，只有流程性的步骤，没有任何有价值的信息，于事无补，于世无益。

你想一想，如果真的是在领导办公室，领导说了情况以后，问："小王，你说说我们该怎么办？"这时，你敢不敢说说模板的三步？

总之，要动点脑子，才能真正解决问题。

"宽备窄用"专治精神内耗

"宽备窄用"是一位朋友教给我的道理。自从理解了这个词，我变得安静、平静许多，可以坦然接受许多事。有同学问我："夏老师，逐字稿那么长，读完需要三四分钟，我们考场上答题只有三分钟，需要全背下来吗？"我总会回答四个字："宽备窄用。"这四个字就是有魔力，看到的同学会在第一时间抓住其中的关键，理解其隐藏在背后的所有的意思。

我以前讲过一种人，叫作"精致的备考主义者"。他们担心做了许多无用功，到头来还是没用上。他们只想做最少且该做的事情。"最少"是要求数量，"该做"是要求效果。如果确实能够找到这些事情，那么确实应该这么干。但是，在实际的工作和生活中，这是不可能的。很多时候，我们就是要做许多看似无用的事情，看似关联不大的事情。做了才有机会，不做就没有机会。太大的不确定性遍布我们周围，我们能做的就是竭尽所能厚植根基，以不变应万变。

有些同学想让我押点题，这也是不想宽备，只想恰到好处准备。殊不知，那些在网上炒作押题成功的，赌的都是概率，他们只是说的题多了，"瞎猫碰上了死老鼠"。哪有什么押题的本领呢？同学们要学习的恰恰是这种广撒网的思维，多多准备，有收获值得高兴；没有眼前的收获，也要保持平常心。生命的惊喜，说不定在哪个瞬间出现，一切都像事先安排好的，你或者感谢自己的坚持，或者后悔自己的功利。要有些气魄，有些格局，不要太小家子气。

2014年，我参加国考面试，呕心沥血却一败涂地。我没有遗憾，因为我已经竭尽全力。即便再回到当初，我也不能做到最好。所以，面对失败的结局，我云淡风轻，无所谓，你们给我多少分，结局无论怎样，你们都否定不了我。接着，我从国考考场下来，参加了选调，以面试第一的成绩换了新的单位。再后来，我以这次艰辛的复习为基础，开始在网上写文章，一晃八年过去了，我向前方走出了好远好远，远到八年前的自己也无法预料与想象的未来。"失之东隅，收之桑榆"，如果你想让生命有些惊喜，那就做些看似无用的事情，不要那么斤斤计较。那些精致备考者的人生，最好的结局是不出所料。不要做这样的人。

现在流行一个词，叫"精神内耗"。说实话，我不知道是什么意思。可能是因为忙着做事情，也可能是因为马上就要四十岁，我对那些新的词总是不感兴趣。就像我对那些新题兴趣不大一样。一切新题都是老题，大多数新词估计描述的也只是老问题。实在不值得专门去了解。精神内耗，大概是自己扎自己几刀，自己难受，自己憋屈，自己痛苦，又知道这些是没有必要的，所以越发痛苦。从字面上，我就解读出这些含义。可能还有其他的意思，但也不用去管。

我觉得，解决这一问题最好的方法是忙起来、做起来。背背逐字稿，一天一篇你还有时间内耗，你就背两篇；一天两篇不够，你就一天背三篇。填满你的时间，让自己精疲力竭，来不及内耗。我天天忙着工作，忙着更新，忙着录视频，连陪孩子玩的时间都是抽出来的。一天早上，心里的焦虑催着我更新，上午要给近期找我的同事、朋友、亲戚家的孩子组织一场四个小时的模拟，下午想录制一期河南省考视频。次日，还想写一篇逐字稿，八点半开始，带着同事们加班，忙一件特别重要的工作，接着又要写逐字稿，又要录制视频，还想陪父母聊聊天，陪家人吃个饭。这么多安排让我来不及内耗，如果有点时间，我愿坐在街边的石板凳上，欣赏带着雨丝的微风、满地的槐花、川流不息的人群、恍恍惚惚的人影，坐在那里一刻，静静地休息，就挺好。哪有时间内耗呢？

在你还有大把时间时，做该做的事情。人生算不得长，像你现在的年纪更是只有一次。去掉所有的矫情，上路，前行。像一块坚硬的石头一样，昂扬地、乐观地、用心地、努力地、充实地，动起来、忙起来、做起来吧。

答题没有气势怎么办？

经常有培训老师这样评价答题者："你答题没有气势，要提升答题气势。"什么时候气势成了答题的标配了？气势是说提高就能提高的吗？

每个人说话都有自己的特色、风格。有人天生说话激情四射，具有感染力；有人习惯娓娓道来、情真意切；有人深沉厚重、简明扼要，严肃而有力度；有人说话斩钉截铁，十分具有锐气和压迫感。这些都挺好，没有什么高下之分。

面试答题更没有统一的标准，应该顺应自己的说话风格，适当严肃、收敛点儿，决不能盲目追求气势，甚至抛弃原有风格，现学现卖，最后成了邯郸学步。要知道，说话的味道是自身性格、学历背景、外部环境共同影响的结果，哪可能短短几天变个样子？

面试最重要的是个"真"字，即真的解决问题，发自真心谈看法，表现真正的自己，这样才能把话说到考官心腔子里，使其引起共鸣。不要对自己的演技有太高的期待，越是扮演与自己不一样的人，漏出的破绽就越多，越容易把戏演砸了。

我答题就没什么气势，我也从没有在意这一点儿。我就是该怎么说就怎么说，本色出演，实话实说，顶多稍微严肃一点儿。很多年前，我参加培训，在一次模拟中，我尝试说话更有气势，有意提高音调、挺直脊背、降低语速、瞪圆双眼，尽量表现出自信满满的样子。

答完以后，一名女同学语气严厉地点评说："你装什么装，你不是这么说话的。"她还说了其他难听的话，好像我是她仇人一样。说实在的，我到现在都不满她，对她没什么好感。点评就是点评，干吗这么刻薄。但是，她说得也有道理，面试答题还是要回归自己身上，不要想着扮演别人。

为什么有些人喜欢拿气势说事儿？原因无非有两条：一条是，"气势"两个字听起来吓人，像是高端技巧，容易把人给唬住。另一条是，气势如果简化成说话声音大、眼神咄咄逼人，那么就容易标准化，进而作为培训的标准内容。

要知道，气势这个东西挺玄乎，不容易做到，更不是靠瞪考官两眼、大声嚷嚷两声表现得出来的。那样做只是装腔作势，轻易就会被识破，不会有什么好结果。

答题最好的状态是对自己说的话发自内心地相信，在此基础上，本色答题、大大方方、音量适中，做到这几点就行。

性格内向的同学要有信心，不要过度关注外在的表现形式，要把重点放在答题内容上，放在解决题目中的问题上，放在紧扣题目答题上，这才是最关键的。

随着掌握题目增多，你开始对题目有自己的想法，遇到任何题目都能提出自己的解决方案，自然而然就会由内而外散发出自信。

有了自信，不管声音大还是小，眼睛大还是小，都是有气势的。

面试答题要合情入理

一天，有个女同学对我说："夏老师，我跟你学了几天面试答题，终于越来越像个人了。"这是她的原话。我笑着补充："不是越来越像个人了，而是答得越来越像个人了。"经常性的，我会奇怪，面试是怎么走到这步田地的？许多人说着莫名其妙的话，还没有进单位，就尝试说那些虚头巴脑、自己也不信、只能糊弄鬼的话，还美其名曰："这就是考官的要求，这就是规范表达。"

有人说："夏老师，你答题的最大特点是听着顺畅，思路也清晰。"这确实是我的风格，或者说是我的习惯。我就是普普通通说话，想方设法解决问题，千方百计达到目的，回归生活和工作，问啥答啥、有啥说啥。但是，就有这么多的同学聚拢而来，推着我成为公考面试公众号领域的第一名。这说明什么？说明大多数同学还是有判断力的，他们还是尊重常识的。即便他们学了好多模板，但是，他们感觉自己说得不对，或者说，说得不舒服，有处处受限、无法呼吸的感觉。

简简单单一个问题，放在现实生活中，任何一个普通人几乎都能处理好，可到了许多本科生、研究生毕业的同学手中，就说不出几句话，说不到点子上，解决不了问题，其他人听着不舒服，自己答得更别扭。为什么会如此？有个成语能说明这种困境：削足适履。因为这些都不是你想出来的，你之所以说出来只是觉得说这些别人会满意。你想方设法逢迎别人，却丢掉了自己。当你丢掉自己，你就既说不好，也不真诚，只是个花架子，表面上头头是道，内心却是空虚的。这种空虚会带来许许多多负面情绪，影响你的状态，打击你的自信，你自怨自艾之下甚至会憋出病来。

我早就说过，学习面试必定要越学越自信，越学越有底气。同学们可以评估一下，如果没有这种体验，那么证明或者是学习的方法有问题，或者是有人教的有问题。面试又不是造导弹，哪会越学越不会，越学越不敢开口，越学越受打击？那样的学习，不如说是精神操控，是在暗示你"你学不好是自己的问题，都是你的责任"。接受这种观点，你就会被这种观点影响，当被人批评时，当答不好题时，你会责备自己、贬低自己，觉得自己越来越没用。这是不对的。

我们要从别人编制的话语体系中出来，敢于思考，打破迷障。用自己的常识好好地评价一下，什么才是对的答题方法。其实，这些东西你在很早之前是会的，小学老师讲过，初中老师讲过，高中老师更是强调过无数遍：说话要条理清楚，不要答非所问，要说出真情实感，语言要通顺。这些基本的要求就是面试的要求。你不能学了一段时间连这些最基本的东西都忘掉了，都做不到了，那才真正是"丢了西瓜，芝麻也没有捡起来"。

我听过有些同学答题，我也纠正过被荼毒过的同学，他们的答题内容犹如一个"缝合怪"，让人不忍直视。他们费劲地把那些所谓的该说的内容说出来，他们那么努力，那么迫不及待，那么渴望认可，看他们的态度，确实不容易，想要被肯定。但是，他们的内容又是那么怪异，各类素材匪夷所思地扭在一起，不协调、不通顺，我真的听不下去。我的要求不高，我不想听什么名言警句，也不想听什么规范词语，我只想听懂，听明白，这点要求真的很高吗？离开面试这个特殊的场景，你听听自己的答题，问问自己：这真的是我说的话吗？这到底是什么意思？

有时候一道题的答案中满眼都是专业词汇。在面试小白眼里，答题者是高手，这是优质的面试答案。其实，这是最低水平的答案，除非在专业面试中，否则谁愿意听你那些专业词汇。面试考查的是一个人的认识，答题更不是炫技，而是要说出自己的一般性看法，不用过于专业。过于专业的答案往往是某些人从不知道什么地方复制过来用来吓人的，没有什么价值。

我答题为什么好懂，就因为我从来不在某些具体知识点上纠结，我说的都是根据通常的思考组织起来的内容，都是常人可以理解的东西。比如，对法律我当然不专业，但是法律也要公正，也要讲良心，也要有立场。这些不需要什么专业知识。再如，对安全生产我也不专业，但是安全生产也要把人民群众摆在最高位置，也要狠抓执行，也要久久为功。这就是我答题的方法，这就是通用的模块。不要在意一城一地的得失，而是要学会分析万事万物的方法。比如，有单位考一道造导弹的题，我们要明白不是要你说什么公式，而是要你讲一般性的、通用的、管用的东西。比如，造导弹也要尊重人才，也要投入资金，也要严格管理，也要久久为功，也要国家统筹，也要奉献担当。

有同学问我："老师，我的答题过于直白怎么办？"我问他："直白是缺点吗？"他说："就是不够高大上。"我说："高大上又不是优点，简单清楚说明白，既不会有太大的表达难度，听起来还顺耳。"那些所谓的高大上的话，往往是为了说而说，融入不到整体答题中，让人出戏，影响整体效果，不够顺畅，并不是什么优点。问啥答啥，有啥说啥，已经足够了。尤其是对于实力不够的人（大多数人是实力不够的），硬要回答得高大上，那种感觉真是尴尬。如果确实情之所至，那么煽情也行；如果确实没有什么情绪，那么还是好好说话为好。

九个技巧造就全场第一

一天下午，选调生面试刚结束，我就接到一个电话，是我辅导过的一个小姑娘打来的：她得了全场第一。我在文章里曾提到过这个小姑娘，她当时面试还没入门。辅导几次后，特别是考前一天，我觉得她应该能上岸，但没想到她能在三十个人里获得全场第一。这出乎我的意料，也出乎她本人的意料。

小姑娘刚上过培训班，声音不小，也敢说，就是做不到问啥答啥，控制不住题目，回不到生活和工作中，本人与题目完全是脱节的。不知不觉我讲了一个半小时，模拟了四道题，基本解决了这个问题。现在的培训班，真是一点儿也不讲究了。提炼观点、分出层次都做不到了，更不用说真真正正解决问题，想方设法达到目的。我对小姑娘说："你的岗位招五个人，十五个人进面试，现在估计大多数都在上培训班，学的都是模板，短时间从模板里出不来，不用怕他们。只要好好说人话，好好解决问题，就能实现降维打击，估计问题不大。"在我眼中，这就是他们这一批人的命运。嗯，我们这里地方小，小姑娘的竞争对手中还有四个上的是同一个培训班，学的是同一套模板。简直是悲剧。

一周内，算上第一次，我跟她见了四次面，通了一次电话。因为确实太忙，时间抽不出来，有时是早上，有时是中午，都是逼自己挤出的时间。人就是这样，有些事情克服困难也要做。因为时间很少，所以我每次都力求达到最好的效果。我讲这个小姑娘的故事，也是为了引起同学们的兴趣，接下来我总结这四次课的关键，帮助大家理一理那些我反复强调可以在最短时间见效，但是很多人又从未在意的点。

第一，要真真正正解决问题，想方设法达到目的。要进到题目里，不要与题目是两张皮。这是我向小姑娘强调的第一点，理解这一点就能从模板里出来了。要转换心态，不要总想着赶紧答、赶紧说，而是要停下来分析、思考，真的去解决题目中的问题。当你进不到题目时，就问自己一句："主人翁何在？"就是：你在哪？你是不是在思考？是不是在真的解决问题？当你找到丢失的自己，也就找到了面试登堂入室的入口。我真的建议同学们停下来，不要急，不要那么迫不及待，而要想想怎么解决问题。

第二，要有层次，要有观点。这两个是我反复强调的，但也是我最不想提的。这其实是常识，不应该被我反复说。一个人答题如果连层次也没有，那么我不用听，就知道他一定没戏。这个层次很简单，就是"第一、第二、第三、第四"。我的每篇逐字稿都是这个结构，我的每道真题也都是这个结构。你可以分析下自己的结构，看看层次清不清楚，如果连层次都不够清楚，那就停下来，先解决这个问题。再说观点，这是最令我难以理解的地方。为什么这么多培训班不教观点？这不仅仅是提炼观点难的问题，更多的是其真的不重视教学质量。一个人说话，怎么能没有观点？怎么能没有概括？没有层次，没有观点，答案就像一摊烂泥，没人喜欢听。

第三，我不想听你的金句，我只想你好好说话。许多人都有这个问题，总觉得面试拽几句金句就万事大吉，这是真正走入了误区。

好好说话吧，说自己懂、受自己掌控、考官也能听懂的话吧。而且，没学会走，你跑什么跑？连说话通顺都做不到，考官怎么会被几句金句迷花了眼？况且，大部分人说的也不是金句，既感动不了自己，也感动不了考官。好好说话吧，真的，就用大白话，挺好的。当你用大白话能说清楚时，再读我的逐字稿，适当在自己表达的基础上优化一下，就可以应对面试了。

第四，不要"戴帽子"，直接讲几条。这个"戴不戴帽子"的问题，我已经讲过多次，不知道的同学可以自己搜索相关文章看。"戴帽子"是高端技巧，不是一般人能做到的，初学者不要戴什么帽子，开门见山地说三四条就行了。"戴帽子"，真的烦死了。像我这样有一定经验的，面对一道题也不敢保证能戴好帽子。"戴帽子"基本是不可能完成的任务，何必浪费那个时间呢？

第五，横向要有层次，要有结构。这是我反复说的问题。我在"驻村防火"那道题中做过详细的讲解，我现在的逐字稿也非常注重横向结构的统一性，就是为了方便大家学习。为什么有些同学既说不长，还说得乱，就是因为横向没有结构、没有层次。常见的结构，实题就是"分析问题＋解决问题"。虚题中，做法、对策也是"分析问题＋解决问题"；原因、问题、影响则是"讲道理＋摆事实（举例子）"。我还讲过，虚题横向展开也可以是"观点＋钩子＋抛出去＋收回来＋扣题"，这个其实类似"分析问题＋解决问题"，"抛出去"就是在分析问题，"收回来"就是在解决问题。不懂的同学可以看我的相关文章，或分析我的逐字稿。

第六，背些模块。模块不是金句，而是一个完整的答题点。我曾经讲过，对于领导讲话、启示、演讲题来说，经常要谈做法，说来说去还是那些点：担当、勇气、乐观、志向、踏实、奋斗、责任、创新、规矩、原则等。这些都需要提前准备，提前背好。我曾在公众号连续写了多篇综合分析，你如果是个有心人，就该明白我是故意挑出这些题，写成了通用的模块就是让大家背的。我挑了最近的综合分析让小姑娘背了背。果真，第一道题就是与基层相关的，是可以直接用模块解决的，开了个好局。

我的话都说到这里了，同学们是不是分析下我最近的逐字稿，找出那些点背一背。这里特意提一句，我的第二本书中的一百道题都是我精心打磨的，质量比公众号上的逐字稿高。那里一百道题的四百个模块都是我精挑细选的，复用性非常强，可以与公众号逐字稿对比着看。其实，综合分析社会现象类的对策也应该提前准备好，类似于"久久为功、精准施策、重在执行、贵在日常"等的复用性也非常强。我对社会现象的逐字稿也写成了通用模块，不背我都觉得可惜。这就是模块化备考，是最高效的复习方法。

第七，不要咄咄逼人，就跟考官聊聊天。虽然每个人都有自己的表达特点，但是根据我的经验，还是不要太过咄咄逼人，尤其不要装腔作势，不要咆哮考场，考官容易受不了。而且，咋咋呼呼不利于思考，不利于表达，容易一下子缺氧，要特别注意。如果你思考了，且真的在解决问题，你就能慢下来，好好说自己的话，不会太过咄咄逼人。其实有理不在声高。因为你有底气，你知道自己在说什么，你就可以不紧不慢地说出自己的想法。到这个程度，已经基本成了。最开始，小姑娘每次答题就显得特别振奋的样子，我说："你不要这样，收一收，慢慢说。"她慢慢调整了过来，最后遇见题目，就开始自己思考，虽然说得不完美，但是很真诚，是自己的思考，这个时候我就知道基本成了。

第八，始终不慌不忙，不管怎样都要把题好好答完。不管在考场上遇见什么题，也不要管它难不难，就是要破解它，就是要答完。回到生活和工作，好好思考，适当借助框架，干掉它，再有条理地说出来。哪怕把桌子碰翻了，也要面不改色心不跳地扶起来，继续答题。不要怕，没什么大不了的。这是我在电话里告诉小姑娘的，我想这个最坏的情况如果真的发生了，她也一定能应对得很好。考场上确实有不确定性，不管怎样，都要坦然面对，没有什么大不了的。

第九，备考时间越短，越要快速找到正确的方法。考前一天，我总觉得才讲了三次，心里没底，于是考试当天早上又喊她过来，再次系统梳理了一下各个类型题目的快速破题方法。梳理完，她心里似乎有些底气了，我也长舒一口气，觉得大概可以不辱使命。她笔试有优势，只要好好答题，应该可以上岸。毕竟她的竞争对手因为准备时间太短，会受困于培训班的模板，在一段时间内出不来。她虽然不算很好，但是已经可以降维打击。

我想，如果再有一个月，估计聪明的对手就会通过看我的视频，或者借助自己的领悟力，从呆板的模板中走出来。可惜，他们没有那个时间。听小姑娘说，他们班上岸的就三四个人，除了她，还有两个男生也经常听我的视频，这让我挺骄傲的。其他，大部分人也只能接受失败的结果。上课中，有个同学一直在哭，因为水平提不上来，找不到路。我听后，也沉默半晌，无言以对。

如果你此时此刻面对一场面试，而且这场面试留给所有人的准备时间不长，又或者你的对手都是刚毕业的学生，你更要好好看本节内容，在你的对手从黑暗中摸索出来前，掌握住这些最根本、最基本的技巧，这样你就会有足够的优势。当然，如果你不继续学习，随着时间的推移，你的优势就会慢慢丧失，因为总有些孩子会明白过来，找到正确的路。所以，你也不能停。

"答案就在现场"

日本"经营之神"稻盛和夫讲过一个自己经过冥思苦想、反复试验之后解决技术难题的故事。他总结道：答案就在现场，现场有神灵。只有在现场反复试验，把所有的精力、心神、热情投入现场，才有可能找到解决问题的办法。这个故事十分具有启发性，被许多经营者奉为经营原则。

其实，这个道理来自实践，也就是实践出真知。毛泽东很早就强调，没有调查研究就没有发言权，领导干部要到一线去、到基层去、到实践中、到群众中解决问题。为什么许多学历高、智商高的领导干部会犯一些十分低级的错误，道理很简单：脱离实际、脱离实践、脱离群众。如果让稻盛和夫来分析，那么就是：离开了现场。

某天，我陪妹妹去见律师，她有一件复杂、困难、关键的官司要打。在此之前，一般都是她自己见律师，我会在事后听她讲讲情况，做做分析，提提建议。但是，近来案件向着不利的方向发展，我心里十分着急，跟她商量了几次，但是不得要领。情急之下，我陪着她一起去见律师。在与律师见面后，我掌握了更多信息，提出了应对措施，律师也较为认可，准备将其作为接下来的突破方向。

这件事教育我：只有到现场，到一线，到具体事情中，才能解决问题。有时候我们出于种种原因，没有在现场，却在背后指手画脚、遥控指挥，最后的结果往往事与愿违，不但解决不了问题，反而把事情弄得更糟。根据地初期，毛泽东身处反"围剿"第一线，亲自指挥的三次反"围剿"都大获全胜，后来，在一群不了解情况的留苏秀才的强行干预下，红军遭受了巨大的损失，根据地发展也走了弯路。

华为公司总裁任正非先生有句话：华为下一步变革的方向，就是让听得到炮声的人做决策。战争一旦打响，情势瞬息万变，只有身处前线的人才能综合各方情况做出正确决策。他们才是解决问题的人。

我讲这些只是想强调一个答题原则：一定要在此时此刻此场景中解决问题，千万不要随意离开场景、离开题目。眼前的问题才是重点，才是答题的关键所在；长远问题并不重要，提一提也可以，但是千万不要将其作为重点。

因为，我发现许多同学受到模板影响，面临题目中的急难险重情况，总在做一些不痛不痒的事情，做一些与主题无关的事情。这都是因为他们没有认识到：他们必须在现场，必须把更多精力放在此时此刻此问题上，不能随意离开题目，离开现场。

比如，一天群里讨论了这样两道题：一个是突发大水，道路损毁，群众被困，你怎么办？另一个是办事大厅天花板突然坍塌，你怎么办？

面对一道题，我们头脑中会产生许多散碎的点，都是被题目触发的，有的与题目强关联，有的与题目只是隐隐约约有联系。怎样抓到那些管用的、关键的、切题的点呢？这时候就要用到答题之锚。一艘船在停下来时会下锚，有了锚船才不会漂走。同理，答题也要下锚，防止答题不受控制，不知所云。简单来说，答题之锚就是关键——组织管理的关键步骤，人际关系的关键人物，应急应变的关键问题，综合分析的关键观点。

如果一道题有四个答题点，那么答题之锚可能是其中一个答题点。有了锚作为答题点，答题就有了中心，再往上往下、往前往后、往左往右延伸出更多答题点即可。基本上，所有的答题点都应该围绕答题锚，否则就会出现离题的问题。

这两道题，一看情况我们就该意识到，要到现场去解决当前最重要的问题，这个就是答题锚。那么这两道题的答题锚是什么呢？一定是抢险、救人，其他的都要围绕抢险救人展开。

群里有同学说，应成立救援指挥部、深刻反思避免类似事情发生、事后全面排查消除其他隐患等。答这些不能说是错，但是不合时宜，或者说不是重点。因为它们都离开了现场，不是在此时此刻解决此问题，不是答题锚。

为什么有些同学答题总是隔一层，听着有些道理，又觉得味道不对，就在于脱离了现场，离开了命题人精心为你营造的场景。这都是模板影响的后遗症。

解决此时此刻此问题，找到答题锚，是我第二本书强调的两个点。在赶书稿时，我满脑子都是面试题目，吃饭睡觉走路聊天想的都是面试，在较长时间的思考之后，我突然想透些东西，那种感觉无与伦比，无数问题就像黄油遇到热刀，纷纷迎刃而解、缴械投降。

答题锚就是我想透的东西。实事求是地说，答题锚既形象又抽象，初次接触理解起来有一定难度，但是不要着急，"让子弹飞一会儿"，随着学习的深入，也许某个瞬间你会理解答题锚的作用。

如何成为一个面试卷王?

根据我的经验,一般来说,掌握50道面试题目,将它们背得滚瓜烂熟,就足够在公务员考试、事业单位考试中"卷死"竞争对手。

这个数量看着不多,但其实是很难完成的艰巨任务。以我写的逐字稿为例,1道题1000字左右,50道题就是50 000字。想一想,高中毕业以后你有多久没背过东西了?如果实际做一做,会真切感受到掌握、背诵1道题的难度。以我自己为例,背会1000字的逐字稿,大概1个小时,到滚瓜烂熟的地步需要3个小时。而且,第二天还会忘,必须花费一定时间复习。

更关键的是,在掌握题目的过程中,你会遭遇一段漫长的"低成就感期"。你会怀疑背诵、掌握的效果,也难以把一道道题目与最后成功上岸关联起来。这种成就感的缺乏会极大打击一个人的信心、热情。简而言之,你的学习是枯燥、乏味、烦琐的。熬过去海阔天空,熬不过去就一切清零。

人生如果有个进度条就会变得简单许多。每做一件事,付出一分努力,进度条就会往前走一点儿。这种看得见的进步弥足珍贵,是希望的光,能够鼓舞一个人坚持下去。但是,我们的人生没有进度条,得摸黑前进,自己给自己鼓劲。

为什么我明确指出是50道题?对我来说,这没有收益,却有风险。也许有同学这么做了,却没有好结果,就会觉得我是一派胡言,跑过来埋怨、指责我。但是,我还是要说:一方面这确实是我的经验之谈,且经过了许许多多考生的检验;另一方面这是为了给同学们加个上岸进度条,简化学习的方法,降低备考的难度,增强前行的信心,是一个确定性的希望。

就好像我写文章，最艰难的阶段就是前一两年，那时没有人关注我，没有人留言，没有任何物质性收入，还需要投入大量时间和精力。我无数次想放弃，不想写了。我之所以能坚持下去，是因为给自己列了一个明确的量化的目标。先是 100 篇，然后是 300 篇，最后是 1000 篇。我公众号最上面的文章数字编号就是我的人生进度条，它帮助我走过了最艰难的那段路。我现在说的 50 道题，就是一种信用背书，能够帮助更多同学下定决心，持续学下去。

我见过太多学习方法，也见过各种各样的速成捷径。我讲面试，提高备考效率从来都是最重要的目标之一。但是历尽千帆，我还是觉得一道一道掌握题目才是人人都能入手操作的好方法，是高质量、高效率的好方法。

目标是 50 道题。请从零开始吧。

这很难，却是条值得走的路。那些反复横跳、往来折腾，却一直受困于面试的同学，不妨扪心自问：学了这么久，自己到底掌握了几道题？如果你现在充满迷茫，不知道如何备考，那么不妨从一道题开始。要知道，大多数事情就是急不得，得一步一步做起，得一点一点体会。

题目就是宝藏，里面有你想要的所有答案。

如何实现从 80 分到 90 分的提升？

凌晨四点醒来就睡不着了，脑海里想：如何实现从 80 分到 90 分的提升？越想越清醒，干脆起床写篇文章。我好久没有这种感觉了，顿觉精神振奋，精力旺盛，"老夫聊发少年狂"。几年前，大概有小半年，我每天都是四点多起床，五点开始写文章，六点多推送。

后来身体吃不消，暂停，现在突然又有了那种感觉，难得，高兴。

当面试有了一定的基础，下一步努力的方向是什么？也就是：如何实现从一般到优秀，从80分到90分？这个问题说难也难，说简单也简单。我写稿子、讲面试十几年，总结起来大概有四个努力方向。

一、结构好。千金难买结构好，结构就是骨架，其重要性毋庸置疑。这是基本，没有结构就没有面试答题，没有好结构就没有好答案。结构方面的要求很简单，就是层次清晰。有时候是第一、第二、第三、第四，有时候是第一个建议、第二个建议、第三个建议、第四个建议，还有时候是第一个原因、第二个原因、第三个原因、第四个原因。大道至简，结构就是这样。没有结构答案只能是一堆烂泥，那样的答案不值一提。即便是演讲题，看起来没有连接词，却依然有结构，只不过隐藏起来罢了。

二、扣题紧。面试秘诀千万条，问啥答啥第一条。这是我反复提到的观点。问啥答啥就是紧紧扣住题目答题，人家问什么，你就答什么。再具体点，问你建议你就说建议，问你原因你就说原因，问你做法你就说做法，千万不要答题时驴唇不对马嘴。怎么做到扣题紧呢？准备时多读题，反复读题，确保读懂题、读通题。答题时，心里面一定要默念问啥答啥、有啥说啥，别搞什么虚头巴脑的东西，就解决题目中的问题，回答题目中的问题。要把扣题贯穿答题始终，在你拔高、拓展、深化之前，先做到就题论题。这一点怎么强调也不为过。

三、观点新。只有观点新才能抓住人的眼球，这是能让你在极端激烈的竞争性考试中脱颖而出、让考官眼前一亮的不二法门。我一直说，要先有观点，再有好观点。这其实是两步走。第一步是对自己答题的每个点进行概括，放在每个答题点的前面，让考官一下子知道你想说什么。这就是小标题、小观点、总括句，一定要有，没有不行。概括的方法是：你反复问自己，我这一点到底想说啥？到底想说啥？一般问两遍就会去皮见骨，找到你真正想说的东西。第二步就是优化提升，美化观点，这是个必经的过程，没人可以例外。就好像写稿子，最后一定会在观点上下功夫，再磨一磨；面试也一样，观点新颖是脱颖而出的关键。准备时，可以通过专门摘抄逐字稿的提纲进行练习，反复揣摩、模仿，最终会学会、掌握的。

四、过渡顺。这是最简单、也是最困难的事情。有些话，你说出来就生硬，可别人说出来就顺畅，其中最关键的区别就在于过渡是否自然。这真是硬功夫。我平常改稿子，改到最后就是改这个。很多同学的面试答案就是将似是而非的内容堆砌在一起，看着是这个意思，实际上没那个味道。这就需要注意过渡，通过巧妙的过渡让内容顺畅起来、自然起来。练习这个首先要有意识，当你发现自己能答题，但是答案不顺、味道不对时，不要随意否定自己，那恰恰说明，你有了一定的基础，到了提升过渡的地步。接着你可以揣摩我的逐字稿，这方面我非常注意，是很好的学习素材。最后你可以优化自己的答案，答题、录音、听录音、再答题。你也可以将其转化为文字，自己修改，这会让你对答题顺畅不顺畅、过渡自然不自然有更深的体会。

纵向上分层，横向上展开

这几年，我总结出来的最重要的面试理论技巧就是：先在纵向上分层，再在横向上展开。纵向上分层，就是先找到答题的方向，一般需要三四个答题点，皆在解决思路问题、形式问题。横向上展开，就是围绕一个答题点，在展开时进行再分层，一般也是三四个层次，皆在说话问题、内容问题。

现今公考培训界的模板大都用来解决纵向分层问题，涉及横向展开的理论和方法可谓少之又少，更不要说把纵向分层和横向展开结合起来。我之所以关注这方面，主要有以下几个原因：一是我的语言表达能力普通，总想找些支撑，帮助自己加强表达。而且，仅有纵向上的分层不够，就慢慢琢磨出横向展开的方法。二是我长期从事文字材料工作，工作任务重，时间也紧张，就想着不断提高效率，后来发现纵向＋横向的结构会大大减轻工作难度，就将其迁移到了面试答题中。三是不管是面试教学生，还是写材料带徒弟，我都要解决许多实际问题，讲出来就要管用、能用，这倒逼着我不断总结、优化，慢慢地我就摸索出一套行之有效的写材料、面试答题方法。

几年前，我提出"纵横十字法则"，把答面试题比作盖房子，纵就是四梁八柱，就是房子的结构；横就是砖块、水泥、钢筋、涂料、大瓦等，就是房子结构以外的东西。这个比喻，帮助许多同学迅速建立了答题的基本框架。这几年，我写的逐字稿、第二本书里的一百道真题答案，都是遵循这个纵横十字法则的。回想一下，最开始我对横向展开结构研究得不够深入，只知道重要，还没有总结出普适性的结构。又过了几年，我才逐渐厘清纵、横的常见结构，对面试的把握更上了一个台阶。这令我十分欢喜。

我之所以说这些，原因有二。一是再次提醒同学们，重视从纵、横方向分析面试答案，并学会从纵、横方向组织面试答案。我的第二本书、公众号逐字稿合集在模拟之前有个破题环节，就是专门讲这方面内容的，同学们一定要重视、研究、掌握、应用。另一个是我想再说说纵、横的学习方法。我一直强调掌握题目、背诵题目，这其实是把纵、横放在一起学习的方法。因为我的逐字稿符合纵横十字法则，而且为了方便学习，我还有意较为严格地遵循，只要掌握题目就能逐渐学会这种方法。但是，同学们情况不一，有可能需要专门加强纵、横中的某个方面，那么下文我再说说方法。

学纵，就要专门练习破题。就是集中找一定数量的题目，比如一百道，一道一道破解，列出提纲。不用完整答题，只是专门练习破题速度和质量。这针对的是"场下啥都会、场上啥都想不起来"的同学。列出提纲以后，最好思考破题逻辑是什么，就是层次与层次之间是什么关系，可以参考逐字稿的破题部分。我在 B 站和视频号还有专门的破题视频，每次破解的题目有二十道左右，也是挺好的学习素材。我建议，把最后的提纲记下来，记得滚瓜烂熟，做到脱口而出，那么这方面一定会有大的进步。

学横，就是要专门读题。最好是读我的第二本书或者最新的逐字稿，慢慢读，每天一两个小时，主要是体会每个观点横向的结构，即：如何分析问题，如何解决问题，解决问题如何找到两个支撑点；如何讲道理，如何举例子，用反义词组法如何拓展出更丰富的内容。好好体会其中的过渡、连接词、结合实际等，只要坚持下去，你的答题流畅度、丰富度都会提高。读就可以，背下来更好，到底怎么做，可以根据个人实际情况把握。如果能掌握一定数目的逐字稿，纵横都不再是问题。

面试并不神秘，学习就是研究的过程，针对自己的问题找方法破解，面试就会越来越好。面试水平正是在发现问题、解决问题的过程中提高的。最后，你要认识到，学习中还有更多问题，你的面试成绩也会反复，这都是正常的。不要怀疑，要继续坚持，继续总结，继续提升，总之，你想要办到的，就会确定无疑地达到。

第四部分

用心生活——流光溢彩的平凡岁月

永远要牢记，公考和面试都只是生活的一部分。人生在世，还有许多重要的事——赡养父母、照顾家人、养育子女，这些都是每个考公人必须要承担的责任。工作不是生活的目的，也不是生活的羁绊。平衡好工作和生活的关系，寻找到宁静、幸福、丰盈的人生，才是我们的终身课题。

第九章　不惑之年

要永葆一颗谦逊的心

我人到中年，如果说今后要改掉一个什么毛病，那就是一个
"傲"字。我对他人比较谦虚，对自己却有些傲气。有傲气就会觉得
自己啥都会，不用学习。有傲气就会觉得自己啥都懂，不愿意接受
别人的意见，很多事情办不好。有傲气就会刚愎自用，一条道走到
黑，不撞得头破血流，不知道回头。我得改掉这个毛病，以更加谦
逊的心，做我现在做的事。

当面试老师，很容易沉浸在一种虚幻中，觉得自己了不起。其
实哪有呢？只不过比别人多吃了几年盐，有一些没有什么大不了的
经验而已。如果站在上面下不来，下场是不会好的。我从不认为自
己在语言表达方面，比同学们更有天赋和能力，我只是花了较长时
间学习、总结而已。

早晨醒来，冷雨还没停。俗话说，三月最怕回头寒。希望这艰
难的日子早点过去。

这几天，许许多多人给我报喜，上岸了要感谢我，都是溢美之
词。我感觉受之有愧。我写公众号也好，发面试音频、视频也好，
其初衷只是想寻找一种自我成长的方式。具体点说，在写公众号之

前，我花了漫长的时间寻找，寻找一种让我挣脱命运的方法。后来，我就开始写、开始讲。当初我并没有想到，这会给他人带来什么帮助。从出发点来讲，我是为自己做的，所以同学们不必那么感激。你们上岸主要靠的是自己，我不能贪天之功，更不能贪人之功。

再一个，成功的人看似不少，但失败的人更多。如果认为他人上岸，自己发挥了主要作用，那么他人失败，是不是自己也发挥了主要作用？其中的功过，我承担不起。我只是一个谦卑的人，做了自己应该做的而已。

四十岁的目标

几年前，我立下了一个四十岁的目标，还曾经在公众号上做过记录。后来，时间一长便不了了之，没有再提起。现在，快要三十九岁了，以前遥不可及的四十岁，变得触手可及。

人生已经快要过半，值得称道的事情不多。建立家庭，有了孩子，这是两件。父母逐渐老去，生病治病，这也是一件。工作没有想象中那么重要，也不是那么不重要，算不好不坏。

那一年我在网上写文章，一直就这么坚持下来了。出乎我的意料，我成长为另一个自己。那天，我对爱人说："如果那一年不做这件事，我可能还在焦虑中，感叹怀才不遇、老天不公。现在没有什么怨气，只有内心深处的坚定和安宁。"这对一个中年男人来说十分重要，是他抵抗庸常生活的武器，不能没有的。

《论语》我读了很长一段时间，慢慢地，我对孔子这个人有了些了解，尤其对他说过的一句话牢记不忘："吾十有五而志于学，三十而立，四十而不惑，五十而知天命，六十而耳顺，七十而从心所欲，不逾矩。"

现在，我快到四十岁了，作为一个普通人，有些理解孔子了。抛开他圣人的光环，就把他说的话当作一个普通老人的感叹，更便于理解他的话。至少，对我是这样的。

十五有志于学，那说明十五岁之前，并没有把学习当作志向，没有认识到学习的重要性。三十而立，说明三十岁前不立，也不是什么自立，而是三十岁立志做一件事，这件事是什么，还是没有想清楚。四十不惑，说明四十以前有惑，不是什么圣人的境界，就是说到四十岁才终于明白要干什么，并且开始聚焦这一目标，一直做下去。

至于五十、六十、七十，我没有活到那个岁数，现在还不懂得。也许将来会懂。在我能想明白这些，我就感到孔子的可爱。他不是个天才，也有犹豫，也曾是个反复多少年才明白自己目标的人。

想想我们，二三十岁就知道自己要做什么的有几个呢？大部分人蹉跎半生才有所理解，才找准目标。孔子的伟大不在于很早就找到目标，而在于他始终想要找到目标，而且一找到目标，就终生不改。

如果孔子是这样的人，那么他就是个像我们一样的普通人，这样的孔子恰恰是值得学习的。《论语》的意义大概也正在这里。说实话，近几年我偶尔也会失眠，白天做了太多事，心跳会加快，即便再安抚自己，还是无法入眠，反而有越跳越快的倾向。后来，我找到个催眠的绝招，就是听《论语》的解读。我会打开微信读书，听现代人解读《论语》，一般十五分钟，我就会睡着。《论语》就是有这种安定人心的力量。

最后，说说我四十岁的目标，当时我想的是：到四十岁，写满一千篇原创文章。到今天，我距离四十岁还有不到四百天，距离完成目标还差二百五十六篇。

我会完成的。

平静态是易碎品

东方欲晓，我已经坐在桌前有好一会儿了。本想写些什么，又不知从何说起。近来，我更文的速度大为降低，实在是生活中发生了许多措手不及的事情。每每提起笔来，又心烦意乱地放下。

前段时间在外地陪家人看病，年近四十，也会感到无助。上有老，下有小，作为一大家子的指望，我知道软弱的情绪不能有，但是时不时又会冒出酸来，克制不住眼泪。我想，这不是不接受现实的软弱，恰恰是因为认清了现实，无法欺骗自己。如果是二十年前，我会怨天尤人的吧？现在则不然，即便果实很苦，也会吞下去，硬着脖子，细细咀嚼、品味。

人是渺小的，连一粒微尘也算不上。你我只是七十亿个个体中的一员，人类只是一千万个物种中的一种，地球只是银河系一千亿颗星辰中的一颗，银河系更只是宇宙中两万亿个星系中的一个。仰望星空，想到这些，就会觉得眼前的一切没有什么大不了的。

现在依然是面试季，许多人的命运都是在这几个月中改变的，有的人竭尽全力，有的人漫不经心，直到结果出来那一刻，一切才会变得真实，不想接受也得接受。生活会教会你许多深刻的道理，告诉你，你所拥有的并不是永恒不变的，你所依仗的更是虚幻的。我常说，"尽吾志也而不能至者，可以无悔矣"。对于许多重要的事情，我们能做且该做的，就是在此时此刻尽最大的努力，这样不论结果怎样，都不会后悔。

不要觉得眼前的一切都是理所当然的，更不要对眼下平静的日子习以为常。这种平静是非常容易被打破的。有这样平静的日子，要珍惜。现在想想，我遗憾的，大概是二十年前不够努力，看的书不多，经的事不多，见的人不多。二十年前，我正是刚上大学的年纪。所以，就愈发珍惜当下的日子。虽然如此，却依然浪费着时光。这实在是每个人的常态。

早起，有家人一起吃早餐，健健康康，安安静静，这就挺好。走在街上，风轻柔，人低语，车水马龙，无人打扰，这也挺好。坐在图书馆，翻看一页书，看一行字，写一页纸，也挺好。备考中，背会一道题，模拟一道题，这也挺好。这种平静，其实挺难得的。

一天晚上，爱人拿出一大瓶黑色的酱，喂了我一口，是用桑葚和某种豆子熬成的，有些甜，有些硬，但也没有那么难以下咽。我坐在床边，她按住我的头，用新买的刮油梳子来来回回梳我的头。她说，早晨熬的黑豆浆，记着喝，别一大早起来就对着屏幕。这些都是长头发的。以前，我每次到理发店，师傅都会说："你的头发真黑真密，你家里人都这样吗？要削一削，不然太密。"转眼间，头发就没有几根了，难怪爱人会着急。

人生是由当下构成的，过好当下，就是过好自己的将来；珍惜当下，就是珍惜自己的人生。

男人回家要做些什么？

以前，我喜欢在家里写作、读书、录音频。做这些事情，我有不少收获，公众号的发展、第一本书的出版，都得益于此。近来，我反思这种行为，觉得有些不对。作为一个男人、一个丈夫、一个父亲，回到家里，与家人相伴的时候，应该做更有意义的事情。否则，就是没有尽到责任。

第一件事是做家务。这是理所当然的。家就是你的家，你不打扫、不整理，又能依靠谁？以要干正事为由，把家务完全甩给家人，这是不负责任的。劳动是一个人的必须，体力活儿也要干一些，否则人就会逐渐退化，变得脑满肠肥。既然能专门抽出时间去健身，为什么不能花时间扫地、收拾屋子？劳动没有高下之别。如果觉得有区别，那恰恰说明你的修炼还不到家，更要通过做家务锤炼自己。

扫扫地、拖拖地，看着地面由肮脏凌乱到干净整洁，人也会变得清爽起来。整理一下书架，与孩子一起整理更好，这是最有效的家庭教育。身教胜于言教，如果不做只说，效果不会好，孩子还会有逆反心理。在一件件小事中，在日常起居、打扫庭院的过程中，人的责任感才会培养出来。曾国藩在家书中经常教育兄弟家人打扫庭院、养猪、纺织，因为这些小事其实是在炼心性。

第二件事是辅导孩子写作业。如果你认真辅导过孩子写作业，从头到尾，不急不躁，还能发现孩子的短板，想办法解决，那真的很了不起。有时候，陪孩子从六点开始，一直写到十点，孩子还不着急，我却已经受不了了。想去玩手机，想来回走动，想躺在床上休息，但是孩子依然坐在那里，一笔一画，认真完成每一项工作。在这个过程中，我会认识到自己的渺小，有时候我还不如一个孩子，她比我更有韧劲，更有耐心。也许，我小时候也是这样，后来又丢掉这种精神，现在正在重新找回来。

我想，我一定要保护好孩子做作业时显露出来的"耐心、韧劲、乐观"，不让时间把它们消磨掉。面对一个连续做四小时作业的孩子，父母要学会谦卑，大概率你是不如孩子的。如果一个成人每天跟孩子一样的作息，花费同样的时间工作、学习，那他一定是可以成功的，事情也一定可以做成。但是，绝大多数人是做不到的。他们比孩子更浮躁，会被交际、娱乐占去大量时间，每天花费在成长上的时间，真的不如孩子。当我辅导孩子写作业时，孩子其实是我的老师。

第三件事是做饭。我已经有好长时间不做饭了，真是不应该。刚结婚的时候，我每天都要做三餐，那时候很用心。小块儿的豆腐，细细的土豆丝，薄薄的黄瓜片，滚烫的热油，火红的辣椒，我很久不与它们照面了。这是我的不对。现在都是岳母做饭，我们都吃现成的。

最近一次做饭，是为两个小家伙做了一碗方便面。煮开水，下面，盛出来，过凉水，放上牛肉、黄瓜，淋上生抽、陈醋，每个小家伙都吃了大半碗。不做饭，生活就没有烟火味儿。一家人在一起生活，每个人都有做饭的责任，不能都推给一个人。我反省自己，还是应酬多了，这一个要聚会，那个要请客，还有一个要约饭，外出吃多了，家里的味道都忘记了。似乎，现在刷碗的次数都减少了。要改呀，要改。

至于读书、写作，只要愿意干，总能找到时间。

学会爱自己

从本质上讲，我们在世上都是独行的，出生的时候一个人，离世的时候一个人，其间有父母、爱人、子女、家人、友人与我们相伴同行一段儿，接着又呼啦啦散去，消失在人群中，不见踪影。独行是人的常态，同行是偶尔的聚合，喧哗之后，又归于平静。

你一直都是这么过来的，有时候你意识到了，有时候你意识不到，但就是这样。你以为可以依靠许多人，到最后却发现，你能依靠的还是自己。人确实是群居动物，每个独立的个体，又是孤独的旅行者。身处人海之中，也会感到寂寞，很多人都感受过这一点。你会在某个时刻，洞察这一真相。这算不得惨痛，但也确实并不让人愉快。

很多人遇到事情，总是想从外部求得支持，甚至让他人来为自己做决定。这就找错了方向，能做决定的，只能是你自己；能鼓励你的，只能是你自己；能温暖你的，也只能是你自己。你得学会独处，你得学会爱自己，你得学会信任自己。我见过很多同学，对自己要求特别苛刻，遇到事情就怨恨自己，觉得自己没毅力，觉得自己不聪明，觉得自己真失败。总之，一切都是自己的错。

这是极大的负能量，会拉着一个人陷入黑洞洞的深井，一直往下掉，一直往下掉。以前我也是这样一个人，成绩不好埋怨自己，不会交际埋怨自己，说话得罪人怨恨自己，事情办不妥怨恨自己。在我心中，我实在是个一无是处的人。这种黑色能量，能让人憋着一股劲儿，不服输、不服气，具有强烈的进取精神。但是，这种黑色能量也会伤人，使人心里伤痕累累，滋生戾气和愤怒，时时刻刻想要吞噬自己。

心有黑暗，向阳而生。说实话，这是不容易做到的。后来，我慢慢知道，人得接受自己，与自己和解，这是你往前走、持续前行的动力之源。所以，我现在看事情，总是先看积极、正面、阳光的一面，这能增加我的自信。我看自己，哪怕做错事情，哪怕遭遇失败，也会先肯定自己的成绩，肯定自己的努力，理解自己的不容易，鼓励自己继续前行。

这让我变得越来越宽容，也更有力量，更有韧劲。后来，我写材料，发现一般都是三段论，肯定成绩、正视问题、做好工作。我真的觉得，这是个十分好的方法论。肯定成绩，才能增长信心和勇气；正视问题，才能保持清醒和警惕；做好工作，才能扭转颓势和不利。这么做，才是更加务实、更加客观、更加长久的方法。

云淡风轻，一轮江月明。既看到自己的成绩，又看到自己的问题，还下功夫做好眼下的事情，人才会积累越来越多的优势，慢慢取得胜利。所以，我经常鼓励大家，一方面，对大多数人而言，收到的鼓励少之又少；另一方面，你们的付出，真的值得肯定。但是，我还是要说，人得学会爱自己，学会宽容自己，学会鼓励自己，学会温暖自己，否则，就可能陷入困境。因为大多数时候，你是一个人独行，如果自己不鼓励自己，就可能走不下去，与成功擦肩而过。

就像图 9-1 所示的这位同学，她能背三十多道题，面试水平大概率是不错的，但是，她还是会沮丧地想要放弃。

潇潇

三四月份买了老夏的书，背了老夏的三十多道题，但是考前一段时间，我特别沮丧，给朋友说不想考了，想放弃，后来我加了老夏微信，对他说了我的情况，他安慰我，告诉我该怎么做，我听了老夏的建议：面试就是要好好说话。今天面试，全场第一，感谢老夏一路陪我走来。

作者

恭喜你呀，不容易。并不是每次都有人劝你，有时候你需要自己鼓励自己，希望你有更好的成长，加油。

图 9-1　考生留言

幸好，她当时的信息，我看到了，做了回复。具体说了什么，我已经忘记，但是不外乎"做得不错、增强信心、继续努力"之类的。但是，很多时候，我看到消息是很久之后的事情，甚至会错过一些消息。如果我当时不回复，现在她又会怎样呢？

所以，人要学会鼓励自己，学会爱自己，这才是成就一番事业的基础。

三十五岁的年纪

蔡琴在一次演唱会上曾这么说："每一次看照片，都觉得两年前的那一天真好看，但是两年前的那一天我从来没有觉得自己好看过。"

我在三十五岁那年，也觉得自己二十岁的时候真帅，真健壮；二十五岁的时候真生猛，头发乌黑浓密，犹如加了特效；三十岁的时候，依然"壮怀激烈"，"欲与天公试比高"。

三十五岁的我，已经有了秃顶的倾向，洗发水换了好几种，还是止不住；肚子开始微微鼓起，再不注意就是一个中年大肚腩；身体也开始出现问题，脖子会突然疼，一根筋连到腰腹，恍若被人扎了个透。

　　三十五岁，这世界愈发苛刻和挑剔，就连国家公务员考试也对这个年纪的大叔关上大门。遑论在企业中，你不会有从零开始的机会，大家默认你应该功成名就，应该事业稳定，应该挑起大梁。

　　三十五岁平庸的老男人，到处面对的是嫌弃的目光。人生的前半截，平淡无奇，不过是太多的人，从野心勃勃到沉沦静寂的全过程。

　　我过三十五岁生日的那天，是一个无人注意的日子。

　　那晚，我下班早。开车离开单位北门，突然想喝些酒。前一段时间有同事说，东边有家老字号炒面做得不错，就忍不住想过去试试。

　　到了炒面馆，要了一碟小菜、一瓶小酒、一大盘炒面。一言不发地坐在那里，喝一口酒，夹一口菜，吃一口面。

　　走之前，叫了代驾，安安稳稳到家。陪孩子做了个试验，在书桌前录了音频，睡前看了会闲书，一切都波澜不惊。

　　难过吗？也不多。失落吗？有点儿。

　　这是一个大不相同的年纪。物换星移，人生已近二分之一。

　　前两天，我早上到单位，把车停下来，一时不想下车，就又坐在那里听老歌。

　　走的时候，正好碰上一位不是很熟悉的其他单位的同事。

　　"怎么不下车？"他问。

"车里坐会儿。"我说。

"哦，我也这样。"他说。

交浅言深。沉默。告别。开始新的一天的工作。

小时候，我身体弱，动不动就发烧。一发烧就浑身抽搐，口吐白沫。

母亲就抱着我到同村一个本家爷爷那里。这爷爷对我的病很有经验，掐掐人中，嘴里放片安乃近、新诺明之类的老药，说："回去吧，一会儿就好了。"

想想真是奇怪，那么大的动静，就这么转危为安。母亲说："我抱着你还没走到家，你就又开始玩儿了。"

不久前，母亲去医院看病。她的牙齿不行了，快掉完了。牙医看过后说自己也无能为力，只能先检查身体，如果身体还好就要拔掉全部牙齿，换上假牙。

那天，我陪她去拔牙。我领着两个孩子在外面等她。看见她慢慢走出来，一步一步，站在垃圾桶旁边，一会儿擦擦嘴里的血，吐一口，一会儿再擦擦，吐一口。

两个孩子在附近的小花园里追逐嬉戏，一个抱着我的腿说："爸爸，给我买个礼物吧。"

"好啊！"我轻声说。

一件小礼物给女儿，一盒纸巾给母亲。女儿对我笑笑，母亲对我笑笑。

母亲就这么慢慢地拔掉了一颗颗牙齿，直到嘴里黑洞洞的，光秃秃的。闭上嘴的时候，嘴唇上都是纵横交错的细细的皱纹。她老了，一切都不一样了。

一个女孩说，自己费了很大的劲，克服了好多困难写好的稿子，领导连看都不看就放在桌上。过了一两个星期，才对她说："上次的稿子不行，再改改。"她觉得委屈、难过，领导的一句鼓励就那么难吗？从来都是没有好脸色。但她没说什么，还是拿过去修改。

一个男孩说，自己昨天到了工作地，看了单位宿舍，在车里哭了半个小时，想立刻毁约走人，回去重考。事后回酒店睡觉，感觉自己太做作了，快三十岁的人了，被惯坏了。哭过以后，还是去上班了。

最近火爆网络的职场潜规则：不要大声责骂年轻人，他们会立刻辞职的，但是你可以往死里骂那些中年人，尤其是有车有房有娃的那些。

角色已经转化，责任已经落在你的肩上。不会再有人给你遮风挡雨，父母妻儿都靠着你。

种一棵树最好的时间是十年前，第二好的时间是现在，就是此时此刻。

王顺德已经八十多岁了，整个身体洋溢着旺盛的生命力。

有人说他一夜成名，他却说为了这一天，他足足准备了六十年。

他说："我叫王顺德。为了这一天，我足足准备了六十年。二十四岁，我当话剧演员。从四十四岁开始学英语。四十九岁创造了造型哑剧，到了北京成为一名老北漂，没房没车，一切从头开始。五十岁我进了健身房开始健身，五十七岁我再次走上了舞台，创造了世界上唯一的艺术形式——活雕塑。七十岁我开始有意识地练腹肌，七十九岁我走上了 T 台。”

跟他同样年纪或者比他还小的大爷大妈们，或者缠绵病榻，或者颤颤巍巍，或者跳着广场舞。

王顺德却把自己活成了一部传奇、一部史诗。别人只能在广场上扭来扭去，他却走最璀璨的 T 台。

很多人对时间的威力一无所知。

人们往往对一年之内能够达到的高度有过高的期望，而对于三年十年能够达到的高度估计不足。

如果你在二十五岁没有为三十五岁埋下彩蛋，那就在三十五岁为四十五岁埋下彩蛋吧！

这是一个极度焦虑的时代，我们都不敢停下来。或者忙于工作，或者忙于生活，或者忙于“休息”。

我们成为机器上的一颗小小的螺丝钉。就像流水线上的工人，眼睛、手、整个身体都在高速运转，大脑却似乎陷入停滞。

我们来不及思考，只能不断向前狂奔，离不开，慢不得，更停不下来。

一手交钱一手交货，个人付出时间、精力，得到或多或少的报酬，这是我们赖以糊口的基础。

在这个过程中，我们一无所得，身体每况愈下，精神每日消磨。看着做了很多事情，但这些事情都跟成长无关。

我见过不少退休干部，他们身在其位意气风发，“老夫聊发少年狂”，曾“不知老之将至”。一旦人走茶凉，身体便迅速垮下来，精气神儿就没有了。

他们的一切是体制赋予的，体制不再需要他们的时候，他们也就没有了价值。

得到一件东西，最好的办法就是配得上它。你得为自己做些事情，为成长做些事情。

每个人都是自己的 CEO，每天拿到的都是二十四小时。从理财的角度来说，不能只把时间投入消费中，投入吃喝拉撒中；要留出一点儿去投资，留出一点儿时间去发呆、独处，留出一点儿时间去阅读、健身，留出一点儿时间去成长、积累。

为十年后的自己做些事情，也许每天只有一点点。但是，小小的变化，加上时间这么一个大变量，最后也许会带来惊人的变化。

找个天朗气清的傍晚，走进草木葱茏的树林，端坐树下，关掉手机。

不动妄念，不生贪心，就那么静静地停下来，用心感受时间的流动。

虫鸣声若隐若现，鸟儿扇动翅膀掠过树梢；道道光线穿透层层阻碍，一片树叶打着旋儿飘落身前，几块怪石散落四周；草木和泥土的清香沁人心脾。

你会感受到时光的流逝，你会觉得一分钟很长，你甚至会感动落泪，体会到生命的美好和无限的可能。

如果你想改变自己的命运，就从每天留给自己一点时间成长开始吧。

每个人都需要一个三十五岁，或早或晚。没有人表扬你，也没有人肯定你，你需要孤独前行，这是成长必经的过程。

勇敢并不是无所畏惧，而是在心怀恐惧的时候依然一往无前。不管你身在何方，总要闯出条路来。

摧伤虽多意愈厉

初三那年，我学会了摘抄名言警句。在那所乡下的中学，这也是难得的稀罕事。我买了一个胶装的笔记本，依稀记得是黑紫条纹交错封面，内芯的纸张也不怎么好。不过在当时已是难得的好东西，我用蓝色墨水笔，在扉页写了"采花酿蜜集"几个字。我从学过的一篇课文——鲁迅先生给某个青年学子的回信——中受到启发，取了这个名字。这个本子记录了我对文字最初的印象。

"春雪满空来，触处似花开。""仲尼厄而作《春秋》。""雨丝风片，烟波画船。"最后我把那个本子写得满满的，但坐在这里敲击键盘，我却再也想不起那上面的其他文字。这不得不说是一种难以言表的情绪，遗憾、释然、感伤、庆幸都有一些，又都不多。那个梦幻一样的年纪，终于随着名言警句本的丢失，一去不复返了，连同那些年的少男少女们合着紫色的、青色的不知所终的情感。

还有一句是："摧伤虽多意愈厉，直与天地争春回。"后半句我现在是不怎么信了。人力有时穷，有些事情是做不到的。倒是前半句，我在某个特殊的节点总会想起来。或是有了委屈无从诉说，或是受了刁难难以反抗，或是遭了命运不大不小的捉弄，我咬牙切齿地坚持时，脑子里会突然跳出这句话。

我在小时候遇到许许多多事情都会感到害怕，犹如一个人行走于辽阔、莽荒、寂静的大地。后来，见得多了，经历的事儿多了，就回过味儿来：人生是一次孤独的远行，我们原就是朝着必然的终点，或奔行，或蹒跚，或快步，或缓行，不管怎样，总会到达必然的终点。一路上我们会遇到许许多多的好人坏人，遭遇许许多多的好事坏事，这都是必然的，不然岂不是太过无聊孤寂了。

　　我们是由小变大、由弱变强的，这是生命的常态。有些事情现在应付不了，但总有一天会处理自如；有些人现在招架不住，但总有一天会不当回事——本就没有什么大不了。只是此时此刻，确实面临些困难，甚至看起来是天大的困难。写到这里，又想起一句：一切都会过去，而那过去了的都会变成甜蜜的回忆。这应该是普希金的一句诗，大概如此，已经记不大清楚了。

　　过去了的也不都会变成甜蜜的回忆，刀割伤的地方会晒进光来，日光、月光、眼光，最后长成厚厚的茧，丑陋而又安全。

　　我知道，现在不少人正走在独自对抗面试的路上。说实在的，即便我经历过许多次，我也难以感同身受。如果我告诉你，这没什么，总会过去的，你会觉得我不懂，我是在说高级的风凉话。真是如此。最后一场面试，距离我也已经将近十年，我真的再也难以回忆起当时的感觉。我脱离实战好久了，时过境迁，现在的面试也难以给我天大的压力。

　　不过，我有些别的体验，与面试前的种种感受是相似的。所以，我在这里就唠叨几句，说一说我年少时记下的，现在也会时时想起的一句话：摧伤虽多意愈厉。谨以此句送给你。此时此刻，孤独的少年，咬牙前行吧，你别无选择。

宏伟的一天

某天早上，我六点多起床，到地下室录制了一期视频，来不及剪辑更新，就赶到单位。有一个朋友的孩子要参加选调生考试，我要帮忙模拟。因为周日九点开始加班，我就让这孩子七点半到单位，趁着早起的时间进行模拟。路上，拐到路边摊，胡乱吃了几口。

小姑娘刚上过培训班，声音不小，也敢说，就是做不到问啥答啥，控制不住题目，回不到生活和工作中，本人与题目完全是脱节的。不知不觉我讲了一个半小时，模拟了四道题，基本解决了这个问题。现在的培训班，真是一点儿也不讲究了。提炼观点，分出层次，都做不到了。更不用说真正解决问题、想方设法达到目的。

我对小姑娘说，你的岗位招五个人，十五个人进面试，现在估计大多数都在上培训班，学的都是模板，短时间从模板里出不来，不用怕他们。只要解决了这个问题，好好说人话，好好解决问题，就能实现降维打击，估计问题不大。在我眼中，这就是他们这一批人的命运。小姑娘的竞争对手中，还有四个也上的同一个培训班，学的同一套模板。简直是悲剧。

送走了小姑娘，我开始加班，开会，写材料，协调各种事情。中午，天气热，我没有回家，正好趁着这段时间把早上录制的视频剪辑了，上传。吃了午饭，我躺沙发上午休，一会儿就醒了，看看手表，睡了二十一分钟。

八点，加班结束，心情有些烦躁，估计是累的。回家前，在外面吃了小吃，心情有些好转。

到楼下，家里亮着灯，孩子应该还没睡，想上去看看。还是没上楼，直接去了地下室，更新小红书、视频号、抖音上的视频。白天实在来不及，一直到将近十点，身体有些不舒服，就赶紧上楼睡觉。

睡前读了会儿《传习录》，书中讲到做好眼前的、手中的事，自然而然会有进步。也许，对王阳明来说，眼前的、手中的事情已经做不完，所以才会这么说吧。我现在经常感到时间不够用，基本上是按照小时计算时间的。一个人时间的颗粒感，某种程度代表繁忙程度，我现在就是一个小时一个颗粒，如果不做些有意义的事情，总觉得罪恶感不小。

晚上一个人睡在西卧室，不敢跟孩子一张床，担心会睡不好，太累，受不了。两点多起来关空调，夏夜竟也有些冷意。再躺到床上，就想：明天的公众号文章还没有写，小打卡还没有更新，手机上的各类消息还没有回，要起早一些。要不歇一天吧，别赶那么紧？嗯，就歇一天。接着，四点多醒，五点多醒，快六点的时候真的睡不下去了。不起来，就觉得犯了什么错。这种感觉算不上好，也算不上坏。

几年前，我锻炼早起，逼自己写文章不要停下来，现在倒是做到了，不早起也不行，不写文章自己也受不了。但是，我发现我其实并不是那么想这样。可是，又明白该这样，身体也已经适应，大脑会逼着我起床写作。不好也不坏，基本可以接受。我经常说，早起没有什么大不了的，也不值得标榜，这就是一种"你不想要但还是会来找你"的习惯。你养成了这种习惯，就没有办法摆脱。说痛苦是矫情，说享受也是矫情。

到地下室，花了二十来分钟，回复各个 App 的留言，接着就准备写文章。想想从那天早上到现在挺有意思的，就写写，分享给大家。最大的体会是：做你该做的事情，哪怕十分渺小，也坚持下去，慢慢地事情会越来越多，多到你停不下来。而这时，也许你有新的想法，但是你曾经的想法都已实现。这大概就是成长。

"其作始也简，其将毕也必巨。"做好眼前的事情，在每个无人知晓的破晓黎明，在每个无人陪伴的漫漫长夜，从一点点开始，搭建生命的宫殿。这宫殿终有宏伟的一天。

通往美好的路有两个特点

最近一段日子，工作真的很忙，写完五六篇稿子，做完五六件杂事，还有五六篇稿子，还有五六件杂事，还要顾家里的父母、兄弟，再顾公众号更新，好累。

有些时候，也会莫名烦躁，尤其是当工作一件接着一件，似乎陷入泥泞的深渊，越挣扎，越无力，陷得越深。

有些同学问我：为什么我平衡得那么好？工作那么累还有时间更新？其实很简单，我把更新公众号当成一种放松，当成一种休息，当成有别于其他一切事情的事情。大多数时候，我写文章很快，半小时将近两千字，中间不停，键盘噼里啪啦作响——飞一样的感觉。

错别字、逻辑错误在所难免。我愿意接受这些错误，如果能够持续产出文章。这是我必须付出的代价。我在工作中写材料，是一个字都不能错的，我对标点符号错误，都要纠正过来。

但是，当我更新公众号，做这件对我人生有决定性作用的事情时，我允许自己犯错，我对自己出乎意料地宽容。我不这么做，我要怎么办？

有两组人，都在做陶罐。一组做得多想得少，另一组想得多做得少。两组都做一百个，从中挑选最好的三个，你觉得这三个陶罐是哪组做的？

你可能猜错，这三个最好的陶罐，都是那组做得多想得少的。我一直坚信，完美只有在一次次完成之后，才能成为可能。

最开始，过分追求完美，只是完美的障碍。不明白这一点，你就无法上路，更无法远行。

当然，我有时候也矫情，觉得关注我的同学多了，想要拿捏一下，写出长文，写出雄文，写出爆文，注重遣词造句，注重文采形式，这个时候，我的更新频率会下降，更新质量也会下降。

这是我的魔障，困住的只是我自己。不忘初心，就是不要被莫名其妙的魔障困住。什么时候我矫情，什么时候我沉沦。

今晚又有五六篇稿子的任务，家里亲戚也有很多事情让人烦躁，我就早早地回家，"明日愁来明日愁"。我买两块肉，我喝半瓶酒，我写一篇文，一切烦恼，在白月书窗下，在金樽清酒中，随风而去。

明天，又是崭新的一天。起床后，太阳升起后，再迈起脚步，一步一步往前走。

"蒹葭苍苍，白露为霜。所谓伊人，在水一方。溯洄从之，道阻且长。"

所有通往美好的路，都有两个特点：阻和长。

阻碍是这条路的第一个特点。

你一定会遇到阻碍，如果一马平川，你也看不到瑰丽的风景。生活苦吗？真的苦。大部分人都是如此。在残泪零落于骤醒的枕间，一个人独对漫长的黑夜，苦涩感油然而生。

如果你有兄弟姐妹，如果你有父母子女，如果你有知交好友，如果你有粉丝听众，你活得如何？他们又活得如何？生活困住了谁？你会理解这一切。

当你前往美好，你要认识到，阻碍一定就在前方。你能做的，就是仔细地看看这阻碍，艰难地跨过这阻碍。认识它，战胜它，舍此，你别无他法。

漫长是这条路的第二个特点。

我走了这么远，为什么还没有到达？因为你走的是一条长路，一条很长很长的路。如果这条路很短，一眼就能望到头，谁还会踏上这条路？

这条路烟雾缭绕，这条路深入莽荒，这条路幽深不可测，这条路渺茫无可度，这本来就是条漫长的路。

你走了一年，也许才会遇到驿站；你走了两年，也许才会遇到人烟；你走了三年，也许才会有人相随；你走了四年，也许才能跨过小丘；你若要攀上高峰，也许要很多很多年。

该怎么走这条路？其实，很简单，只有两个字：乐观。

日子一天天往前走，我们的生活在一天天变好。"天行健，君子以自强不息"就是这个道理。

你要回过头来看，看过去的日子；你要低下头来看，看现在的日子。一切都在好转，这是历史的车轮，我们都在轮下，都在随之前行，都在变好。

这是大势，千年一遇的大势。上一个大势在明，再上一个大势在唐，再上一个大势在汉，我们在变好，也一定会变好。

记得我上初中的时候，有一天回到家，告诉母亲，学校让交五十元。母亲走了好几家，都没有借到钱，就打发我和弟弟去了姥姥家，她却没去。

姥爷推着一辆破旧的自行车，带着两袋麦子，我和弟弟在后面推着，一步一步走到镇上的粮站，一百多斤麦子换了六十元。他给我们兄弟俩买了两根油条，又用一个油渍的方方正正、灰色条纹蓝色条纹相间的手绢包起那五十元，让我带回家，带到学校。

似乎就是这样，一切都如烟云中的白色雾气，已经记不大清楚。当时的我无法左右自己的命运，无助而又弱小。

二十多年后，我还是左右不了很多事情，改变不了很多事情，却不至于毫无还手之力。

就在这样烦躁的此刻，我依然要写篇文章，依然要向前迈一步。我就是要告诉自己，我终将点燃心中的火焰。

时代在变，我们也在变，你我历尽艰险至此，好不容易至此，焉能不发一言，焉能无所作为，焉能任人摆布，焉能低头服输？

小镇做题家

各省联考刚刚结束的那一天，我开车经过一所学校。马路上到处是二十来岁的小伙子、小姑娘，人来人往、川流不息、呼朋引伴，看着一张张青涩、迷茫、朴实的脸，听着刘德华的一首老歌，回想起十五年前参加公考的自己，某个刹那眼睛发酸。不知道在感怀什么，但就是有许许多多的想法，难以详述，纠缠往复。那天的太阳有一点儿灿烂，那年的自己足够年轻，耳边还有骑着自行车飞驰时的呼呼风声。

我是算不得小镇做题家的，也不怎么关注热点，对好多流行的词不甚了了。但是，"小镇做题家"这个词真好，任何人一看就知道意思。"小镇"指明了出身来历，"做题"是对方法策略的总结，"家"则是对做题程度的描述。真是精练准确、内涵丰富。我不是小镇的，我是村里的，镇里偶尔逛逛，算不得小镇做题家。不过，我却知道这词说的就是我，以及亿万个和我一样的普通年轻人。

小时候，我也不知道什么是少年宫，什么是冰激凌，没有学过什么乐器。没有花香，没有树高，只是一株无人知道的小草。我兄妹三个，弟弟妹妹都没怎么上过学，以我家的情况，连刷题的条件也提供不了三份。不记得高中还是大学，我放学回家，骑车好久来到一个化工厂，母亲和弟弟在那里工作。母亲是灶上做饭的，给我炒了碗面，记忆深处黄黄绿绿的一碗饭，大概是有鸡蛋的。我问母亲弟弟怎么在这里，母亲说让他跟着铲废料。我又问怎么不见他，母亲说他被烟呛了眼睛，躺在床上起不来。

远处红黑的烟囱冒着黑色的烟，在那个寂静孤独的工厂，一种凄凉的感觉弥漫在胸中，许久不曾消散。

有时候，我会庆幸，还好读了大学。那些跟我一起上小学、初中、高中的同学，慢慢地不知去向、杳无音讯。每个刷题刷到大学的小镇青年，都有这样的经历。我们好不容易走到这里，虽不指望别人赞一声，但也接受不了对出身来历的嘲弄鄙视。这世界是不公平的，我们很早就知道。但是，作为既得利益者，作为先上车者，又有什么资格居高临下，你们凭什么？你们又怎么敢？

某周刊替明星考编撑腰，我们这些小镇做题家遭遇了三连击。

第一击，小镇做题家抱怨是因为内心有剥夺感，这是鄙视动机的诛心之言；第二击，小镇做题家天天上培训班、刷真题，这是鄙视努力的讽刺之言；第三击，小镇做题家最后还是考不上，这是鄙视结果的乐祸之言。真是厉害，哪里疼往哪里挠，撕开伤口再撒把盐。

要知道，大部分小镇做题家是上不起培训班的。2014 年，我已经上班好几年，要去北京参加个面试。在家里时，我已经做了呕心沥血的复习，但总觉得不上个培训班没有尽力的感觉。所以，我借了八千元，上了个培训班，面试失败以后还了好几个月。这才是真实的现状——没钱的小镇青年连个培训班也上不起。

很早以前，我特别看重自己的面子，愤怒别人看不起我，有着敏感脆弱的自尊心。后来好了很多：别人看不起我，我会默默努力，狠狠扎根，把巴掌扇回去；再后来，看对方一眼都觉得浪费时间，做好自己即可。如果我们自认小镇做题家，那么就不要忘了该做的事情。"白日不到处，青春恰自来。苔花如米小，也学牡丹开。"继续刷题，不要辜负了"小镇做题家"这个封号。

说到这里，想起一本书：《毛泽东最后七年风雨路》。据记载，主席晚年读书，一次老泪纵横、泣不成声，哭了很久才稍趋平静。工作人员上前，发现主席阅读的是一首《念奴娇·登多景楼》，词中有这样两句："六朝何事，只成门户私计？"其中深意，值得每个人深思。

明星考编，我其实并不怎么在意。只要不搞特权，真刀真枪考上，小镇青年是认可的，这个度量还是有的。我们反对的是特权，反对的是暗箱操作、萝卜招聘。至于周刊，可以发表各色言论，但是不要脱离了群众，不要忘了初心，否则爬得越高摔得越痛。

好了，就写到这里吧，情况一目了然，也没什么好说的。

第十章　家的温暖

陪伴是最好的孝道

前几天，我们一大家子人到河边玩。我带着自己家、弟弟家、妹妹家的五六个小家伙，与另外三个小朋友在一个有草坪的足球场上一起踢足球。对方主动邀请的，我就带队应战。最后，我摔了两跤，膝盖被磨出一个小洞，以3：11输了比赛。

到家时，天色已晚，他们一大群人上楼，我又在楼下坐了一会儿。我穿过楼道，想上楼，发现父亲一个人孤零零地坐在电动三轮车上。我问他怎么不上去，他说："没事儿，就是坐一会儿。"我站在他身旁，问他最近身体怎么样，他总是那句话："一切都好，没什么，吃饭也行，能吃一大碗。"我捏捏他的胳膊，软软的，一层皮包着肉，土黄色的皮肤，上面有不少大大小小的黑点子、黄伤疤。

他的身体确实有很大好转。几个月前，他躺在床上，不吃不喝不说话，耷拉着眼，人也不大认识。有一天，他硬撑着坐起来，用微弱的声音跟母亲说："我想看看你们。"我的眼泪就止不住落下来，母亲也强撑着出去，鼻涕眼泪一大把。这段日子，治疗效果不错，我的心还是提着，但好了很多。想起来恍若隔世。此时此刻，我还能陪着父亲，说说闲话，拉拉家常，我已经很满足。

年轻时，我们互相吼，疾言厉色，互不相让。现在，我与父亲说话，很慢很轻，已经好多年，不曾争吵。父亲是真的老了。我认识到这一点，也就在一瞬间；接受这一点，却花了不少年头。我是家中长子，父母亲年岁已大，弟妹生活算不得好，压力总是挺大，总是心事重重。这算不得好，也算不得坏，只是个必经的过程，是必须承担的宿命。

父亲的鞋开胶了。我说："你的鞋坏了，我们去买一双吧。"他说："不用，还能穿。"我说："去吧，买一双。"他说："买一双？"我又说："买一双。"他说："那好吧，买一双。"我搀着他，上了车，去买鞋。我们说着话。我开着车，父亲坐在后座。车上就我们两个人，我要带着老父亲去买双鞋。

这是个十分少见的场景，我似乎没有专门开车带着他，给他买过东西。平常都是母亲、弟弟给他买，最近这些年，他新添置的东西也不多。哦，想起来了，他病前，我专门给他买了个小型的电动三轮车。那时他的腿脚就不好，骑着电动车，我总觉得不安全，就给他买了个不会翻倒的电三轮。去年夏天，他总是大中午骑车过来，敲开门，给两个孩子送来棒棒糖、薯片。自从他生病，就再也没有了。三轮车是买好送给他的，并不是我带着他，就我们两个人，专门去买的，就像我小时候，他带着我去买一件东西。

父亲这身体和年龄，我能陪着他的日子，不知道还有多少。我十一二岁时过生日，父亲许给我一个蛋糕，后来他没有买，我发了好大好大的脾气，母亲把我按在地上，狠狠揍了一顿，父亲跑了好远，买了一个东西回来，我忘记是什么了。就记得，在老槐树下，对他发脾气。一眨眼，三十年都要过去了。

我给父亲买了一双老北京布鞋。专门挑了一双轻便、舒服、简单的鞋，父亲挺喜欢。他又说，能不能去新华书店，买两本画册，以前一去就是半天，好多日子没去了。我带着他来到新华书店，找到书画区域，父亲买了一本山水画册，想要找一本仙鹤的画册，却怎么也找不到。他腿脚不灵便，我一直在他身边，弯下腰一本一本翻，还是没找到仙鹤。他说："在网上买吧，让你弟妹买。"父亲年轻时是个才子，写字好，画画好，写文章也好。我写字很烂，画画一窍不通，就是喜欢写写文章，实在与他差得不少。

我把父亲送回家。上楼梯时，他不让我扶，攥着楼梯扶手，一步一步上楼去了。我跟在后面，随时准备扶。他还像年轻时一样要强。

我给母亲买了一部新手机

母亲用的手机，或者说她跟父亲一起用的手机，一直都是红米。

这手机是我几年前买给母亲的，还有一部华为手机给父亲。本来，我并不知道他们使用了多长时间，以旧换新时，营业员告诉我，这台红米已经使用了四十四个月。

母亲一直说还能用，就是不响了。她一直说这句话，我心里很不好受。我为什么会给母亲换这个手机呢？我想。

六月初一，母亲打电话，让我过去吃饺子，素饺子。我本来答应了，但是中午我还有事，一方面加班写稿子，另一方面想推送文章，就不想去了。但是，听到母亲电话里的声音似乎有些凄凉，我就觉得对不起母亲。于是，我答应去吃饺子。

我骑的是电动车。天气很热，我出了一身汗。走到国道的时候，那边正在修路，便道被封住。一辆接一辆大车从北往南，从南往北。我骑着车，停在便道与国道交叉口，一次次想越过去，到路对面，却总也过不去。这时，正好一辆大车呼啸而来，似乎，我一不小心，就得死在这里。

几年前，我还在老房子住的时候，没觉得这么麻烦。现在是怎么了？这么难，我竟然过不去。我不知道是怎么过去的，反正我过去了，越过那么多呼啸而过的大车。

大多数人是没在大车中穿行过的。那种感觉就好像一眨眼就会被卷入车轮之下。去之前给父亲买了两个猪蹄，还有一袋花生米。我知道他喜欢吃这些。

写这些干什么？我有十几万粉丝，为什么不写？我的生活就是这样的，还有更多人的生活不如我，这路上蒸腾的汽油味儿，这灰尘漫天的道路，这路上忙忙碌碌的人，还有我的父亲母亲，我当然要写，要写一辈子。

我吃了素饺子，不好吃。母亲做的饺子没有我小时候好吃。我问她，她就说了很多事情，终于提到手机不怎么管用了。作为儿子，我终于找到能做的事情了。

第二天，我想给母亲买部新手机，母亲没来。第三天，我才办成这件事。母亲在超市门口找到我时，我正含着一根雪糕。

小米公司的服务不错，那个营业员花了整整一个小时评估旧手机，把旧手机的内容转到新手机。母亲一直说自己的老手机还管用，还管用。

事后，我打电话过去，母亲很高兴。她戴着眼镜，似乎手机的内容看不清楚。我又去了一趟母亲的家，路还是那样难走。一辆喷雾车过去，细雾打湿我的衬衫，打湿我的裤子。

这条路，母亲每天都要走好几趟——这条鬼门关一样的路。我无地自容。

有人说，只要干货，别写那些乱七八糟的东西。我想对你说：你说的每个字，我都记在心里，但是，我根本不在乎。

梦中的自己也是现实中的自己

某夜，我做了一个长梦。

在梦中，我仿佛过了一个世纪之久，发生了好多事情，纷乱如麻。我在夜里两点多醒来，很长时间难以入睡，心里激荡着许多情绪，想要立刻爬起来，写下那些梦中的片段，写下那种复杂的情绪，跟大家分享。我以前就是这么做的，写文章都是率性而为，随性而写，不做遮掩，不做美化。但是，我压制住了写作的冲动，逼着自己睡去。

我为什么不敢写了呢？

我觉得是矫情了，是有包袱了，是学会遮掩了。这是成长的烦恼。人逐渐把自己藏起来，戴上一副假面具，说不会犯错的话，写不会犯错的文字，成为一个乏味无趣的人，以为这样能给人留下更好的印象。久而久之，变得面目可憎。

我也正走在这条路上。我开始筛选写作题材，那些有可能引起争议、会降低别人对我评价的、仅仅是个人所感所悟的、看似与面试无关的，我都尽量不写，以此维持自己专业、稳重、成熟的人设。

我厌恶这样不真实、不坦诚的自己。

就好像讲面试音频，我从来都不允许自己追求完美，一旦有这个苗头，就决绝地斩断那丝念想。我在模拟的时候，如果发现说得不好，想要重新模拟一遍，我就会强制自己说完，哪怕恶心也不停，说完就上传，不留后悔的时间。

我讲面试，首先是为了自己成长，如果受阻于矫情，陷入追求完美的陷阱，那还不如不讲。不过，有时候也不能完全做到这一点，还是有包袱，还是矫情，需要继续努力。

六点多，我醒来，决定写下这个梦。

我是个好做梦的人，几乎每天都会做梦。以前我总把做梦当成病，想治好，现在已经习惯与梦和谐相处，经历再恐怖的场景，也波澜不惊。昨天的梦惊心动魄。

在梦中，我又回到学生时代，在一所拥挤的学校里，气氛压抑而恐怖。那里遍布披着学生外衣的霸凌者，任意欺负、凌辱、殴打同学们，我也是被霸凌的一员。

在梦中，我激烈地反抗，从被欺负的第一天开始。我猛烈地还击，与各种妖魔鬼怪战斗。他们强大而不可战胜，我却始终没有屈服。我寻找着同盟者，组成小团体，我们一起激烈反抗，绝不屈服，一会儿失败，一会儿取得暂时的胜利。这是个漫长的过程，直到我从梦中惊醒。

我对爱人说，这是个史诗一样的梦，我由衷地感到开心。学校中的冲突，是我经常梦到的。在很早之前，我只会不停地逃跑、躲避，不知如何是好，陷入恐怖的梦魇。现在，在梦中，我勇敢地、激烈地反抗。这让我欣喜。

梦是人生的隐喻，梦中的自己也是现实中的自己。

经过这么多年的历练，真实的我变得勇敢，敢于直面困难，哪怕遭遇惨痛的现实，我也不会逃避，不会躲藏，而是竭尽全力、想方设法地破解，勇敢地迎难而上。我可能会暂时妥协，但一有机会，就会扑上去撕咬，无所不用其极，我绝不屈服。我现在就是这样的人，所以，梦中的我也是这样的人。

写到这里，我想起一个故事，邹韬奋留给女儿遗言的故事。邹韬奋晚年患上脑癌，弥留之际，已经无法开口，妻子拿给他纸和笔，邹韬奋颤抖地为女儿写下三个字："不要怕"。

我觉得，我们都要慢慢学会不要怕，学会勇敢地面对人生的磨难。这是每个人的成长史诗，是每个人的英雄之旅，是每个人的孤独之路。我们都会踏上这征途，接受岁月的历练摧折，希望，我们都能长成自己想要的样子。

最后的三分地

一天中午，母亲叫我去吃饺子。

吃完饭，她把我叫到里屋，对我说："家里卖地那五千元，你们兄弟俩分了吧，我放在屋里，一直没有动。"

这五千元是卖家里最后三分地的钱。那是一小块儿菜地，能收获各种各样的蔬菜，有黄瓜、豆角、菠菜、油菜、白菜等。

黄瓜适合凉拌，豆角适合干煸，菠菜适合下面，油菜适合爆炒，白菜适合烂炖。这块地产出丰富，却只有两百平方米大小。

母亲是不想卖的，可是有家人要盖房子，那三分地周围的地块儿都被卖了，只剩她的孤零零的一小块儿。

她禁不住对方死缠烂打，只能卖给他们。

这三分地卖了五千元。母亲现在对我说，要把这钱分给我，让我一时恍惚地怔住。

母亲已经很久没有给过我钱了。我上班后，这十来年，都是我给她钱。

父亲和母亲的东西已经没有留下什么了。

记得小时候，家里有八亩多地，麦苗绿油油的时候，一眼望不到边。

父亲下海失败，赔了不少钱，也赔了好几亩地。后来，修路又征走几亩地。这最后的三分地，终于也卖掉了。

他们曾经拥有八亩地，现在没有剩下什么。

我看着母亲的脸，她确实想给我，但似乎又有些不舍。

我说："给我们干什么，你自己留着花。"

她没怎么推让，说："好，我留着也行。你姥姥、姥爷年纪大了，你奶奶身体也不好，三个老人将来要花钱的。"

我有些不舒服，说："别想那么多，需要钱再跟我要。"

生死在母亲眼中，大概是等闲事吧。他们这一辈子，似乎就是为了给我们东西，给我们他们所拥有的一切。

他们现在不给我了，是因为他们年纪大了，没有什么了，我要的他们也给不了了。

也许，他们偶尔在梦里，会梦到那绿油油的麦苗，那时候他们还年轻，我还小，天还蓝，人还好。

母亲攥一把麦穗，父亲点起火堆，烧一烧，吹一吹，在手心里摇晃一阵，焦黄的麦粒就进到我嘴里。

春节二三事

难得的假期，跑了几趟电影院，看了《流浪地球》《满江红》，还看了《熊出没》。我看过的电影不算多，不关心专业影评，对各种各样的争吵不甚了了，感觉都是好片子，值得跑电影院一观。

作为家长，很多时候我是陪孩子看的，每次到电影院购票处，就先看看有没有适合孩子看的动画片。这几年，总有一部《熊出没》等着孩子，我是真的高兴，孩子更高兴。希望将来，国产动画片越来越多，孩子的童年多些光彩。这几天有空儿，打算再去看看《深海》，相信孩子也会喜欢。

跑电影院，最大的感受是人多，好的观影时段，几乎场场爆满，买票都困难。我们一家人说好一起看《熊出没》，结果到了电影院，发现合适的时间点已经没有票了。爱人带着孩子到游乐场去了，我借机看了《流浪地球》。

散场时快十点了，他们娘仨早走了。电影院离家挺远的，天气又冷得厉害，我只能打车回去。结果，一到打车点，打车的人聚成了一团一团，出租车根本来不到跟前，就被抢得一干二净。我顺着路往前走，走了好远才截了一辆。司机师傅感叹，好几年没有这么多人了，车都供不上，难得的人气儿。

我这人泪点低，读书、看电影、听故事，动不动就会湿了眼眶，陷在剧情里面出不来。年龄越大越看不得悲剧，看不得太阴暗的剧，只喜欢看喜剧，看大团圆结局的片子。年轻时，倒喜欢看点儿深沉的东西，现在越活越肤浅了。听相声、看小品就是图一乐，讨厌讲道理、强行煽情。这十来年，打发时间看的都是网络小说，不用动脑子，就是图一乐，没心没肺地开心。

《流浪地球》是个好片子，一看就是用心之作。《满江红》也是好片子。我无意比对二者的优劣，我也不懂这些。从面试的角度讲，各有各的长处，可能也各有各的问题，不过我是看不出来的。春节档的电影，就是让人放松的，只要达到这个目的就够了。不过，如果是带着孩子看，还是看《熊出没》《深海》《流浪地球》；《满江红》则不推荐，因为个别画面孩子们看了会害怕。

初三晚上带着家人到广场，有不少人在放烟花，好像有人在管，但又不怎么管。我们买了几种烟花来放，孩子们体验了下，高兴得很，相信会记忆很长时间。

凡是重大的节日，想让人记住，就要有些不一样的东西。节日是一种文化，文化是精神层面的，想要融入现实生活，是需要载体和形式的。再高大上的东西一旦不接地气，慢慢地也就名存实亡了。

中国人过中秋节吃月饼，月饼就是载体。西方人过圣诞节有圣诞树，这圣诞树就是载体。一想到月饼和圣诞树，就会让人想起这些节日。我们都知道，年是年兽的意思，燃放鞭炮是在驱赶年兽，这是过年的载体和形式。当然，可以创新载体和形式，但从近年来的实践看，这种创新并没有被人广泛接受。老的没有了，新的不受欢迎，就会出问题。现在这种管理尺度，挺好的。

她依然是保护我的那个人

某天下班后去看望父母。自从父亲生病，一天总会打好多电话，问了又问，有时间就跑过去，哪怕看到他躺在床上，心里也觉得踏实。我是骑电动车去的，走的时候，母亲要去接侄女放学，我们就一起骑车走了一段路。

小区有些偏僻，门口有一条国道，来来往往都是大货车。主道两边的人行道，经常被不守规矩的小车占据，在这条道上穿行，有点儿胆战心惊——一直要留神躲着那些大家伙。

母亲跟着我，嘴里一直嚷嚷。耳畔车流的呼啸声中，我听不大清楚，却明白，她让我慢点儿，让我靠边点儿。我尽可能躲到路边，骑得也不快，尽可能离那些大货车远点儿。

母亲从我的左侧超过我，骑行在我和大货车的中间。她六十多岁了，身体蜷缩，头发花白凌乱，迎着风，骑行在我旁边。我们距离很近，她把我跟大货车隔开了。

我想加速，又忍住，想让她减速，又说不出口，反而担心她手忙脚乱。我又往路边靠了靠，她也向我靠了靠。我已经将近四十岁，她依然是保护我的那个人。只不过，我现在做的许多事，她不懂，不能像小时候那样站在我身前。

这几年，我跟父母说话，语气愈发和缓，大不同于刚上班时。十五年前，我会与父母发生激烈争执，坚持认定自己是正确的。我们会争论学业、工作、婚姻，那些没什么大不了的大事。

现在，我在单位已经十来年。父母对我的工作已经插不上嘴，他们跟我说得最多的，就是"吃饭没有、去睡会儿吧、身体咋样"，都是些没什么大不了的事。

他们不再跟我争论，起初我洋洋自得，现在我感到一丝淡淡的凉。所以，我跟他们说话，语气越来越和缓。

我会攥着父亲的手，问他"身体怎么样，感觉怎么样，要多吃饭，不要想太多，一切都会好的，没事儿的"。就如同他当年对我说的那番话。

我会对母亲说：我不累，别担心，没事儿，放心吧。就如同她当年反复跟我说的话。

父母是我们与死亡之间一条薄薄的垫子，当我们身强力壮的时候，他们的身体却开始衰朽。

当年，他们对我说的话，有的被验证了是对的，有的被验证了不那么对，我按照他们说的做了些，违背他们意愿的更多。无所谓对错，我总会在这世上立足，他们不想拖累我，但是能依靠的也只有我。

分别前，母亲拐到一条路，而我拐到另一条路。我嘱咐她骑车慢一点儿，她说："放心吧，我操心呢，没事儿。"

那年，我也是这么说的。

陪"蜗牛"写作业

我闺女上小学一年级，马上要期末考试了，有一次，她问我："数学为什么不考一加一等于几？这样，我就做得可快，还能做对！"

哈，真是个好幼稚的问题，好美好的期盼。

我没有嘲笑她，反而认真地说："那些原来考过的。人是要长大的，不能一直做简单的，还是要做些难事，要不就长不大。你听《西游记》《米小圈》有意思吗？"

　　她说："有意思呀，我可喜欢米小圈、孙悟空了！"

　　我说："你看，你上过学，学过好多知识，才听得懂有意思的故事。弟弟没有学过，没有上过学，所以他没办法听这么有意思的故事。"

　　她似乎应了一声，又似乎没有再搭理我，转身去做其他事情了。

　　每晚回家做作业，她大约需要两小时。有时我陪着，有时妈妈陪着，有时姥爷陪着，有时姥姥陪着，主要是给她读题。

　　她有时候也会抱怨，遇到难题，特别是拼音，就有些抗拒。不过，绝大多数时候，她的情绪是很好的，既不生气，也不大闹，不用一直催。

　　我陪她做作业，她就趴在那里，七扭八歪的，有时候把脚放到凳子上，有时候站起来够彩笔、玩具、橡皮。她会咚咚跑走，一会儿又跑回来，说："爸爸，我上厕所了。"

　　听到弟弟的声音，她会喊上两句，叫道："弟弟，姐姐在写作业，一会儿再陪你玩儿。"偶尔，她正写着，突然说："爸爸，我们班那个×××，可搞笑了！"

　　我会问她："他怎么搞笑？"她说："他，他，走路的时候，一下摔个屁股蹲儿。"我笑："哈哈，真搞笑。"她会趴在桌子上笑一会儿，再继续写，再笑。

　　她会突然问："爸爸，你知道仙女水吗？"我停止看书，回道："爸爸不知道，那是什么？"她说："是女生的唾沫，哈哈哈。"又笑一阵儿，继续写。

每当这个时候，我会陪她笑，看着她笑，看着她摔下凳子，看着她继续写作业。

有时，她写着写着，会躺在地上，趴在地上，翻着地上的书。我说："起来吧，地上凉。"

我想，孩子最开始对上学是充满憧憬的，对做作业也是满怀期待的，他们很少有不好的情绪。最后，孩子发展到大吼大叫，不打就做不了作业，不哭就做不完作业，大部分是父母的责任。

不用辩解。你是成人，她是孩子，你在其中起着主导作用，你得承担把事情弄坏的责任，否则，把责任推给一个五六岁的孩子，不觉得过于可笑吗？

父母为什么会着急？

第一个原因是急功近利。总想着快一些，快一些。我有时候会想：我们的时间有那么宝贵吗？连陪孩子做作业都要火急火燎？我们没有那么忙吧？

第二个原因是感觉被冒犯。父母习惯于在孩子面前彰显权威，口含天宪，发号施令。自己说什么，孩子就要做什么，要求孩子不折不扣地执行。仿佛自己是领导，孩子是下属，孩子竟敢不听自己的话！真的是脸上无光，心火油然而生。

第三个原因是觉得自己厉害，想要秀秀优越感。

第四个原因是不能容忍孩子不完美。真是的，想要一个完美的孩子，你就要拿出培养完美孩子的行动，只在那里吼叫，怎么能成？况且，月亮都有圆缺，哪有什么完美？

可能还有很多幼稚可笑的原因。

教育已经发展到这个阶段，你就得陪着，想办法、克服困难陪着。你想要孩子成长，那就得投入时间和精力。

养成习惯本身就需要陪伴。想要一切都简简单单，一切都称心如意，就如我女儿，想要做一加一等于二。

我猜想，一定有很多父母觉得自己好委屈，好委屈。我想说：你的委屈、你的郁闷并不特殊，这本来就是你应该付出的代价。

事已至此，我们就得接受，在无法改变之前，就要认。写作业需要两个小时，那就写两个小时。

人在矮墙下，就要低头，就要委屈自己；不低头，不委屈自己，那就是分不清轻重，甚至会牺牲孩子。

我们在带着一只蜗牛往前走。多些耐心，多些宽容，多咬咬牙，多为难为难自己，慢慢往前走，才是正途。

写给六年后女儿的信

爱人参加女儿的第一次家长会后，告诉我："学校安排了几项任务，你负责送孩子一本书，给她写一封六年后的信。"

傍晚，我们一家人到广场转圈，顺便给儿子买了辆滑板车。女儿有辆紫色的滑板车，这几天儿子也学会滑了，他们已经有了争抢。大多数时候女儿会让着弟弟，但也不能次次给弟弟，这对两个人性格养成都不好。

姐弟俩一上车，女儿就开始胡言乱语："我长大了要跟弟弟结婚，我们一直在一起。"

妈妈说："亲姐弟不能结婚。"

女儿说："为什么不能？我非要结婚，在一起。"

妈妈说："让爸爸给你讲讲。"

我说："这是个复杂的问题，爸爸慢慢给你讲。"

顿了一下，我说："你们不能结婚，但可以在一起。"

女儿说："我非要结婚，弟弟，要不要结婚？"

儿子说："不要。"

女儿说："我偏要。"

姥姥说："法律规定的，姐弟俩不能结婚。"

女儿说："警察不让结婚？"

妈妈说："可以这么说。"

然后，我一句，妈妈一句，姥姥一句，开始讲为什么姐弟俩不能结婚的问题。一会儿，广场到了，该下车了。女儿的突发奇想结束了。

她以后也许永远不会再提这个问题，但在那一瞬间，我觉得她的话值得记录下来。

广场西南角有个玩具店，女儿的滑板车就是在那里买的，质量很不错，四五年也没出什么毛病。广场上的人和车都很多，找不到停车位，我让他们先去买，我找停车位。

我站在车边等他们，等啊等，二三十分钟他们都没有回来。我想看看怎么回事。我上了玩具店二楼，马上搞清楚了状况。

滑板车有了新样式，带个小座位，儿子一上楼就相中了。然后，女儿本来高高兴兴的，就开始拉下脸，找各种各样的理由，说带座位的滑板车不好，强烈建议弟弟买一辆跟她的滑板车一样的车。

我上楼的时候，女儿还没有哭，但已经很不高兴，而儿子怎么也不肯改变心意，一心一意要带座位的滑板车。

妈妈说："让弟弟买跟你一样的滑板车，妈妈劝劝弟弟。"

我听见爱人的话，否定道："不行，弟弟就买带座位的滑板车。"

女儿哭了，喊道："我都没有带座位的滑板车，弟弟要跟我一样，不能带座位。"

我坚持道："不行，弟弟就得买带座位的滑板车，你不能决定别人买什么。"

她哭得更大声了。妈妈劝了几句，我牵着女儿的手，离开了玩具店。我们没有买滑板车。

我一边牵着她，一边对她说："爸爸一定会给弟弟买带座位的滑板车，你如果想要，爸爸也可以给你买一个，但是，你不能强迫别人做对方不愿意做的事。"

我接着说："你现在的滑板车很好，也是你当时自己选的。但是，如果你真的想要带座位的，你可以把这个送给姑姑家的妹妹，我再给你买一个带座位的。"

她还是抽抽噎噎地哭，一直揉眼睛，我替她擦了几次眼泪。我摸摸她的头，说："每个人都有不同的东西，你想要什么可以说出来，但是不能因为自己没有，就要求别人也没有，这是不讲道理的，不对的。"

我们又说了很多，直到她不再哭，开始玩广场上的石头滑梯。我就在想，要送女儿什么书呢？最开始，我想送她一本成甲的《好好学习》，我想对她说的话，都在这四个字中。

但是，想来想去才意识到，我可以把自己的书送给她。想必，这样更有意义。最后，我打定主意，把我的书送给她。

回到家已经将近十点，安排两个小家伙睡觉以后，我也休息了，把写信的事情给忘掉了。

第二天早晨，我起床忙完之后，已经将近七点十分，爱人突然问："书和信准备好没有？"一听之下，我才手忙脚乱起来。

我拿出一本书，在扉页上写道："量变引起质变，一切都是积累，成长是一辈子的事，永远保有一颗好奇、好学的心，慢慢来，一步一步走出想要的人生，成为自己的英雄，成为更好的自己！我永远与你同在！"

这时已经将近七点半，我连忙又开始给六年后的女儿写信。我该怎么写呢？时间会不会太短？只能写得快一些、短一些，希望女儿长大后不会怪我。

女儿：

你马上要参加开学典礼，爸爸只好长话短说，六年之后，当你打开这封信，爸爸希望你的人生中已有以下品质：

善良。我希望你待己待人都能善良，留些余地给自己、给他人。但，你也要学会保护自己，当受欺负的时候，勇敢地挥出拳头。

坚强。这时的你，应该已经品尝过生活和学习的苦，爸爸希望你坚强，勇敢地面对挫折，就像爸爸一样，哪怕伤痕累累，依然继续前行。

耐心。你是属蛇的，爸爸希望你像亚马孙雨林中的森蟒一样，追逐目标时保持耐心，一步步靠近，接近目标后猛地扑出，捕获目标。女儿，要保持耐心。

好学。这是破解一切人生困局的关键。这世上大部分难题的答案都在一本书中。爸爸希望你永远保有对学习的热情，对世界的好奇，这是平凡生命实现跃迁的唯一的路，舍此，别无他途。

无论你遇到什么，爸爸都爱你、支持你。

你可以成为想成为的人。在此之前，你要知道自己想成为什么样的人，然后努力去成为那样的人。

祝你平平安安、健健康康。

爸爸

我把信交给爱人，她带着女儿去参加开学典礼了。这封信，会被投入一个时间箱子，六年之后女儿才会看到。

我收拾好骑着车往单位去了。天气很好，阳光灿烂。我缓慢地骑过校门口，那里站了好多人，我怎么也没有找到女儿。

突然，我鼻子酸酸的。草丛中，似乎有蛐蛐的声音，它们可真有精力，大白天也不休息。嘈杂的大路上，我能清晰地听到这些小虫子的叫声。女儿，终有一天，你会融入人群，爸爸再难找到你。

校门口逐渐离我远去，我停在红绿灯下，莫名想起小时候的一件事。

那时，我还在读小学，那是所私立学校，我不怎么合群，学校生活并没有多少美好的回忆。

记得那年冬天，天气很冷，学校也没有暖气，教室里冷得很。妈妈在大雪天来到学校，送给我一双皮鞋。

那是一双带后跟的羊绒皮鞋，应该是妈妈平常穿的。我穿的时候，觉得有些别扭，可能因为天太冷，我还是穿上了。

接下来，我遭遇了猛烈的校园冷暴力。几乎所有同学都嘲笑我，说那双鞋子真丑，又是女鞋。

那真是绝无仅有的难堪。但是很奇怪，我似乎跟那些冷嘲热讽的同学杠上了，整个冬天我都穿着那双皮鞋，不管他们怎么嘲笑。

红绿灯下，我想到这件事，一刹那，我深刻地理解了我的母亲。

就如同，我把自己的书送给女儿，母亲也把自己的鞋送给了我。我们的心都是一样的。

那年的冬天，似乎很冷，又似乎很暖和，我再也想不起来当时的感觉。只记得我穿着一双黑色的羊绒女鞋，一步一步走过长长的走廊。

外面大雪纷飞，身边风刀霜剑，我走进漆黑、阴冷的教室，唯有脚上感觉不同，似乎没有那么冷。

今晚，在写这篇文章前，我一个人到外边散步，我又想到早上的信。我觉悟到，那封信看似是写给孩子的，又何尝不是写给父母的？

你想要怎样的果实，你就播下怎样的种子；你想要怎样的孩子，你就向那个方向引导。

为人父母，不是提提期望就万事大吉了。我既然想要善良、坚强、耐心、好学的女儿，我就要在以后六年努力培养她这些品质。

六年之后，打开那封信，如果一切都没实现，难道不是父母更应该羞愧吗？

这封信，其实是父母的任务书，是留给父母的作业。能意识到这一点，才是担起责任的第一步。

孩子的陪伴是上天的恩赐

假期，孩子每天的作业不少，还需要父母配合检查、拍照，一趟下来，要花费将近两个小时，有时候可能更长些。我一直在琢磨，怎样才能让孩子自觉自愿写作业呢？

写作业期间，孩子一定会有各种不满，有时候觉得多，有时候觉得难，还有时候会觉得不公平。"你们都不做，为什么让我做？""弟弟为什么不做，还看电视？""我做作业，你们为什么睡觉？"

这段日子，女儿是真的对"公平"二字有了很深的体悟。

孩子就像海浪，脾气变幻莫测，一会儿浊浪滔天，大吼大叫，一会儿又风平浪静，软语轻声，捉摸不定。这海浪一次次冲刷海岸，试探父母的底线，随时准备冲破束缚，享受自由自在的生活。

我觉得，父亲要当一块大石头——任凭风高浪急也岿然不动的大石头。我基本上是这么做的，不管女儿发多大的脾气，我都慢条斯理。孩子脾气暴的时候，如果父母更暴，那就是以暴制暴，孩子或者变得歇斯底里，或者变得懦弱胆怯。

这都是我不愿看到的，我始终尽全力不急不躁。不管她苦恼、抱怨、生气，还是大喊大叫、抽抽噎噎，我都冷静地以适度声音说话。慢慢地，孩子会平静下来。

我试过，如果略微抬高声调，女儿就会对我还以颜色，甚至把跟我争论当成习惯，当成爱好。想想真是恐怖，绝对不能让她习惯吵架，并以吵架为乐。所以，我就平静得像一块大石头。

当然，有时候这块大石头也快被气炸，但是，你想培育、磨砺出一个好孩子，是件极不容易的事，如果受不得一点儿委屈，那还不如放弃。

我是在三十多岁时才学会用清单管理自己，提高工作效率，防止拖延。我的清单内容很简单，只是写清楚做什么事情，没有那么多分类和细节。我总觉得，清单越复杂，其实越难执行，甚至会因为操作起来复杂，导致直接放弃。

最开始，我用手写清单，后来使用"印象笔记"，现在使用的是"滴答清单"。这些都很好，对我有不少帮助。把事情放到清单里，心里就轻松许多，做完一件划掉一件，很有成就感。所以，我十分认可清单式工作。

孩子做作业，一开始都是妈妈陪着，一直督促做完。后来，我参与进去，我写字讲课，女儿坐对面写作业。有时候姥姥督促，效果就不大好，她总是跟姥姥争论。而且，这种方法让父母太淘神，也耗费时间，有时候会拖得很晚。

我想到了清单。

那天，我在一个废旧本子上把女儿要做的五六项作业列上去，又专门让她读作业清单，看她能否理解。对她不认识的字，我就注音。我告诉她："今天下午，你自己安排时间，晚上爸爸回来，你写完就好。"

她说："我可以听'小爱'（人工智能助手）吗？"我说："可以的，你自己决定，但要做完作业。"

她发出一阵欢呼，就打开"小爱"听故事。她特别喜欢听故事，简直达到痴迷的程度。

我走之前，推开书房门，看到她在一边听故事，一边写作业。我对她说："爸爸同意你听故事，但是，不能一边写作业，一边听故事，这是三心二意，什么都做不好。你或者听故事，或者写作业，爸爸建议听一个故事，写一个作业。"

她说："听三个故事，写一个作业吧？"我说："你自己决定，爸爸不干涉，但是要规划好，下午把作业写完。"

于是，她就开始听故事。

晚上我回来的时候，她的作业已经写完，除了一项听写。这个方法已经使用了一个多月，效果很好，这样的清单式管理，我相信她一定会受益终生，而这也是我给她的礼物。

前几天，我回到家里，女儿正在跟姥姥争吵，说姥姥不会做作业。我问她："作业做完没有？"她理直气壮地说："我都不会，怎么做？姥姥也不会！"我说："妈，你别管了，我看看怎么回事。"

女儿气哼哼地拿起书，说："看，这些字我都不认识，怎么做？没有拼音。"我开始当大石头，轻声说："这六项作业，你都没做吗？"她马上翻脸："我不是说过了，我都不会，怎么做？"

我继续平静地说："你不要着急，也不要生气，你看看这项作业，读《每日诵读》两遍，你也不会吗？"她说："我没有生气，你瞪我干什么？你瞪我，我就要生气。"

我很无语，也很冤枉，我真的没有故意瞪她，可能眼睛不像平常那么友好，被她发现了。我说："好吧，爸爸不瞪你了，但是，这个读的作业，你不会吗？"

她说："数学作业都没写，还没有轮到这个，我数学作业都不会！"她依然不理解我的意思，我却已经理解她。

我说："我们先不要做作业，爸爸给你讲个故事吧！"她也不看我，不大乐意地说："你讲吧！"我问她："你吃过柿子吗？好吃吗？柿子是什么样子的？"

我讲了讲柿子要先捡软的捏，不过女儿没吃过涩柿子，效果不是很好。下次，要让她吃个涩的，加深一下她的印象。

我说："你知道爸爸讲的是什么意思吗？"她说："我知道，我知道，又说我。"我说："那你说说，什么意思？"她理所当然地说："柿子要先捏软的。"

好吧，是我讲得太深奥，她不懂。我继续当大石头，说："柿子先吃软的，作业先做简单的、容易的，这样才不会浪费时间。"她不吭声，拿出书开始读。

我长舒了一口气，心里想：得找个机会，告诉她知行合一的道理，她总是喜欢说"我知道，我知道"，其实她不知道。得告诉她，做到才是知道，做不到其实是不知道。

我总觉得，教育孩子不容易，不能认为什么都是理所当然的。而且，关键是给他礼物，不是教给他具体的知识点。

礼物可以是一条道理——应该是父母认同且在践行的道理，否则不要告诉孩子。礼物也可以是一种方法——应该是父母使用并证明有效的方法，否则不要告诉孩子。礼物还可以是一项技能——应该是他长大后能帮到他的技能，否则不要轻易培养。

山高水长，道阻且长。能有孩子陪伴，真是上天的恩赐。

爸爸，我们心里的树会不会死？

某日上班，身体不舒服，我便在下午六点多回到家。一直到晚上十一点多睡觉，感觉时间好长好长，简直有一整天。

五岁多的女儿结束了暑假。本来幼儿园是没有暑假的，但我们让孩子过暑假。一到夏天，从 7 月 1 日到 9 月 1 日，让她玩耍整整两个月。

小一班结束那年暑假，爱人还想让女儿提前几天上学，我说："提前干什么？她开开心心就这么几年，让她好好享受吧！"

前几天，她在家里有些无聊了，主动对我说："爸爸，我什么时候上学？"

我说："大概还有七八天吧！"我总感觉她的情绪有些矛盾：既想上学，又想在家。

那天是她上学的第一天，姥姥说："她没有哭，班上那个调皮的小男生哭得稀里哗啦的。"

晚上，我陪她做作业。这应该是我第二次陪她做作业。

作业不少，要在一张田字格上写满"头"字，十二行，每行九个字。这对她真是不小的工程。

她让我先写第一行，一笔一画，按笔顺写出来。她好照着写。我写好后，让她趴在小桌子上，开始她的大作。

我该做些什么呢？屋里很安静，姥姥抱着儿子出去了，爱人已经睡下，她最近身体不舒服。

我说："爸爸去拿本书，就坐在你身边，陪你写作业。"

她开始写，好大一会儿才写完第一行。她停下来开始画，在第一行字上面弯弯曲曲画了一条线，又绕着作业本画了一个大圆圈，歪歪扭扭的。

她说："爸爸，还有十行呢！"

我说："爸爸陪着你。"

我把本子拿过来，拿起橡皮，慢慢地把那两条线擦掉，说："慢慢写，写完一行我们就击掌。"

她又开始写。写了一会儿，她扭过头来看我："爸爸，你怎么在书上画线？"

我放下书，对她说："爸爸觉得这里写得好，所以就画条线，下一次爸爸就可以多看看这里。"

她又写了一行，转过头说："爸爸，我们击掌吧！"

"爸爸，你怎么还画红线？"她又大惊小怪。

"爸爸觉得这里写得更好，所以爸爸就画条红线。"我看着她的眼睛，慢慢说。

"爸爸，你的笔是三色的呀！"她说。

"是啊，爸爸的笔是三色的！"我说。

她又转过头写字。

"爸爸，你为什么在这里画线？"她又问。

"爸爸喜欢这里。"我停下来对她说。

她从凳子上下来，坐在我的旁边，指着画线的一行字问："爸爸，这是什么意思？"

"这行字是：生命中其实深埋着沮丧的种子。"我说。

"你是不是有时候会高兴呢？"我顿了一下，看着她，脸上露出微笑问道。

她说："是啊！"

我说："那你是不是有时候也会难过呢？"

她说："有时候难过。"

我说："高兴和难过就好像我们心里的两棵树，一棵是高兴的树，一棵是难过的树。这句话就是说，我们每个人心里都有棵难过的树。难过的树和高兴的树长在一起，它们一起生长，是好伙伴，我们不能只要高兴的树，不要难过的树。"

她说："哦！"

我说："我们平常给哪棵树浇水，哪棵树就长大。"

她说："怎么浇水？"

我说："我们平常高高兴兴的，那棵高兴的树就长大了！"

她又回去写字，一会儿又写完一行，跟我击掌。她停下来，扔几下自己的铅笔，敲几下桌子上的小锤子。

她又过来，指着其中一行字，问道："这是什么意思？"

这行字特别抽象，我无法解释，就说："这段爸爸很喜欢，就好像你有那么多书，但是总有本书特别喜欢吧？"

她说："我最喜欢刚买的小公主。"

我说："是啊，爸爸也特别喜欢这段话。不过没办法向你解释，这段你理解不了。"

她没有纠缠，反而说："爸爸，你的蓝色笔是干什么的？"

我说："爸爸有时候想写些话，就用蓝色的笔。"

她用手指一指书页上的空白处，问："是写在这里吗？"

我说："是的。爸爸给你写一段。"

我指着一行画线的字，慢慢读出来："幸福如此难能可贵，主要是因为宇宙初创之时，就没有以人类的安逸舒适为念。"

我看看她，她盯着我，我就把笔调到蓝色，在书上一字一句地写道："世界孤独冷漠，不会主动给我们幸福，我们要自己寻找，种出幸福之树。"

我写一句，读一句，她就跟读一句。我没有详细解释这句话的意思，她也没有追问。

我继续看书。她突然又转过头来，问道："爸爸，我们心里有没有生气的树呀？"

没来由的，我心里很高兴。我说："有的，我们心里都有生气的树，也有安静的树。这两棵树长在一起，我们生气的时候生气的树就长大，我们安静的时候安静的树就长大。"

她说："怎么长大？"

我说："给它浇水，它就长大。你心里还有棵学习的树，你写一行字，树就长大些。"

"哦。"她又转过头写字。

她时不时捋捋头发，刘海儿太长，有时候会蒙在她的眼睛上。过了一会儿，她又写完一行字。

她又转过头来问："爸爸，心里的树会不会死？"

我莫名有些难过，但还是不动声色，认真地说："树有一天会死的。但是如果我们一直浇水，树就会一直活下去。"

她说："树怎么死的？"

我说："就好像学习的树，长啊长啊，越来越大，慢慢长得非常高大，满树都是青青绿绿的，很好看。接下来，树就会慢慢变黄，慢慢变老，慢慢就会死去的。但是，只要我们一直浇水，一直不停止学习，这棵树就不会老，不会死，会一直绿绿的。"

她说："哦。"

然后她接着写字，我看着她，没有作声。

她头也没有抬，突然又问："爸爸，树多少岁会死？"

我说："大概一百岁吧！爸爸陪着你。"

她写完整整一页的字，总共 99 个，没有再问问题，也没有再跟我击掌。写完最后一个字，她又开始绕着本子画弯弯曲曲的线。这次我没有替她擦掉。

墙上的钟"滴答滴答"，铅笔划在纸上"唰唰"响，洗衣机里的水声"哗啦哗啦"，我的呼吸一起一伏，此时此刻，我觉得十分美好。

孩子是只东张西望的蜗牛，我们领着蜗牛往前走，要慢一点，再慢一点。

第十一章 怀念岁月

有些庆幸，有些感动

从 2009 年上班起，我就开始接触面试辅导。说实话，我考上第一个县级事业单位，有着太多的机缘巧合。那时，我对事业单位、公务员考试几乎没有任何概念。那是最狼狈的几年，大学毕业，工作高不成低不就，虽没有啃老，但也实在是让父母揪心。我已经记不得是怎么看到那则事业单位的招聘公告的，按照常理我是不会看到的。我对那些东西没有兴趣，满脑子还是不切实际的幻想。

笔试考得不错，面试毫无准备。可能是运气好，那个岗位要两个人，有两个人直接放弃，没有来参加面试。一个女生笔试第一，面试还是第一。剩下我们三个人争取最后那个名额。我对面试一点儿都不懂，结果在三个人中，分数排在第二。一个脸上有片胎记的女生的分比我高。另一个男生大概与我是同一类人，也是啥都不懂。我们三个人都不是什么好命的人吧，可惜，他们两个没有考上。那次面试以后，我有些庆幸，也有些不舒服，觉得自己对不起人。这种愧疚感不是针对某些具体的人。

后来，我就开始参与辅导面试。我不该参与的，因为我啥都不懂。我第一次知道，面试原来是可以模拟的。可惜，我当时啥都不懂，父母也啥都不懂。每当想到这些，我就会有一种不知从何说起的、淡淡的持久不散的苦涩感。我当时确实不争气，连这都不懂。父母那么大年纪，没有那么多见识，我这个上完大学的年轻人，竟然也啥都不懂。他们当时一定很失望吧。在那种情况下，他们让我去笔试、面试，推着我往前走，真的太不容易。

这么多年，我线下辅导的人很多，都是帮忙性质的。这两年，我已经基本不单独见某个人，时间上确实来不及，倒不是架子大。我是按照小时计算时间的。如果能有一两个小时，我一般会选择写篇文章，或者录制个视频，不会在一个具体人身上耗费太长时间。我的时间不够多，除了家人，我不想耗费太多时间在别人身上。用来写文章、录视频，我是愿意的。一份时间被文章、视频固定下来，变成千万份，这延长了我的生命，扩展了时间的价值，让我觉得没有白活。所以，我愿意做这件事。

记得省考临近时，有不少人找我。我确实推不开，就把他们聚在一起，前后讲了两次课，每次四个小时，每次十几个人。这两次讲课内容最后转化为河南省考面试真题解析的文章和视频，这让我心里好受许多。两次辅导中，都有一位五十多岁的大姐，她是位特殊的考生。隔几年，市里就要从村支书中招录一两个人转为事业编制，竞争激烈，机会难得，是这些四五十岁的大哥大姐们难得的机会。这两天，我一直在等待这位大姐的消息。很快我收到了这位大姐的消息，她笔试第二，面试第二，以综合成绩第一上岸了，成为上岸两人之一。

我很高兴，也很感动。这位大姐喜欢提问题，会提着水壶给我倒水，会留在最后陪我一起走，会发消息请教问题，会克服种种负面情绪，与二十来岁的年轻人一起答题。她依靠自己改变了命运，令我佩服。

那天，她留在最后，我要开车送她，不管怎么说她都不愿意，要坐公交。我开车先走，转过车头，从后视镜看到她小跑着穿过宽阔的马路。这个画面让我想到，多年前母亲在考场外等我的情形。我是考场上倒数第二个出来的，走出来时，夕阳西下，母亲攀着两根大门上的钢筋，眯缝着眼向里张望。那次，我毫无准备，是不该考上的。也许，是母亲的等待，感动了谁。

最后一眼竟成永别

早上，"小爱"叫醒我，开始播放《断桥残雪》。这又让我想起很早以前我养的那条小狗。我时常做梦，醒来后往往难以想起情节，却又记得那种感觉，乃至一天的情绪都要受到影响。这《断桥残雪》，我是不知道词的，但是对旋律印象深刻。梦中的感觉分外清晰，我似乎又回到村子里那个小小的院子。

那个院子里有五间青砖灰瓦的大瓦房，两棵与我同岁的大桐树。平整的地面上有浅浅的小泥坑，角落里有个狭小的通道，钻过去就到了邻居家，杂草长在院墙的缝隙里，没有风，没有雨，也没有日头。墙角的烟囱冒出蓝黑色的烟，一缕缕，带着香味儿。儿时，我坐在堂屋中央，玩着父亲从地里挖出来的沙土，捧一抔细沙，细小的沙粒从我的手掌缝间漏下来，一把又一把。

时光亦如流沙。在那个小院中，父亲身强力壮，母亲年轻美丽，桐树枝繁叶茂。有一条小狗在我身边转来转去，偶尔呜咽几声，一人一狗，无忧无虑。

那时我五六岁（或者三四岁），是一个大雪天，屋外白茫茫一片。父亲从雪中归来，抖落雪花，掀开棉袄，像变戏法一样掏给我一条小狗，灰不溜秋，圆圆滚滚，小小的，奄奄一息。那是条小土狗。

我们想了许多办法，最后用白水泡白面馒头把它救活了。后来，这小狗就跟我形影不离。我那时太小，记不得太多与它一起的事情。我似乎经常欺负它，又护着它，不让别的小孩儿摸它。后来，它长得比我还大，护着我，不让大孩子欺负我。

后来，我们一家搬到县城，租房子住。房主人是个哑巴，好像不准狗跟着，老家也要看门，就把它留在村子里。我家院子在村子的东南角，爷爷家在村子的西北角，它就每天跑很远的路，吃些残羹冷炙，又一溜小跑，回到那个小院子。爷爷叔叔们想把它留下，它总是又跑掉，为此挨了不少打。这是我后来才知道的。县城那么多人，那么多有意思的事，我想不起它。

我依然记得的画面是，我似乎坐在一辆白色的车上，刚从老家出来，要回县城。那车跑得不慢，它就一直跟着。骂它两句，它就停下来，见车快没影儿，它又狂奔跟上来。父亲打开门，又骂它，还拾起一块石头，吓唬它。我似乎哭了，又似乎没哭，隔着窗子，我看到它眼里有黄色的泪。那是一场漫长的角力，快到县城时，它才被撵回去。当时我并不知道，这是我最后一次见到它。

再后来，我八九岁了，去到一所大医院做手术，父母都陪着。有老家的人来看我，大家到外面吃饭。我记得分外清楚，父亲给我买了一辆玩具小坦克，一碰到桌子板凳，就会换个方向，上面还吹着一个白色的小球，真有意思。我蹲在地上，围着小坦克。

恍惚中，我听到说，那狗死了。

那是种难言的悲痛，撕心裂肺一般，比我胸膛上那长达十厘米的刀口更让我痛。眼泪怎么都止不住，我放声大哭，父母怎么劝都劝不住。父母慌了神，因为我刚做完手术，线都没拆，他们怕我再有个好歹。母亲拿来小坦克，父亲说再给我买条狗，但是，我就是忍不住，甚至哭得要背过气去。

它是被人用气枪打死的，一群人想吃狗肉，它又没人护着，就被打了一枪。它没有死在那群人面前，顽强地从我家那个院子跑了好远，到奶奶家才死。后来，我又知道，本家六叔看到这狗死了，就把它剥皮吃掉了，皮就挂在墙上。我恨他。

它陪了我好多年，直到死，也没有个名字，我一直叫它"狗儿"。我再没养过狗。三十年了，我梦到它的次数越来越少。

仁慈宽厚而又幽暗渊深的地母啊，护佑狗儿安息吧！

光影交错的斑驳时光

年岁渐长，人会在某个时刻读懂旧时诗句，在某个刹那触动心怀。

前几天上午，岳父岳母回家干农活，晚上回来时，带来自种的青蒜、菠菜和韭菜。这些蔬菜都种在自家宅院，土生土长，带着泥土的清香。因是自家种的，不重产量，仅用些农家肥，所以，这些菜都是身子细细、碧绿明亮、味道浓浓，跟菜场上个头粗大的同类颇为不同。

这三种农家菜，都适合跟鸡蛋一起食用。

青蒜和鸡蛋要爆炒。先下鸡蛋，再放青蒜。油要大一些，每段青蒜都要沾上油，带上烟火气，炒至半糊便出锅。成菜黄绿相间，生机勃勃，大火快要完全散尽青蒜的味道，但还略略保留些，有种奇异的清香，配上白米饭正好，十分下饭。

菠菜适合做鸡蛋面。配上番茄、豆腐、绿豆芽、薄薄的扁面条，就能做出一碗五颜六色、老少咸宜的鸡蛋面。鸡蛋、番茄和豆腐一起翻炒，豆腐金黄时，加入少许水和盐狠狠炖，把番茄汁催出来，再加适量水。

水沸腾之后，下入两大两小团面条，拿着筷子轻轻翻搅几次，煮上一小会儿，面条变白，变得有些韧劲。接下来，放入绿豆芽、整根的菠菜、适量的盐，用面压一压，稍煮一分钟就可以出锅。

如果天公作美，最好是阴天，人觉得冷些，一碗热腾腾的鸡蛋面下肚，身上微微发汗，正好趁着暗暗的天色睡觉。

青蒜、菠菜和韭菜如果是自家种的，炒出来、煮出来才有味道，如果是买来的，那就大而无味，如同嚼蜡，不提也罢。

要问我最爱哪一种？那应该是韭菜了。

我自小在农家长大，也不知什么美味，也不讲究吃穿，年龄大了之后，偶尔却会感觉口中寡淡，自己做些吃的，解解馋。

我小时候最爱吃饺子，现在也一样。母亲包的饺子样子不大好看，大小不一，且包得不牢，水煮之后会破掉十之一二。可能是因为家里人口多，她有很多活计要做，打发我们兄妹三人吃饭虽然重要，但也不是最重要的。

母亲包的饺子个子大大的，肚子鼓鼓的，咬开一口，里面是碧绿碧绿的韭菜、带着油星的大肉块，咬上一口，会有汤汁淌出来，咸咸的，香香的，热热的。有些饺子馅会整个团成一块，一口咬下去，皮进嘴一小半儿，馅却全都被含在嘴里，新鲜的韭菜和大块的肉纠缠在一块儿，在嘴里蹦跶两下，就进肚子里了。

后来，我还是喜欢吃饺子。但是不知道怎的，总觉得味道不对。有的个头不够大，有的韭菜颜色发黑，有的肉如碎末一样，看起来晶莹剔透，却没啥味道，吃过之后，第二天胃里还难受。

这是咋回事呢？后来，还真让我找出些缘由。

一是绞肉时不要去皮。平常绞肉，都是去掉皮的，两三遍就能绞好。可一旦你明确要求摊主不要去皮，那么对方绞肉就需再来一遍。这样绞出来的肉，不会是肉糊，而是一小块一小块的，跟案板上剁碎的肉一样。

二是韭菜问题。这是一位长辈教给我的。他有五十多岁，事业极为成功，对年轻人爱护有加，为人没什么架子，教给我很多做人的、工作的、生活的道理。

那天，他专门在街上买了一把韭菜，对我说："韭菜是割着吃的，春天的韭菜最好吃，这时的韭菜到了季节，不用药、虫也少，头遭韭菜最是鲜嫩、干净、好吃。"

这是有趣的生活经验，我马上意识到，这大概就是街上饺子不好吃的原因。又是一年春来到，这位长辈因为工作原因，已经不在我身边，我却吃到了头遭韭菜。

这次韭菜是岳父岳母从自己地里割来的。韭菜身子细细的，颜色绿绿的，生吃甜甜的、凉凉的。我们用这韭菜做了两种食物，头一种当然是饺子。

岳母买肉的时候，专门挑出一块肉皮雪白干净的，告诉摊主不要去皮。配上头遭韭菜，于是我又吃到了儿时的味道。这饺子鲜香烫嘴，团起来的馅中有带着点点碎皮的大肉块、翠绿翠绿的小韭菜，一口下去，就能扯出馅来，油汪汪、绿油油、热腾腾，真是香得让人要把舌头都吞进去。

我吃了好大一碗。可惜，岳母煮的饺子没有破掉，汤还是清汤，没有漂着油星和绿点。

我们还开发出另一种美食，这就是嫩韭菜炒鸡蛋。家常味道最为动人。细细的、嫩嫩的、短短的韭菜和黄黄的、软软的、香香的鸡蛋混在一起，搅拌均匀。在一口老锅中，倒入清亮的花生油，用蓝色的火焰加热油，油热之后将鸡蛋韭菜液扣入锅中，瞬间香气扑鼻。简单翻炒几下，待鸡蛋带些焦黄，撒入点点白盐，关火出锅，盛入雪白的瓷盘，端上桌，拿起筷子，开吃。

不用描写那种味道，那得你自己体会。

我家二宝坐在姐姐的小板凳上，我夹起一块，轻轻放到他嘴里，小家伙一尝，就再也停不下来。他嘴里喊着"碗，碗，碗""挖，挖，挖"。我把银色的小钢碗和小钢勺给他，他就左一勺子右一勺子地往嘴里填。嚼上两口，嘴里喊着"咽，咽，咽"。这是已经咽到肚子里的意思。他又低下头，从衣服上捏起一块，连菜带指头放到嘴里。

一会儿工夫，他举着小碗，喊着"弄，弄，弄"。我一时迷惑，啥意思？他姥姥笑起来："他让再盛一些。"这个"弄"字，是他跟姥姥学的土话。我哈哈大笑，又给他弄几勺子。结果，一会儿又弄一次。最后，他一个人吃了小半盘子。

杜甫有一首诗，我特别喜欢，而且随着年龄增长越来越喜欢，那就是《赠卫八处士》。其几句是："昔别君未婚，儿女忽成行。怡然敬父执，问我来何方。问答乃未已，儿女罗酒浆。夜雨剪春韭，新炊间黄粱。主称会面难，一举累十觞。"

"夜雨剪春韭。"知道韭菜好吃，才发现这句话真有味道。在茫茫雨夜，二十年不见的老友登门，从自家地里剪来春天的韭菜，做成下酒的小菜，陪你一醉方休。明日分别，世事茫茫，再也难见。

真是极美，极苍凉。真是好菜，好酒，好诗，"当浮一大白"。

不知道杜甫老妻如何烹调剪来的春韭，想来不会是春韭炒鸡蛋。据传，炒菜是从宋代才有的，最开始在东京汴梁的樊楼中流传，不入寻常百姓家。而且，杜甫老年生活艰难，估计也吃不起鸡蛋吧？也许就是简单加些香油、粗盐调制的吧？只是不知味道如何？想来，当是甜甜的、咸咸的，又带些苦涩的味道。

我曾身处牢笼，也曾破局而出

早上，走过街角的花园，会看到一条石板长凳，光滑如洗，冰凉如水，周围绿树低垂，淡淡的花香缭绕在晨间的雾气之中。

每当这时，我就会想起十几年前的那个早上，我和父亲从大学校园中的长条凳上醒来，身下冰凉光滑，眼中雾气弥漫。他告诉我，要去打个电话，找同村朋友的儿子。

我一个人待在那里，周围是绿得发黑的冬青，还有来来往往的青年男女。过了很久，父亲回来了，他拿着几个鸡蛋和包子。我们在长凳上一口一口吃掉，鸡蛋有些咸，香香的，湿漉漉的。

当时的学校是我的母校，我们去处理转移档案的事情。我考上了县城事业单位，因为以前漫不经心留下隐患，父亲就陪我去跑关系想办法。两天之后，事情没办成，钱也花光了。

就在几天前，我下班路过快餐店，发现已经开门迎客。我买了两套全家桶，一个带回家，一个送到父母那里，大家吃得都很开心。

有时候，我会陷入迷惑：那是我吗？那是我和父亲吗？为什么会陷入那样的局面？那时，我已经二十多岁，身强力壮，能吃能睡，能干能扛，为什么会走投无路？

如果再回到当初，这些事情我能处理好，也不用父亲跟着四处求人。但是，为什么当时我那么没用？

人首先要吃饱饭，要生存，这是不可被剥夺的权利。人还要成长，要发展，这也是不可放弃的权利。只有生存，没有发展，人终会陷入绝境。人活着要吃米，却不是为吃米而活着。

在二十多岁，我没有独立生存的能力，解决不了吃饭的问题，我依然紧紧靠在父母身上。我有野心，却不曾踏踏实实干过一件事；我有太多想法，却都是妄图找到捷径。

那就是我，一个没有长大的孩子——吃过生活的苦，却依然急功近利的毛头小伙子。

大多数人都是这样，独自跌跌撞撞，绕过曲曲折折的弯路，做着看不到希望的事情，似乎整个世界都在与他们为敌，四周是黑色的障碍，脚下是坑坑洼洼的土地，使他们没办法伸展。

我们做出选择，同行的人却分道扬镳；我们尝试改变，身边的爱人却转身离去，不知什么是对、什么是错，就这么往前走，也许有光，也许没有，一切都是未知的。茫然四顾，云山缥缈，不知何来，不知何往。

也许有一天，我们会找到破局之道。

黑云压城，自当奋起。发展才是硬道理。在我看来，要想摆脱这枷锁，人就要进步，就要成长。进步和成长都是发展的意思。人要发展，方法其实很简单，路也一直在脚下。

那就是踏踏实实做些事情，从眼下的事情做起，从能做的事情做起，一点一滴积累力量，一丝一毫刺破黑暗。

在事业单位上班后，我给自己立下两个目标：一是干好工作，踏踏实实做些事情，对得起自己的工资；二是不放弃学习，时刻把学习放在心上，能学多少学多少。

我真的做到了这些，工作赢得了领导、同事的认可，在领导眼里办事可靠，在同事眼里值得信赖。我的自尊和自信慢慢增长，觉得自己是个堂堂正正的人，工资挣得不多，也没有房子，但每天都干劲满满。

我没有放弃学习，干业务我学业务，干文字我学文字，干行政我学行政。我拿过市一级科技进步一等奖，材料工作获得领导认可，能组织几百人的大会，我学到了很多，也成长了很多。

我的考试水平也不断提升，只要我想考的地方，我就能考上。我靠着自己，没找任何关系，换了四个单位。我工作踏踏实实，领导没有给我设置障碍，我学习踏踏实实，考试也没有给我设置障碍。

2016年，我下决心再走出一条路。当时，我到新单位时间还不是太长，工作任务特别重，每天压力特别大，而且，随着年龄增长，考试的机会越来越少，命运由别人决定，感觉喘不过气来。

但是，越是面对这样的压力，越是在这种艰难时刻，我越要成长，越要打破这种局面。我依然踏实工作，依然踏实学习，再忙再累，我也会挤出时间写文章、讲真题，更新公众号。果然，我又走出一条路。这条路让我更加超然，不再过多计较是是非非。

当然，我所说的踏实工作和踏实学习，不是让你每天都耗在上面。我也做不到，我经常会浪费很长很长的时间。我觉得，我花在学习和公众号上的时间，绝对没有浪费在微信、小说、抖音上的时间长。而这，还是在我上班、加班之余做的。

所以，我从不相信没有时间。一切都是借口。鲁迅先生说过，时间就像海绵里的水，只要挤，总是有的。我觉得这是最朴素的道理。一个人不做事，绝不是因为没有时间。

而且，工作和学习是一体两面的关系。没有学习，工作其实做不好；没有工作，学习就无所寄托。如果只工作不总结，只低头拉车，不抬头看路，那就容易陷入穷忙，越来越忙，人却没有什么长进。如果只学习不工作，就解决不了温饱问题，一旦学习效果不佳，心理压力就会特别大。

如果你有工作，那就干好自己的工作；如果你在学习，那就尽量不要浪费时间。踏踏实实工作，踏踏实实学习，把本事学在身上，把根一天一天地扎下去，慢慢积蓄力量，归于自身，终有一日能破局而出。

你能自助，老天才帮你。在最艰难的时候，在最难挨的日子，不要忘记抬头看。没吃饱饭，那就工作挣钱，先吃饱饭；吃饱饭了，那就学习，积蓄力量。

工作和学习是人生的法宝。在你年轻的时候，不要忘记，如果你无路可走，你还可以工作，还可以学习，那是你打破牢笼的唯二之路。

工作是为了生存，是防守；学习是为了发展，是进攻。没有防守，人生如浮萍；没有进攻，人生如枯木。防守反击，守住守稳，伺机反扑，才是正理。

不工作，不学习，当然无路可走。

种瓜得瓜，种豆得豆

姥爷和姥姥都是将近九十岁的人，前段时间在我家里住，我特意买了大杧果给他们吃。

吃完杧果之后，他们把杧果核洗干净，然后掏出随身带的小手巾，一下一下、一层一层把杧果核包了起来，小心翼翼地放到了兜里。母亲问："你们包起来干什么？"

姥爷耳朵不好，好几次才听清母亲的话，他回答："这个好吃，我带回家，明年春天种种，结了果好吃。"

母亲笑着说："这是南方的，我们这里冷，种不出来，给我吧！"她向姥爷说了多遍，姥爷才听清楚，恋恋不舍地去掏兜。我看到了，按住姥爷的手，说道："种吧，种吧，试试看！"姥爷放下手，脸上似乎现出欣喜神色，却一闪而过，然后又变得面无表情，坐在那里发呆。

我对母亲说："他种了一辈子地，都快九十岁了，让他种吧！"母亲说："是啊，也种不了几年了，你姥爷糊涂了，糊涂了。"说着说着，她的眼睛微微发红，起身到厨房去了。

杧果大概是种不出来的，即便能够生根发芽，也结不出果子吧？我却觉得很感动。姥爷九十多岁了，还想着在温暖、湿润的春天，在松软、肥沃的土地里种下希望，收获甜美的果实。我呢？到垂垂老矣的时候，我是否依然对生活充满希望，愿意播种一粒种子，等待一颗果实？

"种瓜得瓜，种豆得豆。"这就是姥爷姥姥的生活信条，他们守着这简简单单的道理过了一辈子，走过两个世纪，拉扯五个孩子。如今他们快要走到生命的尽头，身体已经生锈、老化，心却依然光明、干净，晶莹剔透。

无论年龄大小，无论身处何方，眼前或是坦途，身后许是泥泞，我们总该在这漫长、孤寂、荒芜的路上种下一颗颗种子，也许有的长眠尘埃，有的被风雨摧折，但终有那么一颗两颗种子会破土而出，结下一颗颗甜美的果实，这样回望来路，才有绿色、生机、希望和光芒。

我的奇人姥爷

我的姥爷在外人眼里是个普通人，在我眼里则是个奇人。

他将近九十岁，瘦高个，小圆脸，每天皱着眉，一脸严肃。他身体还算硬朗，听力不行了，别人要在他耳边大喊大叫，他才能听到一两声儿。

作为他的大外孙，又是家里少有的读书人，我在他眼里是与众不同的，每次见到我，他总要拉着我说话。但我跟他接触并不深，能留下印象的事情也并不多。

这大概是老人的宿命，随着生命逐渐走到尽头，他们的活动范围越来越小，认识的人越来越少，跟世界的联系越来越弱，如果没有人记得他们，便被时间抛在身后。

这年入冬以后，温度骤降，母亲开着三轮车把姥爷和姥姥从老家的土房子接来。这房子原来是我住的，在五楼，有一百平方米。这也是姥爷和姥姥平生第一年在暖气房里过冬。

姥爷一共有五个子女，三男两女。大舅早逝，其他几个孩子虽与他们同在一个村子，却并不经常上门。母亲是长女，于是将他们接来同住。

这周六，我去看望他们。路上拐到水果店，我给他们买些葡萄、杧果和火龙果。葡萄是他们喜欢吃的，杧果和火龙果他们不常吃，所以专门买了些。

姥爷耳朵虽聋了，但还看得清楚，见到我说："我听说老的村干部能够多些补助，你帮我问问。"

我点点头，大声喊道："好啊！"

他过了一会儿又来到我跟前，拉着我的一只手，对我说："人很多，都有相片，把所有人都弄到一张上，做个全家福，能不能办到？"

我说："能啊！"

他说："都不在一起，聚不到一起，你用电脑，把人放到一起。"

我这才明白，他是想把所有家人的照片用电脑拼成一张大合影。这对我倒有些难度，但我还是说："好啊！"

母亲在旁边大声喊："你生日的时候，照张相！"转头又对我说："他年纪大了，糊涂了。"

我笑着说："他不糊涂，你才糊涂了。"

洗完葡萄，姥姥从床上起来，坐在床边，一个一个捏着吃。姥姥的眼睛有白内障，已经很难视物，姥爷就把放葡萄的盘子往她旁边挪一挪，嘴里说："少吃些，少吃些！"

姥爷也拿着一小把，边走边吃。这在我是大为惊奇的事情，在我的记忆里，姥爷不吃任何水果，也不吃任何零食，似乎只吃饭。

前年，我接他们来我家，当时也拿葡萄给他们吃。姥姥坐在沙发上，一个一个捏着吃；姥爷摆摆手，就是不吃。这跟我印象中的他一致，他就是这个脾气。

这次他竟然拿着葡萄吃，真是令人奇怪的事。莫非这小葡萄好吃？我拿一粒放嘴里，确实甜到齁。

姥爷吃完以后，又对姥姥说："少吃些，少吃些。"

母亲对我说："糊涂了，糊涂了。"

也不知道她是在说姥爷，还是在说姥姥。

姥爷是读过几天私塾的人，据他自己说是三天，只背过几句道德文章，认过几个大字。后来，姥爷就自学，慢慢地竟能通读《红楼梦》。

十几年前，我当时正读高中，从姥爷家里带走一本《红楼梦》，棕红色的封面，纸张有些破旧，折痕处处可见。我拿走这本书，是没有经过他允许的，于是第二次去他家，他就问我："我有一本《红楼梦》，是不是你拿走的？"

我有些尴尬，但还是点头道："是的，我以为你不看。"

他有些高兴，又有些纠结，说："少不读红楼，老不读三国。那书看看也行，但不能多看。"

我心里有些奇怪，四大名著为什么不能读？嘴上却连忙答应："好的，好的。"

他又说："你看完以后，还给我。"

我满口答应，但终是没有还，后来也找不到了。于是，我每次去他家，心里就有些怯意。他还真的催了我几次，我就愈发尴尬。他还说："你找不到，重新给我买一本也行。"

但我也没有给他买，后来他渐渐不再跟我要了，大概知道他的书是"肉包子打狗——有去无回"了。

姥爷除了看书，还喜欢写字。不过，父亲是看不上眼的。每年过节，姥爷总要自己写春联，我们一家到了之后，他总会背着双手，跟我们探讨几句。

他会满含期待地看着父亲。父亲的字写得好，在乡下是很出名的。父亲一直不说话，最后点点头，又将头转向别处。

我总觉得这不是肯定的意思，但姥爷高兴。脸上虽还是严肃的表情，但眉毛到底舒展些。现在想想，姥爷的字写得确实不好，难怪父亲总是默不作声。

姥爷的毛笔字写得不好，钢笔字写得也是一般。几年前，他专门来找我，是自己一个人坐车来的，中间还步行了很长一段时间。我当时正在上班，母亲打来电话说："你姥爷来找你，你能不能出来见见？"

我见到了姥爷。他掏出几张纸给我，上面有稀稀疏疏的蓝色钢笔字迹。他说："我写个情况，你帮我打印下，我交给公社。"

我问他怎么了，他说："我是老党员，你姥姥身体不好，我申请些补助。"

我的直觉告诉我，姥爷的想法是不成立的，不会有人管的，但还是把那几张纸郑重收起来，郑重答应他。

我一字一句破解姥爷写的内容，倒是了解到许多事情，都是我不知道的。

据他自己所写，他是村里的第一任支书，年轻时干过几件大事，替村子打过几眼深井，修过几条田间路。姥爷作为村支书代表还受到过中央领导的接见。

他还在纸上写，自己清廉一辈子，没有占过公家一分钱便宜。现今姥姥和他身体不好，不想给公家添麻烦，想问问有没有什么补助。

这真的让我惊奇，乃至有些佩服。我将纸上的内容打印好，托母亲送给他，后来听说他去了公社几次，但没有人理他，也没给他什么补助。

姥爷这事终是没有办成。

五六年前，快过年时，我跟母亲到镇上赶集，买些蔬菜、水果、肉蛋等年货。市场就在马路两边，人流熙熙攘攘，轿车、三轮车、自行车、公交车穿行其间，鸣笛声不休，讨价还价声此起彼伏，一派忙忙碌碌的情景。我们一个摊位一个摊位地转，手里提着大包小包，人太多，一会儿碰着这个人，一会儿又碰着那个人，严寒时节，身上倒是暖洋洋的。

母亲正跟一个摊主讲价钱，突然回头对我说："那是不是你姥爷？我没看清！"我一脸茫然，根本没有注意到。母亲让我留在原地守着买到的年货，她自己急匆匆地穿过人流不见了。

过了好一会儿，我正等得有些心急，母亲才返回来，脸上一副又好气又好笑的表情，对我说："就是他们俩，你姥爷带着你姥姥！"我颇为震惊，问："他们干啥？"母亲说："你姥爷骑着车，就是那辆大自行车，你姥姥坐在后面，他们要去看戏！"

"姥爷有八十了吧？"我只觉得新奇，"你让他们去了？"母亲说："他们俩都八十了，我让你弟送他们回去了！"我这才放下心来，暗道："万幸，万幸，这老头子骑车水平真不赖，老婆子还真敢坐！"

后来，我们单位发戏票——是省剧团来艺术中心演出，我找了几张票，带着母亲和姥爷去看。艺术中心舞台两侧有竖条形的LED屏幕，可以同步显示字幕。姥爷年纪大了，已经半聋，眼睛却依旧明亮，字幕看得很清楚。记得演的是《狸猫换太子》，跟姥爷年轻时看的故事颇有不同之处，姥爷就边看边点评，我跟着点头称是。

我曾给姥爷买过一副助听器，但姥爷觉得既不好看，也不好用，非让我拿走。最后，他勉强留下来，倒也没怎么用过。不过，他的眼睛真的不错，即便不戴老花镜，也能看清楚很小的字。

元旦到了，我去看望他们。姥爷坐在沙发上，捧着一本书读。我进来了他也没有反应，他没有听到说话的声音。坐下好一阵子，他拍拍我的后背："你来了。我看书。花十块钱，买了一本《小八义》！"我接过来看了两眼，半文半白的话，小小的字迹，难为他还能看清楚。

姥爷说："我们得回去，不能一直住在这里！"这一两个月他一直提这件事，总觉得住在大女儿这里不合适。大概在他心里，养老也应该是儿子养，不应该是女儿养。姥爷有五个子女，三男两女，母亲是长女，大舅是长子。

大约二十年前，我正读初中，当时住校，一般是不能请假回家的。一天，父亲突然来把我接走，说："你大舅去世了！"我记不清楚当时的情景，似乎是坐车去的大舅家，车厢里惨白而又昏暗。我没有流泪，跟父亲一道默不作声。

到了大舅家，院子里人来人往，地上坑坑洼洼，泥水飞溅，四周有隐隐约约的哀声传来，每个人都表情肃穆，满眼都是白色的布。我遇到母亲，母亲一见我就哭了，我这才感到深切的悲哀，泪水就流下来。

母亲领着我往堂屋去，正遇到姥爷。他站在屋门口，背着手，佝偻着腰，微微抬头，脸上似乎没什么表情，说话时身体朝向我们，眼睛却并没有看我们，盯着虚无的天空，就那么说着话，也不知道说的是什么。

屋角有一口烧锅，灶下噼啪作响，红色的火焰、黑色的浓烟、白色的水汽、青色的柴火混在一起。黑洞洞的堂屋里黄色的木料中，姥爷的长子长睡不醒。姥爷似乎站在另一个世界。借着火光，我看到他的眼角莹莹发亮。

这似乎是姥爷唯一一次流泪。在我的记忆中，在母亲的记忆中，他都是执拗而又坚强的一个人，不说任何软话，也不做任何退让。母亲说："20世纪六七十年代，你姥爷被别人捅了一刀，血流得满地都是，还被好多人骂，他就像没事人一样！"

这是另一段故事，母亲当时还小，不甚了了，姥爷也从不提起，大约只能掩藏到大时代的背景之下，随着年月，渐渐斑驳而了无踪迹。

村志——老头子们的念想

我的老家是一个普普通通的北方小村子。人口大约两千人，村东头姓苗的多，村西头姓夏的多。村北边有条清澈的小河，村东边有座古庙，村中有棵数百年的大槐树，村南边有条不浅的林子沟，村西边有几座砖窑。

我在村中的时间并不多，从小就跟着家人在镇上、县城来回折腾。年岁渐长，一直有些怀念和遗憾。在村中的日子虽不长，但也记得曾到河边捉鱼，到林子沟探险，到大槐树下祈福，到古庙中游荡，到砖窑中烤红薯。

遗憾的是，我在村中的时间太短，记忆并不连续，只剩下些难忘的片段。我过去曾有过故乡，现在却没有了，以后更不会有。

父亲他们终于写出村志，也终于印制出来。

这本灰色封面的新书，带着时光悠悠的味道，隐约可见薄雾、垂柳、小河、大石佛。书有两指厚，前面是彩页图片，都是村中的老物件，有化石、星星石、瓦当、勾担等，还有高速公路、广场舞、剧团等新鲜事物。内容有十六章，涉及村中生活的方方面面。

书的水准并不高，甚至有些简陋，我随手翻阅就能发现不少错别字，更有语句不通的地方。但，我觉得这是本好书，是值得我终生收藏的书，是值得我反复阅读的书，是真诚而有温度的书。

我知道这本书已经将近五年，现在才看到它的样子。在父亲他们撰写村志的四年多，我并没有帮上什么忙，也没有太过在意。这算什么大事呢？几个老头子异想天开，就当是自娱自乐吧！指不定哪天就无疾而终了。

然而，他们终于写出这本书，印出这本书。

缘　起

编写这书是我父亲提议的。他自述：随着集聚区建设，村子可能会被拆迁。村落如果没有了，数千年的历史就会被淹没，到那时，村民后代想要寻根问祖，留给他们的就只有遗憾。

父亲有此念后，就去找村中的文化人，把想法一说，大家都热烈赞同，于是就开始动手。

时　间

我们村从南北朝、隋代开始有人聚居，村中古佛距今一千五百多年。

书中所记载的历史从清末民初开始，一直到如今。一些故事不见于文字，都是村中老人口述。

按照父亲所写《村志撰写始末》，这本书从 2014 年开始动笔，2018 年 7 月印制，历时近五年。

人　物

为编写村志，村中组成编委会，编委一共七个人，德高望重的贞老师担任主编，年纪较轻的峰大叔负责摄影。下面，我说说几个自己了解的。

父亲，六十岁。常年饮酒、抽烟破坏了他的身体，他患有脑梗，每年春秋两季都要住院输液。他个子不高，瘦瘦弱弱的，走路一步一步，左腿已经不是很利索。他会画画、书法、刻字，尤其是书法，虽然不入方家法眼，但在村中很是出名。不过，由于病痛的折磨，他现在拿笔都有些不稳。

贞老师，将近九十岁，是村中的语文老师，教过父亲，也教过我。他身材高瘦，说话缓慢，走路颤颤巍巍。他的文字功底很好，村志中有好几篇他写的回忆性散文。贞老师做事有执拗劲，我印象很深的是，严重的雾霾天，他蹬着三轮车，跟父亲一起去告状。浓雾中渐渐隐去的身影，令我念念不忘。

峰大叔，五十多岁，身形微胖，身体还不错，负责摄像。他也喜欢写字，年轻时专门向父亲请教过。每年拜节的时候，他都要写对联，父亲总在他家门口停停，品评两句。后来峰大叔信了基督教，但写对联的本事没有丢下，反而越写越好。他对写村志很热情，好几次他牵条狗，带着几个孙子辈，在我家老屋一坐就是半天，跟父亲喝着酒，就着花生米，两个人叨叨个不停。

编委会中的其他几个成员我也都脸熟，但说的话不多。印象深刻的是逊大叔，他个头最高，现在走路也是越来越慢。他在我上高中的时候曾送我一套《战争与和平》，大约是二十世纪五十年代的版本，总共四本，其中一本的封面被老鼠咬掉个角。那套书如果现在还保留着，一定很有价值，不过可惜，高中毕业被我送人了。现在想想还挺后悔。

告　状

我曾陪编委会的人告状两次。一次到现场，一次从旁协助。

当时，书已经基本完稿，也整理成电子版，该印刷了。但是村委会并不愿意出钱，编委会的人都很生气。编书之前，是经过村委会同意的，当时他们明确表态支持。但几年过去了，村委会掌权者换了一拨人，于是就不再认账。

他们不知道找了村委会多少次，但得到的答复都是"先等等，再等等"。最后，几个老头子受不了了。时间不等人，说不定哪天谁就离开人世，一直拖着总不是办法。

第一次，我打听清楚市、县地方志办公室，让弟弟开着车带他们去告状。他们带着很厚很厚的草稿，找了好多个门，问了好多个人，才算找到正主。据父亲讲，对方很支持，还提了修改意见。大家都很高兴。然后，就没有下文了。

第二次，我带着他们到办事处反映情况。

那天早上，雾霾十分严重，可见范围只有十来米，我开着车小心翼翼来到办事处。车上坐着我、父亲、母亲和弟弟。

我们在那里等贞老师。我说去接他过来，父亲说贞老师不让，非要自己骑车过来。

我隔着车窗朝外张望，隐隐看到一个黑影在灰白色的雾气中出现，那是贞老师。他骑三轮车好似蜗牛，还没有我走路快。我下车接他，听着三轮车咯吱咯吱的声音，仿佛整个世界都陷入寂静，只有一位将近九十岁的老人独行于这漫天的雾气中。

我和弟弟领着他们去反映情况，母亲在车上等着。我们慢慢地走上台阶，慢慢地走下去，找这个，再找那个。弟弟脾气不好，对一个爱答不理的年轻人发了火："你站起来，人家都快九十岁了，你啥态度？"

那人随后就出去了，把我们撂在那里。我们继续找人说明情况，有的好好听，有的点点头，有的看报纸，有的接电话；但终于把情况反映上去了。

回到车上，母亲说："刚才有个人在车边打电话，给村支书打的，说我们告他的状。"

我一听，肺都要气炸了，但还是压制住。毕竟需要村里出钱，这事情才能办好，不能把关系完全弄僵。

不过，有了这次经历，我也知道仅靠老头子们反映情况，不知道要拖到猴年马月，书也许永远印不出来，人可能都等不上。

我不得不另想办法，这里就不多说。好在，书终于印出来了。

稿　　纸

村志是父亲他们一字一句写出来的。我陪他买过几次稿纸，那种红或者绿格子的纸，薄薄的。还陪他买过墨水，换过钢笔。

他有时候写一段，会拿过来让我看。那些稿纸褶皱得厉害，还有些破损，有时候上面还有糖渍、烟渍。糖渍是小家伙们留下来的，父亲喜欢小孩子，不管是自家的，还是别家的。

我对他说："你的稿子这么脏，好像几十年的样子，你保存好吧！"

他总是笑笑，并不回答。

我没看过他写的所有稿子，他也没有给我看，但我觉得应该有几大本。他写字不根据格子写，虽然满满当当，其实一页也写不了多少字，会浪费不少纸。

但是，他应该没有我写材料浪费得多。现在，见每次打印犹如流水，我都有些愧疚。

打　　印

这几年中，稿子都是在镇上的铺子里打印的。打印员是名中年妇女，很麻利的样子，就是脸色总阴着，我去过几次，都没给我好脸色，好像欠她二斤黑豆似的。

铺子也不大，虽然临街，但人似乎并不多。这可能跟她的脸色有关。屋子里有些暗，凌乱地摆放着几台电脑、打印机，还有印制条幅的机器。在我印象中，每次都是父亲坐在她旁边，遇到她不认识的字就告诉她。

整本书都是父亲盯着打印的，中途他的老花镜丢过一次，专门找我重新配了一副。

黑洞洞的屋子里，只有手指敲击键盘的声音，偶尔两个人交流几句，就这么一个字一个字，把用钢笔写的潦草字迹变成屏幕上的方块字。

村志中，专门对打印员表示了感谢。大意是：要打字印刷，我们就找到镇子上的英老板，把所有的打印工作交给她。历时四年，我们写了又改，反反复复，不厌其烦，加上校对、排版，真够麻烦她了。

成　书

忽然有一天，母亲对我说："村志印好了，你爸说要给你一本。"

这么长的日子，父亲总在城区、老家和镇上来回折腾，骑着那辆破旧的电动车。母亲打电话，他总是说："我回老家说村志的事情了。"母亲有时候就会生气，隔着电话跟他吵两句。

但是，每次到上面反映村志的问题，母亲都要骑着三轮车带着父亲，陪他到镇里、县里、市里。最后，三轮车也丢了，她难过好多天。

弟弟也总说父亲："那么多人的事情，就你能，少管些不行吗？"

但是，村志写出来后大家都很高兴。母亲说这件事的时候，也很高兴。弟弟说起这件事，也很高兴。

我记不清楚已经有多长时间没跟父亲谈心了。他现在并不愿意跟我多说话。

　　那天，他躲在楼下抽烟。

　　我看到后就搬个凳子坐在他旁边，问："村志写出来了？"

　　他说："是呀！"

　　我问："大家反响怎么样？"

　　他说："很好呀，都没有想到！"

　　我问："每家都发了一本吗？"

　　他说："是啊，一家一本。"

　　然后，我们陷入长久的沉默，就如这静悄悄的时光。他坐在那里，头发花白一片，脸上沟沟壑壑，手中烟头明明灭灭，身上的衣服也不怎么合身。他坐在那里，弯着腰，瘦硬得像铁铸的一样。

　　我忽然想起那年他陪我找档案的情景，我们在学校的花坛边，从上午十点一直等到下午三点，才终于截住那个管档案的校领导。那时，他蹲在地上，也是瘦硬得像铁铸的一样。